이 책에 대한 찬사

로라 후앙은 데이터 기반 분석의 엄밀함과 개인적 경험의 미묘함을 결합하는 방법을 탁월하게 보여준다. 불확실성을 극복하고 삶의 모든 부분에서 더 나은 결정을 내리는 방법에 대해 새로운 관점을 제시하는 책. - 애니 듀크(프로 포커 플레이어, 포커 세계대회 여성 최고 상금 보유자)

『직감의 힘』을 읽으며 '유튜브가 현실이 될 수 있겠다!'고 깨달았던 순간이 떠올랐다. 이 책은 직관이 올바른 경험과 결합될 때 직감이라는 예상치 못한 방식으로 혁신을 일으킬 수 있음을 보여준다. 단지 훌륭한 아이디어를 갖는 것만으로는 충분하지 않다. 자신을 믿고 과감히 뛰어들어야 할 때를 아는 것이 더욱 중요한 지금, 한계를 뛰어넘고자 하는 모든 이들에게 이 책이야말로 오랫동안 기다려온 안내서가 될 것이다. - 스티브 첸(유튜브 공동창업자)

주변 세계에서 받아들이는 신호들이 우리의 직관적 의사결정에 어떻게 영향을 미치는지를 흥미롭게 탐구한 책. 개인 생활에서든 직업 생활에서든 더 나은 선택을 하고 싶다면 이 책을 읽어라. 『직감의 힘』은 행동과학을 바탕으로 누구나 따라할 수 있는 훈련 모델을 제시하여 당신이 직감을 활용해 성공할 수 있도록 도와줄 것이다. - 조나 버거(와튼스쿨 마케팅학 최고 권위자, 『컨테이저스: 전략적 입소문』 저자)

자신을 믿어야 한다. 당신은 스스로 생각하는 것보다 훨씬 더 많은 것을 해낼 수 있다! 당신의 직감은 이미 모든 답을 가지고 있다. 그리고 그 직감을 신뢰하는 법을 배우는 것은 당신의 가장 큰 강점이 될 것이다. 이 책은 더 이상 자신을 의심하지 않고 원하는 삶을 만들어나갈 수 있도록 자신감을 심어줄 것이다. – 바버라 코코런(TV 프로그램 〈샤크 탱크〉 초기 투자자)

마치 내 일기를 읽는 듯한 기분이 들었다. 내게 가장 친한 친구는 직감과 본능인데, 로라 후앙은 그 누구도 글로 쓰지 못했던 직관의 힘을 확실히 증명해 보이고 있다. – 미키 드렉슬러(알렉스 밀 CEO, 전 J.Crew CEO)

직관은 모든 요리와 모든 결정을 묶어주는 보이지 않는 실과 같다. 이성이 흔들릴 때 우리가 따르는 나침반이며, 창의성에 불을 붙이는 불씨이다. 『직감의 힘』은 본능을 신뢰하는 데 얼마나 엄청난 힘이 있는지를 일깨워준다. 그리고 이는 모든 요리사, 모든 예술가, 그리고 모든 사람이 마음 깊이 새겨야 할 진리이다. – 르네 레드제피(미쉐린 3스타 레스토랑 노마Noma 의 덴마크 셰프)

우리 각자 내면에는 차분하고 명료하며 고요한 목소리가 있다. 당신이 이미 알고 있는 것을 향해 당신을 이끄는 직감은 항상 존재해 왔으며, 그것을 듣는 법을 터득한 사람에게는 언제나 들려올 준비가 되어 있다. 『직감의 힘』은 직감을 이해하고 강화하며, 결정적인 순간에 직감을 신뢰하도록 안내하는 지침서이다. – 《패스트컴퍼니》

직감은 충동적이지도, 불안이나 분노로 위장된 것도 아니며 진정한 직감은 빠른 판단을 불러온다. 저자에 따르면 직관은 경험으로 깊이 단련되고 피드백으로 갈고 닦아졌으며, 상황의 맥락에 따라 인도되기 때문이다. 저자는 우리가 언제 직감을 사용해야 하는지 명쾌하게 알려준다. – 《보스턴글로브》

직감의 힘

일러두기

- 단행본은 『 』로, 논문은 「 」, 정기간행물은 《 》, 영화나 방송 프로그램, 작품명 등은 〈 〉로 표기했습니다.
- 본문에서 언급된 작품이 국내에 알려져 있지 않은 경우, 최대한 원제와 가깝게 번역하여 괄호 안에 함께 표기했습니다.

You Already Know: The Science of Mastering Your Intuition

All rights reserved
including the right of reproduction in whole or in part in any form.
This edition published by arrangement with Portfolio, an imprint of
Penguin Publishing Group, a division of Penguin Random House LLC.

This Korean translation published by arrangement with Laura Huang in care of
Penguin Random House LLC through Alex Lee Agency.

이 책의 한국어판 저작권은 알렉스리 에이전시를 통해서
Portfolio, an imprint of Penguin Publishing Group, a division of
Penguin Random House LLC 사와 독점계약한 (주)북이십일 출판사에 있습니다.
저작권법에 의하여 한국 내에서 보호를 받는 저작물이므로
무단전재와 복제를 금합니다.

직감의 힘

You Already Know

촉은 거짓말을 하지 않는다

로라 후앙 지음 | 김미정 옮김

21세기북스

외침이 아니라 속삭임에 귀 기울이는 법을 가르쳐준
아버지께 이 책을 바친다.

추천사

정재승 (KAIST 뇌인지과학과 교수)

어떤 책들은 우리가 오래도록 마음속에서 더듬어왔으나 끝내 붙잡지 못했던 현상에 또렷한 이름을 붙여준다. 로라 후앙의 『직감의 힘』은 바로 그런 드문 책이다. 많은 이들이 직관과 직감을 하나의 흐릿한 개념으로 여겨왔지만, 후앙은 그 둘을 마치 오래전부터 존재해 온 두 개의 별처럼 또렷하게 분리해낸다. 직관은 기억과 경험과 데이터가 서로 부딪히며 길을 만들어내는 보이지 않는 '과정'이고, 직감은 그 여정 끝에서 발견하게 되는 명료한 '결과'다. 이는 뇌가 방대한 신호를 병렬 처리한 끝에 특정 패턴을 한순간에 떠올려 결정으로 정제하는 과정과 닮아 있다.

이 책의 가장 강력한 장점은, 직감이 추상적인 느낌의 문제가 아니라 정교한 구조를 가진 심리·인지적 현상임을 구체적 사례로 설명한다는 점이다. 후앙은 유레카, 스파이디 센스, 졸트라는 세 가지 직감의 유형을 단순한 비유가 아니라 실제 행동을 이끄는 인지·정서적 프로파일로 제시한다. 갑작스러운 연결의 순간인 유레카, 불편함이 신호로 작동하는 스파이디 센스, 기존 믿음을 뒤집어버리는 충격의 졸트는 각각 다른 신경적 배경을 갖는다. 뇌과학자의 관점에서 보자면, 이는 패턴 매칭, 예측 오류 신호, 체계 붕괴에 대한 신경적 반응과 정확히 대응하는 개념들이다. 후앙은 이 복잡한 구조를 실리콘밸리의 발명가, 투자자, 셰프, 경영자들의 실제 경험 속에서 분해해 보인다. 직감이 단순한 영감의 섬광이 아니라, 장기간 축적된 경험·실수·학습이 특정 자극과 맞닿는 순간 발생하는 인지적인 현상임을 그의 사례들은 강력하게 증명한다.

이 책의 중심에는 한 가지 핵심 질문이 흐른다. "우리는 왜 어떤 순간에는 확신을 느끼고, 또 어떤 순간에는 설명할 수 없는 불편함을 느끼는가?" 후앙의 답변은 명확하다. 그 느낌은 무작위적이지 않으며, 우리의 사전 지식과 외부 자극의 상호작용에서 비롯된다. 그리고 그 상호작용을 이해하는 순간 우리는 직감을 '기다리는' 사람이 아니라 '켜는' 사람이 된다. 신체 감각을 통해 내적 신호를 감지하고, 감정의 미세한 결을 포착하며, 인지적 틀을 재구성하는 기술은 특히 뇌과학적 관점에서 중요한데, 이는 감정·기억·신체가 통합된 하나의 신경망으로 작동한다는 사실과 정확히 맞물린다.

궁극적으로 이 책은 독자에게 직감을 신뢰하라고 말하는 것이 아니다. 대신 "직감을 이해하고 관리하라"고 말한다. 직감은 곧 당신이며, 그 정확도는 당신이 어떻게 배우고, 실패하고, 성찰해왔는지에 의해 결정된다. 『직감의 힘』은 인간이 어떻게 생각하고 느끼며 결정하는지를 이해하고자 하는 모든 사람에게, 특히 복잡성과 불확실성을 매일 상대해야 하는 현대의 독자들에게, 매우 가치 있는 지적 도구를 제공한다.

『직감의 힘』은 스스로 생각하고 결단해야 하는 모든 이들에게 전하는 조용하고도 단단한 약속이다. 복잡하게 얽힌 문제의 실마리를 가장 먼저 발견하는 것은 세상이 아니라 바로 당신의 직감이다. 이 책은 그 조용한 신호를 평생의 무기로 바꾸는 법을 가르쳐준다.

들어가는 글

나는 농구부에서 연습 중인 십 대 아들을 데리러 갔다가, 몇 분 동안 연습 광경을 지켜보고 있었다. 드숀DeShawn 코치는 2 대 2 연습을 시키고 있었다. 두 명의 선수가 득점을 노리며 공격하고 다른 두 명의 선수는 이를 수비했다. 공격에 들어간 선수들은, 일단 여섯 번의 패스를 한 다음 한 번의 슛을 쏘아 득점하라는 지시를 받았다. 그렇게 해서 공이 골대에 들어가면 1점을 얻고, 들어가지 못하면 바로 상대편으로 공을 넘기고 수비에 돌입했다. 그리고 그런 방식으로 상대 선수들도 여섯 번의 패스와 한 번의 슛 기회를 얻었다.

나는 별생각 없이 그 광경을 지켜보았다. 그러나 드숀이 연습 도중 학생들에게 "내가 왜 **여섯 번이나 패스**하라고 한 것 같아? 너희들 왜

한두 번만 패스하고 슛을 하는 거야!"라고 소리치기 시작하자 내 눈은 휘둥그레졌다.

아무도 대답하지 않자 그가 다시 말을 이었다. "**첫 번째** 또는 **두 번째** 패스까지는 그냥 움직이면서 상대를 어떻게 막을지 추측하고 감을 잡는 거야." 그는 계속해서 말했다. "**세 번째, 네 번째** 패스에서는 상대가 주로 어느 방향으로 들어와 허를 찌르는지, 어떻게 몸을 꺾으며 페이크를 쓰는지, 특정한 수비 방식을 쓰는 편인지, 발이 골대를 향해 놓이는지 아닌지, 서로 지원하거나 측면 수비를 해주는지 등을 알아차리는 거야. 상대편과 우리 편의 패턴을 파악해 나가는 거라고!"

이 대목에서 내 귀는 정말로 쫑긋해졌다.

"**다섯 번째, 여섯 번째** 패스까지 가면 이제 상대를 알아. 상대가 파악돼. 무엇을 할지, 무슨 작전을 쓸지, 약점은 무엇인지 알게 돼. 이제 상대를 예측하고, 동작하고, 슛할 준비가 된 거야. 공은 바로 그때 들어갈 거라고."

그것이 바로 이 책의 주제다. 당신은 이미 첫 번째와 두 번째 패스를 경험했다. 거기에는 당신의 배경, 당신이 오랜 시간 배우고 흡수하고 축적한 것들, 살면서 겪은 모든 게 포함되어 있다. 즉, 당신이 경험하고 접한 것들이다.

그리고 우리는 세 번째, 네 번째 패스에서 우리에게 속삭이는 정보와 데이터를 인식하고, 진단하고, 해석할 뿐 아니라 우리를 향해 소리치는 잘못된 정보를 규제하고, 중재하고, 조정할 것이고 다섯 번째, 여섯 번째 패스에서 의도적으로 직관을 활성화시켜 행동을 취할 것이다. 그렇게 우리는 직관을 활성화하고, 예측하고, 행동에 옮겨 슛을 쏠 것이다. 그리고 마침내 골대 안으로 공을 넣을 것이다.

> 서문

 2008년 나는 「투자자의 직감 이론: 기업가의 투자 결정에 직감이 미치는 영향 분석」이라는 제목의 박사학위 논문을 쓰기 위한 연구에 착수했다. 나는 투자자들이 어떤 스타트업에 투자할지를 (실제로) 어떻게 결정하는지 궁금했다. 실제로 재무, 비즈니스 모델, 지표, 실질적인 데이터를 참고해 결정할까? 아니면 내 추측처럼 그냥 직감으로 결정할까? 만약 그렇다면 그들의 직감을 구성하고 있는 것은 무엇일까? 하드 데이터는 그들의 직감을 강화해줄까 아니면 방해할까? 이전 경험들은 직감에 어떤 영향을 미칠까? 지금까지 직감은 설명할 수 없고 정량화할 수 없는 것으로 여겨졌다. 과연 나는 이 **정량화할 수 없는 것을 정량화**할 수 있을까?

존경받는 수십 명의 학자들은 내게 이 주제를 선택하지 말라고 했다. 직감은 통상적인 용어일 뿐이라고 말했다. 비非이론적[1] 연구 주제라고도 했다. 그것은 대답할 수 없는 패러독스이며, 그러니 이 주제로는 절대로 직장도 못 구하고 논문도 못 낼 거라고 했다.

그래도 나는 직감을 연구해보기로 했다.

나를 전폭 지원해준 지도교수님은 이런 반대론자들 사이에서 유일하게 예외적인 인물이었다. 그녀는 이것이 탐구해볼 만한 주제이며, 내가 정말로 연구해서 답을 찾고 싶은 질문이라면 반대론자들은 개의치 말라고 말해주었다. "진정으로 답을 찾고 싶은 질문을 연구하지 않을 거라면 뭐 하러 박사학위를 따겠어요? (나중에서야 그녀는 직감한 바가 있었다고 털어놓았다.)"

그래서 나는 일단 투자자들이 어떻게 투자 결정을 내리는지 인터뷰했다. 한동안은 **직감**이란 용어를 전혀 언급하지 않았다. 안 좋은 경험이 있어 조심스러웠던 탓도 있었지만, 내가 묻지 않아도 투자자들이 직감이란 용어를 사용하거나 암시할지 알고 싶었기 때문이다. 그런데 모든 투자자가 재무, 사업 모델, 서면 분석 등의 하드 데이터에 대한 이야기는 금방 끝내버리고 직감이 어떻게 자신의 결정을 이끌었는지 이야기하리라고는 나조차도 예상하지 못했다.

그래서 이런 의문이 생겼다. 어떨 때 그들은 서류상의 모든 하드

---

[1] 학문적으로 최악의 모욕이 될 수도 있는 이 '비이론적'이라는 표현은, 이론적 근거나 실질적 근거가 아무것도 없다는 뜻이다.

데이터가 안 좋아 보이는데도 불구하고 **어떤 느낌을 감지해** 스타트업에 투자하는가? 모든 하드 데이터가 유니콘 기업이 될 가능성을 가리키는데도 어떨 때 막연한 의심을 감지해 특정 스타트업에 투자하지 않기로 결정하는가?

이 인터뷰는 귀납적 가설로 이어지고, 근거 이론[2]으로 발전하여 현장 실험과 종단 현장 연구를 통해 검증되었다. 할 일이 엄청나게 많았던 탓에[3] 수년간 나는 잠을 자는 동안에도 직감에 대해 중얼거렸고, 그 소리를 들은 남편이 종종 잠에서 깨어나고는 했다.

2012년에 논문을 완성했을 때[4], 중요한 사실 몇 가지가 드러났다. 첫째, 투자자의 직감은 **경험에 기반한** 것이었다. 그것은 매우 개인적이고 개별적이어서 다른 사람에게 복제되거나 전수될 수 없었다. 이것은 중요한 의미를 지녔다. 직감의 근거가 되는 논리를 정당화하면서, 다른 사람에게 자신의 직감을 **설명**하려고 하면 할수록 투자자들은 오히려 그 올바른 결정에서 멀어지게 되었다. 즉, 직관할 수 있는 능력은 수년간의 개인적 경험을 통해 쌓여진 기술이었다.

둘째, 직감은 데이터와 분석적 정보에 영향을 받았다. 개인적인 경

---

2 근거 이론(grounded theory)이란 질적 연구, 즉, 실제 자료로부터 이론을 발전시키는 과정을 중시하는 연구 방식을 뜻한다. (옮긴이 주)
3 방법론을 포함한 내 논문의 전체 내용은, 이 책의 '장별 출처' 첫 번째 항목에 명시된 링크를 통해 확인할 수 있다. 물론 나는 '엄청나게 바빴다'는 내 말에 동의하지 않는 사람이 있더라도 기분 나빠하지는 않을 것이다.
4 박사학위를 취득하는 데 걸리는 평균적인 기간은 대략 5~7년이다. 대개는 15~17년처럼 느껴지는 시간이긴 하지만 말이다.

험과 외부 데이터 사이의 풍부한 상호작용이 직감이라는 결과를 이끌었다. 사실 직감은 **사고와 감정** 모두에 기반을 둔, 직관 **과정**의 끝에 오는 **충동**이다. 투자자들이 말하는 '직감'은 기존의 많은 문헌들이 주장했던 것처럼 빠르고 무의식적인 충동에 기반을 둔 게 아니라 오히려 정교한 '직관 과정'의 최종 결과였으며, 그것은 기업가의 활동 상황에 특화된 전문적이고 역동적인 감정과 인지(경험 **그리고** 데이터)에 뿌리를 두고 있었다. 분명히 데이터는 직관 과정의 한 요소였지만, 직감을 느꼈을 때쯤 그것은 이미 감정적 경험에 말끔히 녹아들어 더 이상 **단순히** 데이터로, 심지어 중립적인 정보로도 보이지 않는다. 그래서 기업인들은 직관을 데이터의 도움을 받은 것이라고 이해하면서도 언급할 때는, 개인적 성찰이라고 주장했다. 시원한 아이스티가 당분이 녹아 있는 물이라는 걸 알면서도, 더운 날 그저 상쾌한 음료로써 즐기는 것처럼 말이다.

여기서 나는 한동안 내 머릿속을 점령했던 질문, '과연 직관과 직감은 다른 것인가?'에 대한 답을 찾았다. 답은 확실히 '그렇다'이다. 직관intuition은 우리가 직감gut feel이라고 부르는 최종적인 인식의 순간으로 이끌어 가는 과정이다. 과정과 결과는 다르다.[1] 물론 그 과정이 단

---

[1] 누군가는 이렇게 말할 수도 있다. 이는 단지 용어의 문제가 아닐까? 직관 과정의 최종 결과도 결국 직관이라고 말할 수 있지 않을까? 그렇다면 **직관과 직감**은 동의어가 아닐까? 어쨌거나 직관과 직감은 연구나 일상적인 대화에서 자주 혼용되는 단어다. 둘 다 우리 단어와 명명 체계 속에 속해 있다. **직관 심리학**이라는 용어는 판단 및 의사결정의 과학 영역에서 자주 언급되는 반면, 그것이 실질적으로 적용될 때는 **직감을 신뢰한다**는 의미로써 표현된다. 반면, 나는 직관은 과정이고 직감은 결과이며 이 둘은 서로 다르다고 주장한다. 전체 과정을 이해하기 전에는 올바른 결과가 어떤 모습일지 결코 알 수

몇 초밖에 지속되지 않을 수도 있지만 말이다(혹은 몇 년 동안 이어질 수도 있다). 또한 우리가 그 과정의 한가운데에 있음을 의식할 수도 있고, 의식하지 못할 수도 있다. 하지만 어느 쪽이든 언젠가는 그냥 **알게 되는** 순간이 **온다**. 우리는 그 순간을 되돌아보며 다음과 같이 묘사하곤 한다. "그냥 직감했어. 그냥 알겠더라고."

내 논문에서 세 번째로 중요한 연구 결과는 이것이다. **이** 직감(직관 과정에서 임의적으로 떠오른 생각이 아닌 직관의 결과물)을 신뢰한 사람들은 그것이 거짓말하지 않는다는 사실을 발견했다는 점이다.

언뜻 터무니없는 말 같을 수 있으므로 좀 더 자세히 설명해보겠다. 우리 뇌의 어떤 부분도 항상 100퍼센트 맞지는 않는다. 추론도, 기억도, 직감도 마찬가지다. 직감을 항상 신뢰할 수 있다는 생각은 보고된 데이터가 항상 확실하고 오염되지 않았다고 믿는 것만큼이나 잘못되었다.

사실 이것은 상황에 따라 다르다. 적절한 상황에서 직감은 충분히, 절대적으로 효과적이지만 부적절한 상황에서는 불충분하고 심지어 해로울 수도 있다. 또한 직감이 **모든** 결정에 적용되는 것도 아니다. 하지만 복잡하고 혼란스러운 결정을 내릴 때 직감에 의존했던 투자자들, 예를 들어, 직감만이 특정 스타트업에 자금을 투자하는 결정과 관련된 극도의 위험성과 복잡함을 관리할 (유일한) 방법이라서 그것

없다. 하지만 **직관과 직감**의 차이를 이해하면 그 모습을 더 잘 알 수 있고, 그렇게 되면 이전에는 가능하다고 생각하지 못했던 돌파구를 찾을 수 있게 된다.

에 의존해야만 했던 투자자들은 그들의 직감이 정확했음을 알게 되었다. 우버를 예로 들어보자. 초창기에 우버는 '나쁜 투자'임이 분명해 보였다. 법적 분쟁과 공항 출입 금지 등의 규제에 부딪혔고, 종종 작동을 멈추었던 요금 책정 알고리즘 등 모바일 앱에 대한 기술적인 위험과 결함이 있었으며, 시장 지위도 확고하지 않았다. 게다가 사업 자체에 대한 암묵적이고도 근본적인 우려도 있었다. (**끔찍한데. 누가 왜 자발적으로 낯선 사람의 차를 타겠어?**)

하지만 이런 어려움에도 불구하고 투자자들은 직감했다. 이 직감은, 투자자들이 이전의 경험과 내면의 목소리를 믿고 실패로 이어질 가능성이 큰 위험한 투자에 뛰어들도록 용기를 북돋아 주었다. 이것을 학술적으로 표현하자면, 그들의 직감이 투자에 따른 위험을 인지적, 감정적으로 재구성하여 설득력 있는 서사로 바꾸어 회피 행동을 넘어서서 투자하도록 그들을 이끌었다고 볼 수 있다. 즉, 소수의 투자자들은 자신들이 우버에 베팅한다기보다는 택시 산업의 쇠퇴와 곧 이어질 대중교통 산업의 중대한 변화와 혁신에 베팅하는 것이라고 여겼다.

이런 유형의 의사결정은 조용하다, **그리고** 의도적이다. 이것은 보유한 데이터와 축적된 경험 모두에 영향을 받으며, 들리기를 원하는 내적 신호를 만들어낸다. 하지만 안타깝게도 이러한 신호는 희망 사항이나 타인의 말(사회적 대화, 사람들의 기대, 미디어, 유행 등)과 구별하기가 어렵다. 후자가 더 큰 소리를 내기 때문이다. 또한 후자가 훨씬 집요하다. 심지어 현대의 알고리즘은 듣지 않을 수 없도록 당신을 표적으로 삼는다. 우리는 더 크고, 더 요란하고, 더 화려한 것들에 집중할 수밖에 없다. 그러나 중요한 것은, 우리가 그러한 외침이 아닌 내면의 속삭임에 귀를 기울이도록 배우고 훈련할 수 있다는 사실이다.

이제 거의 당연한 귀결로 다가온 네 번째 사실은 바로 이것이다. 직관의 힘은 **단순히** '올바른 결정'을 내리게 하는 데 그치지 않고 그 직감에 따라 적절한 때에 **신속하게 행동하도록 하는** 능력으로 연결된다는 점이다. 직감은 요란하지 않기 때문에 우리는 종종 의도적이고 신속한 행동을 취하지 못한다. 결단하지 못한다.

하지만 신속한 행동이야말로 특정 결정을 '올바른 결정'으로 만드는 요소 중 하나다. 물론 정확한 결과는 결코 알 수 없는 게 사실이다. 그러나 선택하고 때때로 수정하거나 전면 개편하거나 방향을 조정하면서 그 선택을 성공으로 이끄는 과정 속에서 올바른 투자가 만들어진다. 그러한 결정은 멘토가 되어주고, 소개해주고, 자원과 노하우를 제공하고, 점점 더 나은 거래를 만들어내고, 선별해주고, 직감을 활용하여 향후 더 효과적으로 행동할 능력으로 이어지는 선순환을 일으킨다. 그리고 그 결과 매우 높은 수준의 성공을 불러일으킨다.

직감에 의지하여 경쟁 우위 확보하기

 우리는 많은 것들을 직감이라고 부른다. 직감은 단순히 감정이 아니다. 정보만도 아니다. 직감은 데이터와 경험이 충돌하고 결합하여 놀라운 반응을 일으키는 결과물이다. 원자들이 충돌할 때 일어나는 핵반응과 다를 바 없다. 가장 성공한 투자자들은 모두 이것을 배웠고 이해했다. 그들은 직감을 개발하고, 활용하고, 활성화하는 법도 배웠다. 하지만 나는 다른 사람들은 어떨지 궁금했다.

 그래서 전통적인 의미에서의 성공(올림픽 선수, 세계 신기록 보유자, 퓰리처상 수상자, 기업의 최고경영자, 회사를 상장시킨 기업인)을 이룬 사람들뿐 아니라 비전통적인 성공을 이룬 사람들(전과자였지만 사회적 자립에 성공한 사람들, 자녀 양육을 위해 직장을 그만두었다가 수십 년 후 성공적으로 직장에 복귀한 여성들, 큰 사고와 중독, 트라우마를 겪은 후 다시 복귀한 록 스타들)을 인터뷰했다.

 그리고 2012년 박사 학위 논문을 마친 뒤, 연구 대상을 리더와 관리자, 조직가, 개척자, 구직자, 지망생으로 확대하여 (투자 외의) 세계에서 성공한 사람들 역시 직감을 개발하고, 활용하고, 활성화하는 법을 배운 사람들이라는 내 가설이 유효한지 시험했다.

 나는 직장인 수천 명을 인터뷰하면서 그들에게 성공의 정의를 질문했다. 무엇이 그들의 성공을 가져왔고(지금도 가져오는지) 알아내려 했고, 그들이 직감을 언급하는지 알아보려고 했다. 과연 그들은 특정한 자질을 공유하고 있었을까? 다시 말해, 과연 '성공한' 사람과 그렇지 못한 사람을 구분 짓는 특성이 있었을까?

그들 모두가 첫 번째로 꼽은 요인은 노력이었다. 하지만 흥미로웠던 점은 더 깊이 파고들수록 그들이 내심 노력에 큰 의미를 부여하지 않는 것처럼 보였다는 점이다. 노력은 이런 질문에 기대되는 '옳은' 답이었을 뿐, 그들은 노력도 중요하지만 그것만으로는 충분치 않다고 여겼다. 똑같이 열심히 일한다 해도 필연적으로 어떤 사람은 다른 사람보다 훨씬 더 성공한다. 왜 그럴까? 진정으로 성공한 사람들은 그들에게 우위를 제공하는 게 무엇인지 알고 있었다. 그들은 신호, 인식, 단서, 심지어 고정관념까지 자신에게 유리하게 활용하여 이점으로 만들어냈다. 자신의 노력이 더 효과적으로 작동하도록 만들었다. 내 첫 번째 책 『엣지, 한 끗의 차이를 만드는 내 안의 힘』은 이러한 연구와 그 연구 결과를 바탕으로 쓰여진 책이다.

그리고 이 두 번째 책에서 나는, 내 인터뷰에 응했던 성공한 사람들 모두가 100퍼센트 언급했던 (유일한) 요소인 직감에 대해서 다루려고 한다. 물론 직감에 대한 그들의 설명은 간단하지 않다. 어떤 이들은 그것을 신비한 요소처럼 이야기했다. 어떤 이들은 감정에서 기인한다고 말했고, 또 어떤 이들은 뇌를 지목하면서 그들의 직감이 정밀한 전문성에 기반한 것들, 즉 스키마, 심성 모형 mental model, 원형 prototype처럼 이 책의 후반부에서 다룰 개념 정리 방식들의 결과라고 주장했다. 어떤 이들은 자신이 어떻게 직감을 믿는지에 대해 이야기했다. 또 어떤 이들은 직감이 얼마나 위험했는지, 그것이 자신들을 잘못된 길로 이끌어 어떻게 궤도를 이탈하게 했는지에 대해 들려주었다. 물론 대부분은 자신의 직감을 설명하거나 명확하게 표현하는 것을 어려워했다. 그러나 그들은 개인적인 경험과 외적인 데이터가 상호작용하고 융합하는 방식을 이해하고, 외침이 아닌 내면의 속삭임에 귀 기울이는 법을 배운 후로는 자신들의 직감을 인식하고, 진단하고, 믿고, 그것에 의지했다.

이 책의 1부에서는 직관과 직감이 무엇인지(그리고 우리가 곧 알게 될 것처럼 그것이 누구인지)에 대해 집중적으로 살펴보고자 한다. 직관과 직감이 무엇인지, 어떻게 서로 연관되어 있는지, 왜 직감은 적절한 조건에서 그토록 강력한지에 대해 논의할 것이다. 직감이 어떻게 유레카의 순간이나 스파이디 센스[1], 졸트[2]로 나타나는지 알아볼 것이다. 그리고 우리가 믿고 따를 수 있는 직감에 도달했을 때 (그 과정을 이해하고 성찰함으로써) 어떻게 그것을 인식하고 최종 결정 요소로 삼을 수 있는지에 대해 알아볼 것이다. 1부에서 우리는, 농구 연습에서 처음 두 번의 패스에 해당할 법한 과정 즉, 직관 과정에 대한 감을 잡고 직감이 무엇인지 진단해볼 것이다. 또한 (농구 연습에서 세 번째와 네 번째 패스에 비유할 만한) 우리의 개인적인 경험과 외부 데이터가 어떻게 상호작용하여 우리에게 엄청난 힘과 능력을 제공하는지에

---

1 Spidey sense, 스파이더맨의 위험 직감 초능력. (옮긴이 주)
2 jolt, 갑작스럽고 급격한 움직임이나 예상치 못한 충격을 의미한다. (옮긴이 주)

대해 알아볼 것이다.

　1부에서는 직관과 직감의 특성을 규명해줄 기초를 다질 것이다. 이렇게 시작하는 이유는 우리 모두의 공통점이자 우리가 가장 즉각적으로 인식할 수 있는 게 바로 직감이기 때문이다. 우리는 모두 직감의 경험이 어떤 것인지 알고 있다. 그렇기 때문에 직감은 가장 쉽게 접근할 수 있는 진입 지점이다. 이는 자홍색이나 장미색, 산호색, 선홍색에 대한 우리의 개인적 성향을 인지하기 위해서 그보다 먼저 빨강, 노랑, 파랑 같은 원색부터 알아보는 것과 같다. 이 첫 단계를 통해 우리는 공통의 어휘와 핵심 개념에 대한 기본적인 이해를 확보할 수 있다.

　다섯 번째와 여섯 번째 패스에 해당하는 2부는 '**어떻게**'에 해당하는 직감의 작동 방식, 행동의 영역과 그 이후를 안내한다. 이제 우리는 자신의 직관 과정을 더 깊이 탐색하고 분석할 준비가 되었다. 우리는 각자의 고유한 신체적, 감정적, 인지적 신호를 인식하면서 공통점을 넘어 자신의 직감 경험을 다시 살펴보고 성찰하게 될 것이다. 이를 통해 직관에 숙달되고 직감에 따라 행동하는 자신만의 경로를 정할 수 있고, 이에 따라 신호에 대한 민감성을 높일 수 있을 뿐 아니라 신호의 양과 신뢰도도 높일 수 있다. 우리는 정보와 지혜의 차이를 인식하고, 적절한 시기에 적절한 정보를 조합하고, 그것에 대해 비판적으로 생각하고, 중요한 선택을 현명하게 할 수 있는 방법에 대해 배울 것이다. 각 장에는 이러한 아이디어를 실행에 옮길 수 있는 연습 방법 역시 포함되어 있다. 또한 2부에서는 개인적 경험과 외부 데이터가 **왜** 모두 중요한지뿐 아니라 **어떻게** 중요한지, 그리고 이 둘의 상호작용이 일과 삶의 모든 측면에서 어떻게 경외심을 불러일으키는지, 어떻게 전적으로 신뢰할 수 있고 혁신적인 귀중한 돌파구로 이끄는지 알아볼 것이다.

직관에 숙달되는 이 여정은 때로는 어수선하게 느껴질 수 있다. 직관에 숙달되는 간단한 방법이란 없기 때문이다. 이 책을 포함한 모든 책은 순차적, 선형적으로 읽히지만, 직관적인 의사결정은 그렇지 않다. 우리의 뇌는 매우 복잡하고 역동적인 뉴런 네트워크를 통해 기능한다. 뉴런들은 시냅스를 통해 소통하며, 시냅스에서는 신경전달물질을 방출하여 동시에 여러 방향으로 전기 자극을 보낸다. 바로 이런 비선형적이고 동시적인 처리 덕분에 우리 뇌는 엄청난 양의 정보를 처리하고, 감각 입력을 통합하고, 의사결정을 내리고, 놀랍도록 효율적이고 유연한 방식으로 생각하고 행동할 수 있다.

마찬가지로 우리의 감정도 선형적인 경로를 따르지 않는다. 감정은 다양한 자극의 영향을 받으며, 편도체, 전전두엽 피질, 해마 등 뇌의 여러 영역이 관여하는 신경회로와 생화학 과정의 복잡한 상호작용을 통해 생겨나고, 감정 경험의 미묘하고 상호 연결된 특성을 반영하면서 다면적이고 중첩적으로 빠르게 변화한다.

그리고 우리 몸도 선형적 방식으로 기능하지 않는다. 신경계, 내분비계, 순환계가 항상성을 유지하기 위해 끊임없이 소통하면서 여러 가지 상호의존적인 생리적 과정이 동시에 일어난다. 이러한 복잡한 조정을 통해 스트레스나 운동 같은 자극에 신속하고 다면적으로 반응하는 신체 기능의 역동성을 유지한다.

우리의 직관 과정은 끊임없이 신체적, 감정적, 인지적 입력 정보에 의존한다. 각 요소가 별개의 것처럼 보일지 몰라도 서로 복잡하게 얽혀 있어 끊임없이 밀고 당기고 앞뒤로 오가며 우리의 선택을 형성한다. 반드시 시작, 중간, 끝이 있는 게 아니다. 우리가 아는 것, 느끼는 것, 신체가 감지하는 것이 총체적으로 통합되어 인간 경험의 전체 스펙트럼에 깊은 영향을 받는 결정과 행동으로 이끈다. 이처럼 우리의 과제는 수량화할 수 없는 것을 수량화하는 것이다.

하지만 우리는 그렇게 할 것이다. 그 보상이 엄청날 것이기 때문이다. 당신은 그럴 준비가 되어 있는가?

차례

추천사 — 007
들어가는 글 — 010
서문 — 013

PART 1 직관과 직감

1. 직관은 과정, 직감은 결과다 — 031
2. 직감이 주는 신호를 듣지 못하는 이유 — 043
3. 직감은 세 가지 형태로 찾아온다 — 054
4. 문제 상황에 따른 직감 감별법 — 065
5. 행동으로 이어지는 직감의 메커니즘 — 088

PART 2 직감 단련하기

6. 수동적인 직감에서 능동적인 직감으로 — 109

직감 성찰하기

7. 내게 맞는 직감 유형 이해하기 — 125

8	몸의 감각을 활용한 직감 연마하기	— 142
9	감정의 연결을 통해 직감 연마하기	— 153
10	직감을 내 것으로 만들기 위한 세 가지 개념	— 166

직감의 상호작용 연습

11	'유레카', '스파이디 센스', '졸트'의 순간은 어떤 느낌일까	— 183
12	정보를 선별하여 빠른 결정에 이르는 법	— 210
13	나를 즉시 행동하게 만드는 신호 포착의 기술	— 221

반복의 효과

14	무엇이 직감을 흐려지게 하는가	— 239
15	직감을 믿기 어려울 때는	— 250

결론 당신의 초능력을 발휘하라 — 262

감사의 글	— 266
부록 A 추천도서 목록	— 270
부록 B 독서 감상문에 대한 예시	— 272

출처	— 281
찾아보기	— 293

PART 1
직관과 직감

Intuition and Gut Feel

직관은 과정, 직감은 결과다

― 1 ―

직감 gut feel 은
개인적인 경험과 외부 데이터의 상호작용에 의지하는
직관 과정에서 불현듯 떠오르는 명료함이다.

1990년대 후반, 팀 버너스 리 Tim Berners-Lee 가 최초의 웹페이지[1]를 만들면서 인터넷 시대의 시작을 알렸다. 월드 와이드 웹이 진화하기 시작하고 인터넷 사용자들이 정보의 즉각적인 이용과 보편적이고 광범위한 접근의 중요성을 이해하려고 애쓰고 있을 때, 트라이포드닷컴 tripod. com[2]의 직원으로서 웹사이트의 설계와 구현을 담당했던 이선 저커먼

---

1 최초의 **진정한** 웹페이지다. 공식적인 인터넷의 발명 시점은 이보다 몇 년 전이지만, 1990년대 후반 팀 버너스 리가 현재 HTML로 지칭되는 코드로 웹페이지를 구축한 것이 월드 와이드 웹의 기원이 되었다.
2 성공한 초기 닷컴 기업 중 하나.

Ethan Zuckerman은 자신의 난감한 상황과 씨름하고 있었다. 트라이포드닷컴을 비롯한 웹페이지 호스팅 사이트들은 아직 수익 모델을 파악하지 못한 상태였다. 광고주들은 비용을 지불할 의향이 있어 보였지만, 웹페이지상에서 자사 브랜드와 연관된 콘텐츠 옆에 자사 광고가 나란히 등장하는 방식에 불만을 느끼고 있었다.

또한 취업 알선 업체의 의료 분야 구인 광고가 부동산 투자 관련 기사 옆에 배치되는 경우처럼 광고와 무관하고 동떨어진 콘텐츠가 함께 실릴 때도 있었고, 비방하거나 부적절하거나 노골적으로 공격적인 콘텐츠 옆에 광고가 배치되는 바람에 광고주들의 불만이 폭주하는 때도 있었다.

몇 달 동안 이 문제에 대해 숙고하던 저커먼은 포스트잇에 메모한 아이디어들을 검토하던 중 한 가지를 깨달았다. 광고는 잘 보여야 하고, 페이지들을 클릭할 때 거추장스럽다는 이유로 숨김 처리를 할 수 없어야 했다. 하지만 동시에 덜 거슬리고 덜 두드러져야 했다. 마치 그의 포스트잇 메모지처럼. 그는 컴퓨터를 응시하면서 화면의 아주 작은 부분만 가리는 (눈에 띌 정도로 충분히 크되 화면의 다른 내용에 집중할 수 있을 만큼은 작은) 포스트잇 메모지를 떠올렸다. 잠시 후 그는 다음과 같이 휘갈겨 썼다.

```
window.open('http://tripod.com/navbar.html'"
width=200, height=400,
```

toolbar=no, scrollbars=no,

resizable=no, target=_top");

바로 팝업 광고를 생성하는 코드였다. 그는 이것이 **바로** 해결책이라는 갑작스러운 확신, 직감을 느꼈다. 트라이포드 홈페이지를 방문하는 사람들은, 그가 작성한 지시문 코드에 따라 별도의 창에 생성된 작은 팝업 광고를 보게 될 것이다. 그것은 해당 페이지와는 분리된, 기술적으로 전혀 별개의 창이었다.

그는 흥분을 누를 수 없었다. 이 기이하고 투박한 해결책이 웹 경험 전체를 바꿔놓을 것이었다. 저커먼은 이렇게 설명했다. "그것은 광고를 해당 페이지에 직접 개재하지 않고도 사용자의 페이지에 연결시킬 수 있는 방법이었으며, 자사 브랜드 광고와 웹페이지의 콘텐츠가 연관되어 있는 것처럼 보일까 우려하던 광고주들의 걱정도 해결할 수 있는 방법이었죠."

오늘날 팝업 광고는 온라인 광고 역사에서 부정할 수 없는 위치를 차지하고 있다. 팝업 광고는 저커먼이 원래 해결하고자 했던 광고의 주목도와 연관성 문제뿐 아니라 업계를 괴롭히던 배너 광고 클릭률 감소 문제도 해결해주었다. 팝업 광고가 온라인 광고를 구해준 덕에 기업들은 광고에 점점 더 무관심해지는 사용자들의 관심을 끌 수 있게 됐고, 광고가 실제적으로 사업에 얼마나 유의미한 영향을 미치는지 실질 투자수익률을 계산하여 확인할 수 있게 해주었다. 그리하여 오늘날 마케터들은 여러 웹사이트를 통해 더 효율적으로 광고를 관리하는 게 가능해졌다. 사용자들이 광고와 어떻게 상호작용하는지 보고하고, 실시간으로 광고를 변경하고, 초개인화hyper-targeted 방식으로 수용자에게 다가가며, 노출당 비용[1]에 기반한 새로운 가격 모델을 통해 검색과 클릭 수에 따라 비용을 책정할 수 있게 되었다.

물론 우리 입장에서 이러한 팝업 광고는 성가시다. 실제로 "가장 혐오스러운 광고 기법"에서부터 "인터넷의 원죄"에 이르기까지 온갖 별명이 팝업 광고에 따라붙었다. 구글에 **팝업 광고**를 검색하면 상위 검색 결과는 전부 '팝업 광고 중단시키는 법', '팝업 광고 차단법', '팝업 광고 비활성화 방법'일 것이다. 그 결과, 좋은 의도였음에도 불구하고 저커먼은 순진한 웹 사용자들에게 팝업 광고를 쏟아 붓게 만든 것에 대해 사과하기도 했다.

직감이란 무엇인가?

이선 저커먼이 어느 순간 충동적으로 팝업 광고를 떠올린 것처럼 보일 수도 있지만 이 충동은 사실 익숙함과 새로움, 외부 데이터와 개인적 경험이 혼합되면서 시작된 광범위한 과정의 결과였다. 즉, 잠깐의 멈춤 후에 어떠한 느낌이 찾아오고, 뒤이어 모든 사람들의 웹

---

[1] CPM(Cost per millennium). 노출 횟수 1,000회를 기준으로 광고 단가를 책정하는 방식이다. (옮긴이 주)

브라우징 경험을 영원히 바꾸게 될 짧은 코드를 휘갈겨 쓰는 명확하고 확신에 찬 순간이 찾아왔던 것이다.

저커먼은 자신이 돌파구를 발견하는 중이란 걸 어떻게 알았을까? 그리고 우리는 어떻게 우리 삶에서 그와 같은 발견의 순간을 만들어낼 수 있을까?

이 질문들에 답하기 위해서는 먼저 **"직감이란 무엇인가?"** 라는 질문에 먼저 제대로 답해야 한다. 당신에게 묻겠다. 지금까지 당신은 직감을 무엇이라고 정의해왔는가? 직감을 어떻게 생각했는가? 좋은 것? 나쁜 것? 똑똑한 것? 어리석은 것? 이성적인 것? 감정적인 것? 말콤 글래드웰Malcolm Gladwell이 묘사한 것처럼 직감이란 **힐끔 보기만 해도** 게티 박물관의 고대 조각상이 위작임을 알게 해주는 것일까? 아니면 대니얼 카너먼Daniel Kahneman이 『생각에 관한 생각』에서 주장했듯이, 우리의 게으른 뇌는 휴리스틱heuristic과 오류가 가득한 지름길에 의존하므로 직감은 변하기 쉽고 신뢰할 수 없는 것이라고 보는가? 아니면 상황에 따라 다르다고 생각하는가? 그렇다면 무엇에 따라 달라질까?

직감의 본질에 대한 의견의 불일치와 논쟁이 이토록 많은 이유는, 두 가지 질문에 한꺼번에 답하려 했기 때문이라고 생각한다. 우리는 직감gut feel과 직관intuition을 혼동하고 두 용어를 혼용해왔다. 하지만 내가 보기에 그 두 가지는 서로 연관되어 있기는 하지만 분명히 다르다.

직감은 불현듯 느끼는 명료함이다. 직감은 내면 깊은 곳에서 갑자기 떠오르는 순간적인 통찰로 대개 완벽하게 설명할 수는 없지만 강한 확신과 믿음, 자신감을 불러일으킨다.

직관은 비순차적인 정보 처리 과정이다. 직관은 정보를 접하고, 외부 데이터(입력 데이터)와 개인의 지식 및 경험의 상호작용을 통해 어떤 것에 대해 판단하거나 결정을 내릴 수 있게 하는 짧은 혹은 긴 처리 과정이다. 직관은 과정이고, 그 결과로써 우리가 직감으로 인식하는 한순간의 명료함이 나타난다. 즉, 직관은 과정이고, 직감은 결과다. 서로 연관되어 있지만 뚜렷이 구분된다.

직관하는 과정에서(**직관**이라는 단어와 **직관 과정**을 동의어로 생각하라) 우리는 장기기억에 저장된 정보, 관련 학습을 통해 얻은 정보, 가능한 선택지에 노출되면서 얻게 된 정보, 심지어 무의식적으로 인지한 정보에 접근하게 된다.

우리는 직감(**결과의 직감** 또는 **돌파구**의 **직감**과 동의어)을 순간적인 느낌으로 경험한다. 하지만 직감은 숙성되는 데 시간이 필요하며, 명료하게 인식되는 순간으로 이어지기까지 직관이라는 과정이 필요하다. 저커먼이 온라인 광고의 문제점을 숙고하고, 정보를 수집하고, 해결책들을 모색하며 보낸 몇 개월은 유레카의 순간에 도달하기 위한 필요조건이었다. 해답은 한순간에 갑자기 찾아왔지만, 그의 사고는 그 몇 개월 동안 점진적으로 이루어졌다. 우리는 직감을 그런 식으로 인식하지 못할 때가 많다. 직감을 과정의 정점이 아니라 즉각적인 것으로 받아들이는 경향이 있기 때문이다.

주디스 올로프Judith Orloff는 그녀의 저서 『직관의 힘The Power of Intuition』에서 이렇게 말한다. "직감은 즉각적인 결정으로 이끄는, 때때로 찾아오는 신속하고 신체적인 반응이다. 그러나 직관은 좀 더 미묘하며, 대개 우리의 통찰과 판단에 영향을 미치는 무의식적인 추론 과정을 포함한다." 그녀는 과정과 결과를 구분하지만, 직감이 결과라고 명시적으로 진술하지는 않는다. 『마음 가면』으로 유명한 브레네 브라운Brené Brown도 이런 구분에 동의한다. "직감은 충동적이고 반응적일 수 있는 반면, 직관은 더 조용하고 사색적인 과정이며 통찰을 드러내는 데 시간이 필요한 경우가 많다." 『생각이 직관에 묻다』의 저자인 게르트 기거렌처Gerd Gigerenzer는 과거의 경험과 지식을 통합하는 더 깊은 수준의 인지와 이해를 포함하고 있는 게 직관이며, 직감은 (이에 대한) 반응이라고 명명했다. 나의 주장과 가장 근접한 설명이기도 하다.

직감은 정서지능의 일부이며 정서지능 역시 직감의 일부라고 생각하는 사람들도 있다. 정서지능의 토대를 수립한 학자 중 한 명인 대니얼 골먼Daniel Goleman은 직감이 어떻게 삶의 경험을 추출하여 목적의식, 의미, 윤리에 적용되는 기초를 제공하는지, 그리고 그 반대로 작용하기도 하는지에 대해 설명했다. 이처럼 직감은 정서지능과 관련이 있다. 정서지능 분야의 또 다른 선구자로 여겨지는 피터 샐러비Peter Salovey와 존 메이어John Mayer는 정서지능이 낮은 사람들은 자신의 신체적 신호와 신체 감각 단서를 잘못 읽는 경향이 있으며, 때때로 직감이 말하려고 하는 바도 잘못 해석한다고 말한다. 하지만 직감은 정서지능 그 이상이다. 물론 정서지능을 연마하면 우리의 경험, 배경, 삶의 진실, 기억, 감정, 트라우마를 이해하는 데 도움이 되므로 직감이 계발될 수도 있다.

많은 사람들이 직감을 만병통치약처럼 답을 **바로 알려주는** 신비하고 즉각적인 것으로 오해한다. 또는 정반대로 직감을 무시한 채 데이터, **오직 데이터**만을 최고로 여기기도 한다. 영화 〈머니볼〉이 그런 사례다. 이 영화는, 오클랜드 애슬레틱스의 빌리 빈Billy Beane과 피터 브랜드Peter Brand가 개척한[1], 분석과 증거에 기반한 정보를 사용해 선수를 충원하고 팀을 구성하는 세이버메트릭스 접근 방식sabermetric approach을 보여준다.

〈머니볼〉과 같은 이야기는 우리에게 이런 결론을 남기는 듯하다. 직감에 의존하지 마라. 데이터에 의존하라. 데이터는 거짓말하지 않는다. 〈머니볼〉 이야기는 엄격한 통계 분석과 데이터가 다른 모든 것을 능가한다고 주장한다.

하지만 내가 무척 흥미롭게 생각했던 점은 빌리 빈이 선수 시절의 경험을 바탕으로 선수들을 파악하고 그들과 교류하기 전까지는 팀의 성적이 좋지 않았다는 사실이다. 데이터는 매우 중요했고 분석은 경기의 판도를 바꿨지만, 그것은 감독의 경험이 여전히 경기에 중요하다는 사실을 깨달았을 때만 그러했다.

1 그리고 할리우드 유명 배우 브래드 피트와 조나 힐에 의해 미화된.

실제로 연구자 데이비드 드 크레머David De Cremer와 체스 그랜드마스터이자 세계 챔피언인 가리 카스파로프Garry Kasparov는 데이터와 경험의 융합을 연구한 결과, 인공지능과 머신러닝, 데이터 중심 모델링이 의사결정의 본질을 변화시킬 거라는 온갖 말들에도 불구하고 인공지능과 인간 지능이 서로 보완될 때만 진정한 돌파구를 이끌어낸다는 사실을 발견했다. 1997년 IBM의 딥블루 컴퓨터가 카스파로프를 꺾으면서 수십 년 동안 데이터 및 인공지능과 인간 지능에 대한 비교 논의가 이어졌다. 카스파로프는 이때의 패배를 계기로 어떤 유형의 체스 선수가 우위를 점하게 될지를 고민하기 시작했다. 그의 결론은 켄타우로스[2] 선수였다. 독자적인 인간 또는 기계가 아니었다. 인간과 기계의 상호작용을 연구해온 마이크 캐시디Mike Cassidy는 켄타우로스 체스 선수에 대해 "인간의 직관과 창의성과 공감력, 그리고 엄청난 경우의 수의 체스 행마와 반격 및 결과를 기억하고 계산하는 컴퓨터의 무지막지한 능력이 결합된 선수"라고 설명한다. 최상의 결과는, 선수와 컴퓨터가 상호작용하는 **과정**을 통해 개인적 경험과 데이터가 결합될 때 나타난다. 카스파로프는 "약한 인간+기계+뛰어난 프로세스가 어떤 강력한 컴퓨터보다 우월하며, 그것은 놀랍게도 강한 인간+기계+열등한 프로세스보다도 더 우월하다"라고 설명한다.

결과는 프로세스(과정)의 효능에 달려 있다. 직감의 신뢰성은 직관 과정의 수준에 달려 있다.

---

2 그리스 신화에 나오는 반인반마의 괴물이다. (옮긴이 주)

빌리 빈의 성공을 가져온 것은 분석과 경기 '감각'의 결합이었다. 데이터와 영입 선수에 대한 평가 모두 무형의 요소를 수량화하여 팀을 구성하는 데 도움을 주었다. 야구든 체스든 경영이든, 궁극적으로 데이터를 해석하고, 효과적으로 분석하고, 이미 알고 있는 정보와 통합하고, 결정을 내리고, 그에 따라 행동해야 하는 주체는 사람이다.

그래서 나는 **"직감이란 무엇인가?"** 가 아니라 **"누가 직감하는가?"** 가 더 중요한 질문일 수 있다는 말을 자주 한다. 이 질문에 답함으로써 우리는 의도적인 혁신에 도달하는 능력을 개발시키는 더 풍부하고 완전한 정의, 즉 **직감은 개인적 경험과 외부 데이터와의 상호작용을 기반으로 한 직관 과정에서 나오는 섬광 같은 명확성**이라는 정의를 이해할 수 있게 된다.

직감은 사람마다 다르다

직감이 결과이고, 직관이 과정이라면 이를 경험하는 개인이 있을 것이다. 직감은 곧 당신이다. 나는 학생들에게 자주 이렇게 말한다. "여러분이 들려줄 수 있는 가장 아름다운 이야기는 여러분 자신과 여러분이 사랑하는 모든 것에 관한 이야기일 것이다." 직감은 당신의 지식과 관찰 내용, 배경, 기억, 진실, 관계, 감정, 정서지능, 실망, 상실, 트라우마 등 살아온 모든 경험의 영향을 받는다. 직감은 당신이 받아들이고 습득하는 외부 데이터에 대한 개인적인 해석에서 비롯되며, 직관 과정에서 일어나는 모든 것의 정점이므로 직감은 곧 당신이다. 당신이 직감하는 돌파구는 당신만의 고유한 것이며, 개인적이며, 독특한 것이다. 따라서 설명할 수도 없고[1] 전달할 수도 없다.

이러한 이유로 직감을 완전히 이해하고, 인식하고, 활용하게 되면 올바른 결정을 내리고 그에 따라 행동할 수 있으며 성공 확률도 높아진다. 우리는 과거의 경험, 생각, 감정, 성향 등 우리를 독특하고 우리다운 존재로 만드는 모든 것을 활용하여 직관 과정을 연습할 수 있고, 그것을 통해 확실히 신뢰할 수 있는 돌파구를 직감하는 법을 배울 수 있다. 직감이 곧 당신이라는 사실을 이해하면 당신만의 독특하고 개인적인 직감 경험 방식이 있다는 것을 깨닫게 된다. 사람에 따라 체형이 다르듯 돌파구의 직감이 나타나는 방식도 다르다.

이 책을 통해 우리는 직관 과정을 연마하고 숙달하며, 직감을 인식하고 활성화하는 능력을 높여 직감이 성공으로 이끄는 믿음직한 초능력이 될 수 있도록 할 것이다. 그러기 위해서는 조용하고, 겸손하며, 무시당하기 쉬운 직감의 중요한 특성을 인식하고 주변의 소음에 직감이 묻히지 않도록 그것에 귀 기울여야 한다. 벌써부터 당신은 직관 과정으로 넘어가서 자신의 직관 양식을 살펴보고 싶은 충동을 느끼고 있을지 모른다. 하지만 아직 기초 작업이 끝나지 않았으니 그 충동은 잠시 참아보자. 우리는 직관의 결과, 즉 직감에 대한 논

---

[1] 직감적인 돌파구는 설명할 수 없지만, 그에 이르는 직관 과정은 어느 정도 설명할 수 있다.

의를 조금 더 이어감으로써 조용하지만 결론에 도달하는 경험과 그 결론에 이르는 비선형적 과정을 더 효과적으로 이해하고 연습해볼 것이다.

직감이 주는 신호를
듣지 못하는 이유

2

외침이 아니라 속삭임에 귀 기울여라.

필리핀의 수리가오Surigao 시는 깨끗하고 긴 백사장, 경이로운 수중 세계, 신비로운 동굴, 거대한 맹그로브 숲이 펼쳐진 17개의 아름다운 섬으로 이루어져 있어 '섬으로 떠나는 모험의 도시'로 알려져 있다. 내 학생 중 한 명이 그곳에서 성장했다기에 나는 "어린 시절 해변과 섬에서 모험했던 멋진 추억이 있겠네"라고 말했다. 그는 고개를 저으며 자연의 놀라운 아름다움이 아니라 배와 살인적 태풍이 제일 기억에 남는다고 했다. "어릴 때 인생과 비즈니스에서 가장 중요한 교훈을 배웠습니다. '배가 침몰하는 이유는 주변의 바닷물 때문이 아니라

배 안으로 들어찬 바닷물 때문'이라는 거였죠. 그 덕택에 주변에서 일어나는 일들에 잠식당하고 짓눌려서는 안 된다는 것을 항상 상기하게 되었습니다."

내면의 목소리

직감은 우리에게 속삭이지만 우리는 종종 귀를 기울이지 않는다. 주변 사람들(반가운 사람들 및 반갑지 않은 사람들), 전통 미디어와 소셜미디어의 의견들, 일상의 자질구레한 일들과 책임들, 날마다 씨름해야 하는 일 등과 같은 외침들 때문에 우리는 직관 과정에서 산만해진다.

결정을 내리려고 할 때 우리는 보통 어떤 행동을 할까? 우리는 신뢰하는 사람들에게 의견을 묻는다. 지식과 통찰의 원천을 찾아본다. 다른 사람들은 어떻게 했는지 주변을 확인하고, 그들과 자신을 비교한다. 이 모두가 직관하는 과정의 한 부분일 수 있지만, 출처에 따라 정보들이 다르고, 모순된 정보들이 서로 목소리를 높이는 경우도 많다. 그러한 주장들이 점점 목소리를 높임으로써 머릿속은 매우 시끄러워진다. 이 사람 저 사람, 이 아이디어 저 아이디어가 당신의 머릿속을 휘젓는다.

그러다 어느 순간, 내면에서 속삭이는 조용한 목소리를 포착할 때가 있다. 이 내면의 목소리가 바로 직감이다. 직관을 통해 지혜, 의견, 정보, 지각을 축적해온 이 목소리에 귀를 기울이는 게 좋다.

내면의 목소리를 '들을' 가능성을 높이는 방법에는 두 가지가 있다. 첫 번째는 소리를 증폭시키는 것이다. 즉, 속삭임을 조정하고, 조작하고, 처리하여 명확하게 들리도록 만드는 것이다. 두 번째는 속삭임의 속성을 인지함으로써 더 의도적이고 능동적으로 귀를 기울이는 것이다. 이 두 가지 방법은 전기 공학, 통신, 신경과학 분야에서 활용하는 신호 증폭 및 잡음 제거 과정과 유사하다. 즉, 신호의 내용을 크게 왜곡하지 않으면서 신호의 강도를 높이거나 원치 않는 주변 소리나 배경 소리를 최소화하여 신호를 들을 수 있게 하는 것이다.

첫 번째 방법부터 살펴보자. 이 방법은 더 직접적이지만, 내 제자였던 샤이가 경험했듯이 조금 불편한 방법일 수도 있다. 내가 가르쳤던 MBA 과정 안에서 가장 똑똑한 학생 중 하나였던[1] 샤이는 대학원에 오기 전에는 세계 최고 특수부대 중 한 곳의 리더였다. 이 부대의 대원이 되려면 치열한 경쟁과 긴 훈련 과정을 거쳐야 한다. 먼저 체력 및 지력 테스트를 받는다. 테스트에 합격한 후보생은 일주일 동안 기본 보병 기술, 야전 기술 및 다양한 지형에서의 야전 항법, 반란 진압, 공대지 협력, 공중 작전, 정보 수집, 저격수로서의 감각, 의료 기술, 심리 특성, 정신적 안정성 등을 테스트 받는다. 그 후 부대에 배치

---

[1] 교사는 학생의 친구가 될 수 없다는 말은 틀렸다. 나는 "요즘엔 학생이 교사가 됐다네, 친구"라는 말을 훨씬 더 좋아한다.

되어 보병으로 훈련받는다.

샤이는 팀의 리더로서 24명의 후보생 중 누구를 선발할지 결정해야 했다. "선발할 인원이 정해져 있지는 않았습니다. 하지만 선택에 신중해지죠… 함께 전투에 나설 사람들이니까요. 목숨이 걸린 상황에서 함께 옆에 있을 사람이잖아요… 한 후보생은 열정도 넘치고 매우 희생적이었습니다. 그래서 그를 선발해야 할지 말지 정말 고민했습니다."

그러자 샤이의 상관 중 한 명이 "그냥 동전 던지기를 해봐"라고 말했다고 한다. 그 말을 듣고 샤이는 충격을 받았다. **"뭐라고요?** 동전 던지기로 이런 결정을 내리라고요?"

그러자 그의 상관은 이렇게 대답했다. "아니, 동전 던지기로 결정을 하라는 게 아니라 느낌을 보라고. 어떤 느낌이 들 것 같아? 머릿속에서 그 친구를 탈락시키라는 소리가 들리면 어떤 기분이 들 것 같으냐고."

나는 그 이야기를 듣고서 시트콤 〈프렌즈〉의 한 에피소드가 떠오른다고 그에게 말했다. 등장인물 중 한 명인 레이첼이 임신 사실을 알게 되는 에피소드 말이다. 샤이 역시 그 에피소드를 기억하고 있었고, 과연 방금 그가 한 이야기와 비슷하다며 웃었다.[1]

---

1 우리는 그 시절 프렌즈 같은 방송을 보려면 방영 시간을 기다렸다 실시간으로 시청해야 했다면서 함께 웃었다. 사실상 요즘 유행하는 넷플릭스 몰아보기는, 직감의 활용에 도움이 되는 정보 흡수 및 처리 과정을 방해한다. 이에 대해서는 나중에 더 자세히 설명하겠다.

그 에피소드에서 레이첼은 자신이 임신했다는 생각 때문에 겁을 먹는다. 그 사실을 친구 피비에게 털어놓자 피비는 임신 테스트기 결과가 잘못 나왔을 수 있으니 한 번 더 검사를 해보자며 그녀를 진정시킨다. 그 말에 따라 레이첼은 화장실에서 두 번째 검사 결과가 떠오르기를 기다리는데, 너무 긴장한 나머지 피비에게 먼저 테스트기를 건넨다. 그러자 테스트기를 받아든 피비가 "음, 임신이 아니네"라고 말한다. 레이첼은 그 말에 잠시 멈칫하더니 중얼거린다. "아. 아. 그렇구나. 휴!" (잠시 멈춤) "그거… 그거… 정말 다행이다. 정말 다행스러운 일이야." (잠시 멈춤) "알다시피… 전혀 전혀 준비도 안 되어 있고… 경제적인 문제도 있고… 그러니까. 휴. 휴. 와, 그래야지."

그러다가 갑자기 울음을 터뜨리고 마는 레이첼. 피비가 티슈를 건네자 레이첼은 다시 말을 잇는다. (울음) "이런, 정말 바보 같아!" (잠시 멈춤) "애당초 임신도 아니었는데 어째서 속상하지?" (잠시 멈춤) "그러니까… 한 줄인 거지?"

곧바로 피비가 "아니, 두 줄이야"라고 말하자 레이첼은 "뭐?"라고 반응한다. 피비가 다시 말해준다. "이거… 한 줄 아니야. 두 줄이야."

레이첼이 "정말… 확실해?"라고 묻자 피비는 재빨리 "그래, 맞아. 좀 전에는 내가 거짓말했어!"라고 대답한다. 피비는 레이첼의 깜짝 놀라면서도 한편으로는 안도하고 행복해하는 모습을 보며 말한다. "이제 너의 진짜 감정을 알겠지?" 그러자 레이첼은 "조금 위험한 장난이었어!"라는 말과 함께 흥분해서 피비를 껴안고 소리친다. "내가 아기를 가졌다니! 아기를 가졌어! 아기를!"

직감의 순간에 도달하기

샤이와 레이첼은 결과를 알자마자(혹은 강제로 알게 되자마자) 어떤 종류의 감정을 느꼈다.

샤이는 동전의 앞면이 나오면 그 생도를 탈락시키기로 하고서, 동전을 던졌다. 그리고 실제로 동전의 앞면이 나오자 자기도 모르게 안도감을 느꼈고 이것은 그에게 신호가 되었다. 그의 이러한 감정은 이전의 수많은 순간, 경험, 입력된 정보가 합쳐진 결과였다. 전투에 참여하는 것은 말로는 다 표현할 수 없을 정도로 막중한 일이며, 누군가를 전투에 투입하는 것 역시 매우 무거운 책임이다. 샤이는 매우 희생적인 그 후보생을 응원하고 신뢰했지만 그가 선발 기준에 부합하는지, 그에게 다른 병사들을 보호해줄 능력이 있는지에 대해 고민했고 그가 다른 병사들을 위험에 빠뜨릴 수도 있을 것 같아 망설여졌다.[1] 이 모든 입력 정보는 하나의 감각으로 응축되었고 속삭임을 증폭시켜 명료하게 떠올랐다. 그는 동전 던지기 결과에 이르기까지의 모

---

[1] 세계 최고의 군사 훈련 과정들은 병사들에게 불확실성을 받아들이고 견디는 법을 가르치고, 매우 신속하게 사고하도록 훈련시킨다. 나는 샤이 외에도 군인 출신 사람들을 많이 알게 되었는데, 그들은 앞으로 나아갈 길이 보이면 미적거릴 필요가 없다고 배웠기 때문에 신속하게 결정을 내렸다(그리고 금방 조바심을 느꼈다).

든 순간이 자신의 실제 느낌 및 마음속으로 알고 있던 사실과 일치한다는 것을 깨달았다.[2]

마찬가지로 피비가 레이첼에게 임신이 아니라고 했다가 실은 임신이라고 알렸을 때[3] 레이첼은 안도감, 실망, 눈물, 기쁨, 과거의 관계, 딸로서의 경험 등을 한순간에 경험하면서 자신의 진짜 감정과 마주하게 된다. 사실 그녀는 엄마가 된다는 데 설렘을 느끼고 있었던 것이다. 그 감정은 레이첼 속 내면의 목소리를 증폭시켰고 그것을 명료하게 드러냈다.

샤이와 레이첼처럼 우리도 직감, 즉 그동안 축적해온 모든 개인적 경험과 데이터가 통합되는 직관 끝에 오는 감각을 강제함으로써 속삭임의 음량을 높일 수 있다. 샤이나 레이첼의 직관 과정이 한참 동안, 어쩌면 너무 오래 지속됐기 때문에 다른 사람들(샤이의 지휘관이나 피비)의 도움이 필요했던 것과 달리 우리는 더 의도적으로 직감을 강제할 수 있다. 우리는 동전 던지기와 같은 방식으로 스스로 직감을 증폭하는 법을 배울 수 있다. 하지만 직감을 강제할 적절한 순간을 알아야 한다. 정보를 효과적으로 걸러내고, 경험을 이해하고, 관찰한 내용을 해석한 후에 말이다. 그렇게 하면 마치 곡물과 과일, 당분

---

2 그 반대의 결과가 나왔다면 어땠을지 우리는 모른다. 하지만 그것은 그의 직감이었고, 매우 효과적이었다.
3 피비로서는 영리하지만 위험 부담이 따르는 행동이었다. 프렌즈 팬들은 피비의 행동을 놓고 논쟁을 벌였다. 영리했다는 의견과 결과가 달랐다면 타격을 줄 수도 있었다는 의견이 나왔다. 하지만 극 중 피비는 레이첼의 진짜 감정을 감지하고 있었고, 레이첼에게 필요한 명료함을 제공하는 뛰어난 직감을 발휘한 것이다.

이 발효, 농축, 여과, 정제의 과정을 거쳐 언제 최상의 증류주로 만들어지는지를 알게 되는 것처럼 그 순간을 자연스럽게 알게 될 것이다.

루트 66을 절대 마시지 마라

완벽한 술 이야기가 나온 김에 정반대인 술 이야기를 하나 하겠다. 대학원에 다닐 때 자주 가던 동네 술집이 있었는데, 그곳에서는 문 닫을 시간이 가까워지면 마지막 주문을 받고는 루트 66이라는 술을 공짜로 내주었다. 영업시간 내내 바텐더들은 칵테일을 만들고, 라임즙이나 체리를 얹고, 와인을 따르고, 맥주병 뚜껑을 따주었다. 잔에 넘치게 따르거나, 칵테일을 젓거나 흔드는 동안에 흘러내린 술은 테이블 위의 가늘고 긴 매트 위로 떨어졌다.

루트 66은 차갑게 냉장한 잔 위로 그 매트를 조심스럽게 들어 올려 여태껏 흘러내린 술을 모아 만든 것이었다. 우리는 그 역겨운 것을 받아 마셨다.

믿거나 말거나 우리는 많은 결정을 이런 식으로 내린다. 매트 위로 흘러내린 술에 비견될 만한 온갖 외침을 우리 결정의 토대로 삼는다.

나는 졸업한 후로 루트 66을 마신 적이 없고 앞으로도 그럴 것이다. (혹시라도 엉뚱한 생각을 할까 봐) MBA 학생들에게 그 술에 대해서는 말하지 않았지만, 강의 첫날이면 루트 66을 절대 마시지 않는

법에 비견될 만한 조언을 학생들에게 전해준다.

  나는 그들에게 MBA에서의 경험을 종이컵 채우기라고 여기라고 말한다. 2년 과정이 끝나면 학생들은 그 종이컵과 그 안에 담긴 모든 것을 가져가게 될 것이다. 자신이 원하는 무엇으로든 그 컵을 채울 수 있지만, 가져갈 수 있는 분량은 그 종이컵 만큼이다. 인지적, 정서적, 실질적, 인간적으로 수용할 수 있는 그들의 능력이 그만큼이기 때문이다.

  자신의 종이컵을 채우기 시작하면서 대부분의 학생들은 수많은 기회와 경험이 제공된다는 것을 알게 된다. 수도꼭지에서 물이 세차게 뿜어져 나오듯이 강의, 급우, 교수, 동아리, 활동, 스포츠 행사, 네트워킹 행사, 초청 강연, 인턴십, 여행, 온갖 사람들과의 접촉, 온갖 주제와 접촉할 기회가 쏟아진다. 종이컵에 각 수도꼭지의 물을 받으려고 할 때, 물이 들어오는 만큼 컵 밖으로 물이 쏟아져 흐르기도 한다. 그런데도 학생들은 이 수도꼭지 저 수도꼭지로 뛰어다니며 모든 것을 경험하려고 애쓴다. 2년이 지나면 모든 학생들의 종이컵에 물이 가득하겠지만, 각자가 그 안에 정확히 무엇이 들어있는지 반드시 알고 있는 것은 아니다.

  나는 학생들에게 그러지 말고 특정 경험에서 무엇을 얻고자 하는지, 목표가 무엇인지, 어떤 문제를 해결하고자 하는지 생각하라고 말한다. 그렇게 생각을 정하면, 수도꼭지를 세게 열어 물이 콸콸 쏟아지도록 하는 대신 졸졸 떨어지도록 수위를 조절할 수 있게 된다. 그리고 자신이 선택한 수도꼭지 아래에 종이컵을 놓고 이 수도꼭지에서 10방울, 정말 중요한 수도꼭지에서는 60방울, 다양한 사고와 경험을 위해 또 다른 수도꼭지에서는 1~2방울씩 물을 받을 수 있게 된다. 그렇게 했을 때 학생들은 종이컵 안에 무엇이 들어있는지 정확히 인지하고 수돗가를 떠날 수 있게 된다. 그때야말로 학생들은 해결하고자 하는 특정 문제나 질문에 대한 속삭임을 들을 준비가 된다.

2020년 초에, 나는 투자 기회를 직감했다(혹은 그렇다고 생각했다). 하지만 그 직감에 따라 행동했다면 나는 상당한 손실을 보았을 것이다. 그 과정에서 나는 내 종이컵 안이 관련이 없거나, 쓸모가 없거나, 중복된 정보로 가득하다는 것을 깨달았다. 좀 더 신중할 필요가 있었다. 공포·탐욕 지수[1]에 대해 알게 되면서 내가 기초 자산에 대한 이해보다는 탐욕과 밴드웨건 효과[2]에 근거해 결정을 내리고 있음을 깨달았다. 그래서 전문가들과 이야기를 나누고 해당 산업에 대해 조사했다. 그리고 2년 후에야 비로소 투자를 했고 수익을 냈다.

자신의 컵에 무엇이 담겨 있는지 이해할 필요가 있다. 지금 결정해야 할 문제와 직접적인 연관이 있거나 유사하거나 접점이 있는 개인적 경험이 있는가? 문제와 관련된 하드 데이터와 정보가 있는가? 그 출처를 신뢰할 수 있는가? 최신 데이터 및 정보인가, 아니면 오래된

---

1 fear and greed index. CNN 비즈니스에서 투자 심리를 반영하는 일곱 가지 지표를 분석 집계하여 수치화한 것으로 0에 가까울수록 공포, 100에 가까울수록 탐욕의 상태를 가리킨다. (옮긴이 주)
2 bandwagon effect. 다른 사람들의 수요에 의해 특정 상품에 대한 수요가 영향을 받는 현상으로 편승 효과라고도 한다. (옮긴이 주)

것들인가? 당신이 가진 정보는 명확하고 이해하기 쉬운가? 아니면 모호하고 혼란스러운가?

사실 이 질문들과 관련된 정답과 오답은 없다. 어떤 답이든 간에 당신이 그것을 **알고 있느냐**가 중요하다. 그럴 때야 비로소 당신의 모든 개인적 지식 및 경험이 외부 데이터와 상호작용을 일으켜 직감으로 형성된다. 동전 던지기를 해서 그 결과에 어떤 느낌이 드는지 확인해볼 때가 되는 것이다. 이것이 직관 과정의 숙달을 통해 신호를 더 잘 듣는 한 가지 방법이다.[3]

물론 내면의 목소리를 잘 듣게 해줄 두 번째 방법이 있다는 것도 잊지 말자. 바로 내면 목소리의 특성과 그것이 우리에게 말하고자 하는 바에 더 민감해지도록 노력하는 것이다. 동전 던지기와 같은 순간이 자연 상태에서 발생할 때 우리는 그 느낌이 어떠한지 배울 수 있다. 그리고 관성과 정반대의 느낌을 선사하는 그 순간들을 결정과 행동을 촉진하는 촉매제로 삼을 수 있다. 우리는 직감이 어떻게 나타나는지 알아차리는 데 능숙해질 수 있다. 다음 장에서 나오는 것처럼 직감은 유레카eureka, 스파이디 센스Spidey Sense, 졸트Jolt라는 세 가지 형태를 띠며, 각각은 우리에게 고유한 감각을 선사한다.

---

3 질문들에 대한 답이 모두 확실하게 '아니오'인 경우라도 당신의 직감은 여전히 무언가를 (예를 들어, 관련된 데이터를 더 수집해야 한다는 식으로) 말해줄 수 있다. 이에 대해서는 3장에서 더 자세하게 논의할 것이다.

직감은
세 가지 형태로 찾아온다

3

물은 액체, 고체, 기체로 존재한다.
우리의 직감도 세 가지 형태로 나타난다.

지구상에서 가장 풍부한 천연자원인 물은 액체, 고체, 기체의 세 가지 형태로 존재한다.[1] 살면서 우리가 결정하고 행동할 때, 가장 풍부한 자원이 되는 직감 역시 세 가지 형태가 있다. '아하!'의 순간(유레카), '어허'의 순간(스파이디 센스), '와!'의 순간(졸트)이 그것이다. 각각은 특정 감각을 동반하며, 연결(유레카), 충돌(스파이디 센스), 대

---

[1] 이 3가지 형태 외에 플라스마 상태(기체 상태의 물질에 계속 열을 가할 때 만들어지는 이온핵과 자유전자로 이루어진 입자들의 집합체. 고체, 액체, 기체와 더불어 제4의 물질 상태- 옮긴이)도 있다는 것을 알고 있다. 하지만 지금은 기본에 대해서만 이야기하자.

체(졸트) 신호를 보낸다. 각각에는 고유한 촉발 요인과 인식 패턴이 있다. 즉, 무엇을 찾아야 할지만 안다면 우리는 각 직감을 구분할 수 있고 그것이 우리에게 무엇을 말하려고 하는지도 알 수 있다.

트위터(현재 X)의 창업자 잭 도시 Jack Dorsey 는 자신이 경험한 유레카의 순간을 이렇게 묘사했다.

> 사전을 뒤적이던 도중에 갑자기 한 단어가 눈에 들어왔습니다. **트위터**twitter란 단어였어요. 단어의 첫 번째 정의는 "소소한 짧은 정보", 다음 정의는 "새들의 짧은 지저귐"이더군요. 유레카! 제가 개발하고 있던 사이트를 완벽히 묘사해주는 단어였습니다. 이 단어가 제 새 회사의 이름이 되는 것은 물론이고 제 인생을 바꿔놓을 듯한 예감이 들었습니다.

유레카의 순간은 확인confirmation의 순간이다. 즉, 새롭게 경험하는 무언가가 지금 상황과 너무나 잘 맞아떨어지고 잘 연결되는 것에 깜짝 놀라서 주목하게 되는 순간을 말한다.

반면, AI 전략가이자 해빗 앤드 컴퍼니Habit and Co.의 창업자인 로렌 브리엔스Lauren Vriens는 중요한 직책을 맡길 사람을 채용하는 과정에서 스파이디 센스를 경험했다.

> 제가 전적으로 신뢰하는 팀원 모두가 면접 후, 티나가 얼마나 똑

똑한지 그 직책에 얼마나 적임자인지 극찬했어요. 제가 면접을 진행했을 때도, 그녀가 우리가 요구하는 경험을 전부 갖춘 사람임을 부정할 수 없었죠. 그래서 그녀를 채용했습니다. 채용 과정 내내 불길한 예감을 떨칠 수 없었는데도 말이죠. 그리고 불과 몇 달 후, 티나가 저지른 재앙적인 행동들, 우리 회사를 망친 행동들을 낱낱이 조사하면서 저는 에너지의 불일치에 주목하고, 스파이디 센스에 귀를 기울여야 했다는 것을 깨달았죠.

둘 다 행동의 촉매제이며 내면의 목소리를 듣는 순간이지만, 스파이디 센스는 유레카와 다르다. 스파이디 센스는 새로운 정보가 우리가 아는 것, 이해하는 것과 맞지 **않을** 때 느껴지는 감각이다. 뭔가 어긋나는 느낌이 들어서 어쩐지 불편해지거나 동요될 때 나타난다.

한편, 노마의 수석 요리장이었으며 브리게이드Brigaid의 창업자이자 최고경영자인 다니엘 지우스티Dan Giusti는 졸트를 느낀 것이 새로운 목표를 추구하게 된 계기였다.

우연히 어떤 기사를 읽었어요. 내용 전체를 읽었는지는 기억나지 않지만, **급식**이라는 단어가 눈에 확 들어왔어요. 저는 동요했고, 제 중심이 흔들리는 듯한 느낌을 받았죠. 저는 그때 덴마크 코펜하겐에서 세계 최고로 불리는 미슐랭 3스타 식당인 노마의 총괄 요리장이었어요. 식품과 미식 분야에서 경력의 최정점에 있었지요. 하지만 저는 그 경력을 포기하고 학교 급식실, 교도소 수감자, 병원의 환자들을 위해 요리를 하고 제 전문성을 발휘하기로 결심했죠.

늘 알고 있었던 것이나 우리가 진실이라고 믿었던 게 흔들릴 때, 그에 대한 의문이 제기될 때 우리는 졸트를 경험한다. 유레카의 순간이 이미 알고 있던 것을 확인해주는 것과는 달리, 졸트는 알고 있다고 생각했던 것을 **바꾸게 만든다.** 새로운 정보가 사물을 바라보는 새로운 시각, 새로운 신념 체계, 패러다임의 전환을 가져온다.

사전 지식 확인하기

유레카, 스파이디 센스, 졸트의 차이를 제대로 이해하려면 좀 더 깊이 살펴볼 필요가 있다. 직관 과정에서 개인적 경험과 외부 데이터가 어떠한 형태의 춤을 추는지 인식함으로써 무엇이 각 직감을 촉발하는지 이해해야 한다.

경험은 **사전 지식**priors의 형태로 존재한다. 당신이 알고 있는 것들도 있고, 알고 있다고 인지한 것들, 알고 있지만 그 사실을 미처 인지하지 못한 것들도 있다. 데이터는 **자극**prompt의 형태로 들어온다. 이는 그전까지는 당신이 몰랐던 것들이다.

사전 지식과 자극이 일치할 때 우리는 유레카를 느낀다. 사전 경험과 일치하지 않는 자극이 있다면 스파이디 센스를 느낀다. 그리고 사전 지식이 완전히 대체될 때는 졸트를 느낀다. 이렇게 사전 지식과 자극이 얼마나 상충하느냐에 따라 우리는 각각 다른 직감을 느낀다.

이것이 바로 사전 지식을 우선시하는 게 중요한 이유다. 사전 지식에 따라 자극이 좌우되기 때문이다. 그리고 자극에는 당신의 경로를 좌우하는 힘이 있다. 잠시 그 설명부터 해보자.

통계에서 사전이라는 말은 보통 **사전확률분포**prior probability distribution의 줄임말이다. 통계학의 한 갈래인 베이즈 통계학Bayesian statistics[1]에서 말하는 사전확률은 믿음[2], 더 구체적으로는 어떤 사건이 일어나리라는 믿음의 정도를 수치로 나타낸 것이다. 이는 (과거에 경험했거나 검증했던)사전 지식이나 (들었거나 관찰했거나 내면화한)신념에 근거한다. 현재 생각하고 있거나 반추하는 것을 기반으로 할 수도 있다. 성찰은 사전 지식을 되짚어보는 것이기도 하기 때문이다. 예를 들어, 쿠키 반죽을 먹으면 병에 걸린다는 강한 믿음은 과거에 쿠키 반죽을 한 숟가락 떠먹고 식중독에 걸린 경험이 있거나, 쿠키 반죽과 구운 쿠키를 먹고 난 후 각각의 차이를 실제로 경험해보았거나, 어렸을 때 쿠키 반죽을 먹으면 배가 아프다는 말을 어머니로부터 여러 번 들었기 때

---

[1] 내가 가장 좋아하는 통계 분야다. 이 말을 대놓고 해도 학계 밖에서 체면을 유지할 수 있다면 말이다.
[2] 기존의 빈도주의 통계학이 확률을 객관적인 빈도로 해석한 것과 달리, 베이즈 통계학은 확률을 어떤 사건이 발생할 가능성에 대한 믿음의 척도로써 간주하고, 새로운 증거가 나타날 때마다 기존의 믿음을 갱신하여 더 나은 사후확률을 도출한다.

문일 수 있다.

누군가가 핥아 먹어보라며 쿠키 반죽이 붙은 숟가락을 내미는 바로 그 순간 **사전** 정보는 작동하기 시작한다. 당신이 알고 있는 것들 혹은 그것이 설령 잘못된 가정이라 해도 당신이 안다고 생각하는 것들이 바로 당신의 사전 지식이다.

그리고 그 순간에 당신은 자극 역시 경험한다. 쿠키 반죽이 붙은 숟가락을 핥아먹겠냐는 질문이 떨어진 그 순간이 자극이다. 이 경우에는 자극이 주어진 셈이다. 당신이 자극을 찾아낼 수도 있다. 예를 들어, 주방에서 무언가 맛있는 것을 찾고 있다가 쿠키 굽는 사람과 맞닥뜨릴 수도 있다.

사전 지식이 자극과 만나는 순간, 특별한 일이 일어난다. **쿠키 반죽을 먹었다가는 아프게 될 테니 먹지 말라**는 그 순간의 직감을 완전히 무시하지만 않는다면 말이다. 이 순간이야말로 직관이 자연스럽게 직감이란 돌파구를 만들어내는 (결론을 내리는) 순간이다.

동전 던지기가 샤이의 직감을 유발했듯이, 이러한 순간에 당신의 직감은 촉발된다. '쿠키 반죽은 안 먹어야지?' 이것은 스파이디 센스다. 자극에 대한 '**어허!**' 반응이다. 당신은 지금 부조화를 경험하는 중이다. 당신이 안다고 생각하는 것(**쿠키 반죽을 먹지 마!**)과 당신에게 제시되는 것(**쿠키 반죽을 먹어요!**) 사이에 들어맞지 않는 뭔가가 있다. 당신의 사전 정보가 쿠키 반죽을 먹으면 병이 난다고 이야기하고 있으므로 당신은 자극을 거부한다.

다른 누군가는 스파이디 센스 대신 졸트를 느낄 수도 있다. 그들은 자극이 주어진 순간, 사전 기억에서 벗어나게 하는 무언가를 느끼며 '**쿠키 반죽을 먹으면 왜 안 되지?**'라고 생각할 수도 있다. '**쿠키 반죽을 먹으면 살모넬라 식중독에 걸린다고 했던 엄마의 말은 근거 없는 낭설이었어. 큰 문제는 없을 거야**'라고 생각할 수도 있다. 현재 자극이 그들의 사전 지식, 그들이 알고 있고, 믿고 있다고 여겼던 것을 바꿔놓았으므로 이 경우에 느껴지는 감각은 졸트다.

유레카의 순간을 경험하게 되는 사람도 있을 것이다. 자극이 주어진 순간 '**아하**'하고 아이디어가 떠오르면서, 날달걀을 사용하지 않음으로써 식중독 위험이 없는 안전한 쿠키 반죽을 만들어야겠다고 결심할 수도 있다. 그들의 사전 지식과 자극이 맞아떨어지면서 기회에 대한 발견으로 이어진 것이다.

쿠키 반죽을 먹을지 말지가 우리가 내려야 할 가장 심오한 결정은 아니다. 하지만 여기서 기억해야 할 중요한 사실이 있다. 우리가 내리는 결정에, 이전의 경험을 통해 알게 된 사전 지식과 새롭게 마주한 자극이 작용한다는 사실이다. 자극은 처음 마주하는 새로운 것일 수도 있고, 이미 알고 있거나 예전에 찾아본 정보일 수도 있으며, 방

직감의 유형

		사전 지식	
		✓	❗
자극	✓	**유레카** 연결의 느낌, 자극과 사전 지식의 일치	**졸트** 대체의 느낌, 자극이 사전 지식을 몰아냄
	❗	**스파이디 센스** 충돌의 느낌, 자극이 사전 지식과 불일치	자극과 사전 지식이 일치하지 않으나 여전히 직관 중인 경우, 데이터가 더 필요함. 경험이 계속 더 필요함

금 읽은 새로운 사실이나 수치일 수도 있고, 누군가로부터 받은 피드백이나 신호, 단서일 수도 있다. 이러한 자극은 우리의 사전 지식을 확인하도록 만든다. 직감에 도달하는 데 필요한 의미를 파악하게 만든다.

유레카의 순간은, 뇌가 이전까지는 무관해 보였던 사전 지식을 자극과 연결시켜 갑자기 통찰이나 깨달음을 얻을 때 찾아온다. 마치 머릿속에서 퍼즐 조각이 맞춰진 듯 새로운 아이디어나 해결책이 떠오른다. 뇌가 패턴을 인식하고 창의적으로 문제를 해결한다. (이 책의 후반부에서는 뇌가 능동적으로 이런 연결을 할 수 있도록 돕는 방법에 대해 논의할 것이다.)

갑자기 명료해지고, 이해가 되고, 흥분과 만족감이 느껴진다면 이는 유레카의 순간을 경험하고 있다는 확실한 징후다.

이선 저커먼이 바로 그러했다. 팝업 광고를 발명한 저커먼을 기억하는가? 그는 유레카의 순간을 경험했다. 포스트잇 메모지들을 훑어봤을 때 그는 자극을 받았다. 이 자극은 그가 의도적으로 찾아낸 것이 아니라 아주 우연히 주어진 것이었고(촉발), 그 순간 그의 뇌는 보고 있는 것(포스트잇 메모)과 사전 지식(광고는 눈에 띄어야 하지만 웹사이트 콘텐츠와는 연결되지 않아야 한다는 것)을 연결시켰다. 그는 순간적으로 멈칫했다. 그리고 유레카의 순간에, 그는 더 높은 차원의 이해와 통찰의 장으로 넘어갔다.

스파이디 센스의 순간은 자극이 사전 지식과 일치하지 않을 때 발생한다. 뇌는 과거의 경험이나 단서, 무의식적인 평가를 바탕으로 자극의 잠재적 위험과 부정적 결과를 인식한다. 스파이디 센스를 촉발하는 상황에 직면할 때 우리는 불편함, 불안, 경계심을 경험한다. 이러한 감정적 반응으로 인해 우리는 잠시 멈칫하고, 주의를 기울이고, 그에 따라 행동하게 되며, 때로는 매우 심오한 변화나 삶을 바꿔놓을 만한 변화를 경험한다.

졸트는 자극이 사전 지식을 뒤엎을 때 일어난다. 지금껏 알고 있다고 생각했던 것이 틀렸음을 깨닫게 되는 순간이다. 뇌가 기존 지식을 와해시키는 새로운 정보에 대응해 인지 틀mental framework을 변화시키고 적응시킬 때 나온다. 모순된 증거가 나왔을 때, 기존의 가정과 믿음에 이의를 제기하는 능력 역시 여기에 포함된다. 졸트를 경험할 때 우리는 공간이 뒤집히거나, 거꾸러지거나, 다른 차원으로 이동한 것 같은 느낌, 무언가에 휩쓸려가거나 떠밀려 가는 듯한 느낌을 받는다. 유레카 순간이 긍정적인 피드백의 순환이며, 스파이디 센스가 무언가 잘못된 것에 대한 경고라면, 졸트는 패러다임의 전환을 가져온다. 졸트는 오랫동안 유지해온 믿음에 의문을 제기하고, 새로운 가능성을 고려하며, 삶을 변화시킬 혁신적 접근법을 수용하도록 이끈다.

앞의 세 가지 경우에 들어가지 않는 순간도 있다. 자극과 사전 지식 사이에 간극이 있지만 아직 직관하는 과정에 있는 경우다. 이 경우에는 데이터가 더 필요하다. 괜찮다. 컵이 아직 다 차지 않았을 뿐이다(기억하는가?). 혹은 직관 과정을 더 오래 거쳐야 하는 경우일 수도 있다. 어쨌든 정보가 더 필요하다. 기억하라, 이것은 직관과 직감이 끊임없이 밀고 당기는 복잡하고 비선형적인 과정이다. 그리고 이를 인식하는 것 자체가 강력한 힘을 발휘한다. (아직) 직감으로 나타나지 않았더라도 이 과정은 우리가 인식해야 할 중요한 신호다. 간혹 이 과정에서 행동을 결정하는 사람이 많은데, 그것은 실수다.[1] 물론

---

1 "판단하지 말고 호기심을 가질 것"이라고 테드 래소(동명의 스포츠 코믹드라마의 주인공. 이 작품은 에미

우리는 다음 장에서 직관의 '결과'인 직감과 그 특성에 대한 이해를 계속 알아볼 것이므로 당신은 그런 실수를 하지 않을 것이다.

상을 13번이나 받았다-옮긴이)는 말했다.

문제 상황에 따른 직감 감별법

— 4 —

복잡하고 혼란스러운 문제일 경우,
직감은 언제나 믿을 만하다.

릭 코헨Rick Cohen은 미국에서 가장 큰 식료품 도매업체 중 하나인 C&S 홀세일 그로서스C&S Wholesale Grocers의 회장 겸 CEO다. C&S는 식품 제조업체로부터 제품을 대량 구매하여 다양한 슈퍼마켓과 편의점에 판매한다. 때는 연말연시가 몇 주밖에 남지 않은 10월의 어느 날이었다. C&S는 대량 주문을 해올 것으로 예상되는 신규 고객을 엄청나게 유치한 직후라 공급에 과중한 부담을 느끼고 있었다. 코헨은 기존 고객뿐 아니라 신규 고객의 요구를 충족시키고 높은 고객 만족도를 유지할 수 있을지 걱정했다.

경험(사전 지식)에 바탕을 둔 기존의 인지 틀, 스키마, 원형(개념적 정리 방식)이 많았던 코헨은 다음과 같은 정보들을 확신했다.

- 1918년에 설립된 C&S는 역사가 길고, 식품 유통업계에서 중요한 위치를 차지하고 있다.
- 물류센터는 식품 유통 사업에서 매우 중요하다. C&S는 미국 전역에 물류센터와 시설 네트워크를 두고 있으며, 이런 광범위한 인프라 덕분에 여러 지역의 다양한 고객층에 효율적으로 서비스를 제공할 수 있다.
- C&S는 매우 광범위한 품목을 구비하고 있으며, 상하기 쉬운 것부터 잘 상하지 않는 것까지 다양한 식품을 제공한다. 신선한 농산물과 유제품에서부터 포장 식품과 가정용품에 이르기까지 모든 품목을 다룬다.
- C&S는 광범위한 고객 기반을 보유하고 있다. 전국 및 지역 소매 체인점과 독립 식료품점들이 주요 고객이며, 이 업체들은 매장 진열 제품을 공급받기 위해 C&S가 필요하다.
- C&S는 운영하기 어려운 사업체다. 제품을 하역하는 트럭 운전사부터 팰릿(화물 운반대) 포장 작업 후 물건을 식품점으로 배송하는 적재 인부에 이르기까지 수많은 인력이 필요하고 그에 따른 변수가 많다. C&S의 일자리는 높은 임금을 주는 화려한 직업이 아니기 때문에 이직률이 높은 경향이 있다.

코헨은 이러한 과정을 사전 지식으로 머릿속 한편에 담아두고 있었다.

그는 잠시 생각을 멈추고, 새로운 고객 덕택에 매출이 35퍼센트 늘어나리라는 전망과 관련된 느낌(감각)을 알아차렸다. 사실 코헨은 여러 감각을 경험했다. 신규 고객과 성공적으로 거래할 수 없을지도 모른다는 약간의 불안감, 자신이 회사의 기본 비즈니스 모델을 실제와는 다르게 보고 있는 게 아닌가 하는 느낌 등.

C&S의 식품 유통에 대한 릭 코헨의 사전 지식

팀

트럭 운전사들이 수취 구역에 하역
↓
수취 담당자가 검사 후 승인 서명
↓
지게차 운전자(그리고 화물 운반자)가 해당 자리나 상부 선반에 올리기
↓
사무원이 주문 기록
↓
선별 작업자가 팰릿에 적재
↓
적재 작업자가 팰릿 포장
↓
감독(품질 보증)

직접 노동 50%;
지원 업무 50%

+ 청소, 유지보수, 유틸리티 지원 및 행정

그는 다음과 같은 질문들을 고민하기 시작했다. **우리는 이 사업에서 (실제로) 어떻게 경쟁할 것인가? 비용과 서비스 면에서 어떻게 차별**

화하고 있는가? 이 사업의 이윤은 어떤가? 경쟁사들이 위협이 되는 이유는 무엇인가? 그리고 이렇게 자문했다. **나는 무엇을 해야 하는가? 내가 느끼는 이 직감은 부정적인 직감인가, 긍정적인 직감인가?** 분명 부정적인 직감이었다.

코헨은 자신의 직감을 뭐라고 요약할 수 있을지 생각했다. 그의 답은? **성장기를 지나 하락세로 가고 있다**는 것이었다.

거래는 늘고 있었지만, 조직이 최적으로 작동하지 못했기 때문에 오히려 성장세가 회사를 약화시키고 있었다. 코헨은 '파멸의 고리' 또는 '죽음의 소용돌이'로 보이는 이 부정적인 순환을 어떻게 막을지 결정해야 했다.

C&S의 운영상 어려움에 대한 릭 코헨의 사전 지식

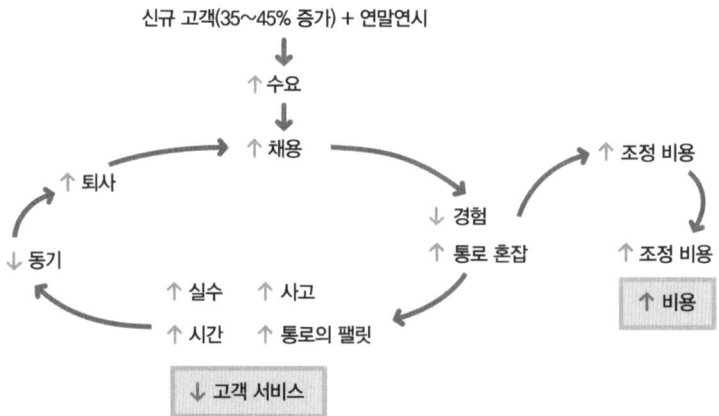

근본적인 문제는 직원의 이직률이었다. 회사가 성장할수록 인력이 더 필요했다. 직원을 더 뽑았기에 교육 시간도 늘어나야 했지만, 회사는 이를 지원할 수가 없었다. 직원은 늘었지만 교육이 부족하여 혼잡, 실수, 사고가 증가했다. 이로 인해 성과가 떨어져 관리 감독을 강화해야 했는데, 그러자 직원들의 사기가 저하되었다. 그리고 이는 결국 다시 이직률 증가로 이어졌다.

이것이 코헨이 직관한 내용이었다. 관찰자인 우리는 코헨이 당시에는 인지하지 못했더라도 직관하는 과정에서 상황을 진단하고, 분석하고, 온갖 성찰적 결론을 도출하고 있음을 알 수 있다.

자극(거대 신규 고객)과 그의 사전 지식(그의 회사에 대한 지식)이 마주쳤을 때, 코헨은 돌파구를 직감했고, 이를 공유했다. 그는 회사의 중심은 직원들, 특히 수십 년 동안 근무하면서 퇴사하는 사람들을 지켜본 직원들이라는 깨달음을 얻었다. 그리고 현재 그들이 자신이 가장 잘하는 고객 응대 대신 신입 직원들을 교육시키도록 요구받고 있다는 것도. 그가 느낀 직감은 그가 이미 알고 있는 사실들을 뒷받침해주었다. **기존** 직원들은 유능하고 탁월하며 신뢰할 만하다. 그들은 코헨보다 조직을 더 잘 알고 있었다. 그들의 가치는 인정받을 만했다. 이러한 깨달음은 그가 사물을 보는 방식을 바꾸도록 하는 대신, 오히려 그가 줄곧 알고 있었던 사실을 확고하게 인식하게끔 만들었다.

코헨은 신속한 조치에 들어갔다. 그는 **자율관리팀** self-managed team 을 만들었다. 직원들은 직접적인 감독이 거의 또는 전혀 없는 상태에서 팀 단위로 협력해서 일하게 되었다. 위험이 따르는 조치란 건 그도 알고 있었다. 감독의 부재는 업무의 질에 영향을 미칠 수 있었다. 남용될 소지가 있었다. 신입 직원이 적응하기 어려울 수도 있었다. 그러나 코헨은 자율관리팀이 원활하게 기능할 수 있도록 적절한 환경을 만들 수 있다는 것도 알고 있었다. 그는 팀 선발 과정을 공평하게, 팀원들이 상호보완적인 기술을 갖추게끔, 팀 간의 목표와 기대치가 공통적이고 명확하도록, 인센티브 구조와 지표는 공정하고 모든 직원에게 공개되도록, 각 팀이 업무 권한을 가질 수 있도록 (그리고 업무 권한이 있다고 믿을 수 있도록) 보장했다.

그의 조치는 대성공이었다. 자율관리팀 덕택에 생산성은 천문학적으로 향상됐고, C&S의 시간당 처리 건수는 이전보다 훨씬 많아졌다. 보상은 개인의 성과가 아니라 팀의 성과와 직접적으로 연계되었고, 팀들은 성과 게시판과 자체 성과 지표를 만들면서 서로 경쟁했다. 직원들의 급여는 전례 없는 수준으로 올랐지만, 회사는 관리자 수를 줄인 덕에 이를 유지할 수 있었다. 그룹 모니터링은 감독과 통제보다 효과적이었고, 직원들은 상급 관리자의 승인을 기다릴 필요 없이 신속하고 효율적으로 결정을 내릴 수 있다는 것에 기뻐했다. 이러한 기민함은 식품 유통처럼 빠르게 변화하는 산업에서 특히 가치가 컸다. 자기 업무에 대한 자율성과 주인의식이 커지면서 직원들은 자신의 권한을 체감하고 업무에 대한 자부심을 느꼈다. 그 결과 이직률은 낮아지고 직원들의 사기는 높아졌다.

팀원들은 자신의 전문성과 우수 사례를 더 기꺼이 공유했고, 이는 프로세스와 운영의 지속적인 개선으로 이어져 회사의 경쟁력을 유지시키는 데 도움이 되었다. 직원들의 성과를 정기적으로 평가하고, 조정하고, 창의적인 해결책과 혁신을 통해 효율성과 효과성을 높이는 메커니즘이 내부적으로 구축되었다. 또한 자율관리팀은 고객에게 더 집중할 수 있었다. 서비스의 최전선에 더 가까워짐으로써 고객 만족을 최우선으로 하는 결정을 내리고, 재량에 따라 고객의 피드백에 즉각적으로 대응할 수 있었다. 또한 적응력이 높아져 변화에 더 민첩하게 대응할 수 있었다. 비극적인 순간에는 더욱더 그러했다.

911테러가 발생했던 날 아침, 릭 코헨은 브루클린 물류센터의 28세 팀원으로부터 한 통의 전화를 받았다. "회장님, 뉴욕에 비상 상황이 발생했습니다. TV를 켜보세요." 릭 코헨은 뉴스를 채 1분도 보지 않고서 "필요한 조처를 하세요"라고 지시했다. 90분 후 C&S 트럭 25대가 생수와 에너지바를 가득 싣고 웨스트사이드 고속도로를 내달렸다. 그 트럭들은 사고 현장에 가장 먼저 도착했다.

2005년 8월 29일 허리케인 카트리나가 걸프 연안에 상륙하여 1,800명 이상의 목숨을 앗아가고, 80만 채 이상의 주택을 파괴하고, 수천 명의 이재민을 발생시킨 직후, 버밍엄 물류센터에 있던 25세 직원은 코헨에게 전화를 걸어 "회장님, 비상 상황이 발생했습니다"라고 말했다. 이때에도 코헨은 "필요한 조처를 하세요"라고 대답했다.

직원은 "이곳 남부에서는 홍수가 나면 물이 필요하다는 것을 모두가 알고 있습니다"라고 말했다. 생수를 가득 실은 C&S 트럭 스무 대가 버밍엄을 떠나기 직전, 또 다른 팀원이 "아기들이 먹을 수 있게 이유식도 좀 실어야 해"라고 말했고, 그렇게 생수와 이유식을 가득 실은 C&S의 트럭은 연방 정부의 구호 트럭보다 10시간이나 먼저 현장에 도착했다.

이 사례들은 C&S 자율관리팀의 성공을 입증해주는 증거였다. 그리고 이는 릭 코헨이 자신의 사전 지식과 조직에 대한 깊은 이해를 바탕으로 적절한 조치를 인식하고 승인했기 때문에 가능한 것이었다.[1] 직감을 **요구하는** 문제 유형인 **혼돈 영역 문제**(높은 이직률) 앞에서 그의 직감은 일반적인 직관에 반하는 해결책(자율관리팀)을 제시했고, 그것을 그가 받아들였기에 가능한 일이었다.

C&S 홀세일즈 그로서스는 현재 미국에서 가장 큰 식품 도매업체로 15,000명의 직원을 거느린 연 매출 330억 달러의 기업이다. 또한 미국에서 8번째로 큰 비상장기업이기도 하다. 한 명 이상의 창업자, 경영자, 개인 투자자 및 가족이 전적으로 소유하는 비상장기업은 증권거래소에서 공개 거래되지 않고 일반 대중으로부터 투자나 자본을 받지 않기 때문에 모든 결정을 소유주가 단독으로 내린다. C&S 홀세일즈 그로서스의 유일한 소유주는 릭 코헨이며, 그의 개인 순자산은

---

[1] 릭 코헨은 자신의 사전 지식의 정확성을 믿었다. 다음 장에서는 자신의 사전 지식이 부정확하다고 생각되거나 옳고 그름을 파악하려고 할 때 어떤 일이 일어나는지 알아볼 것이다.

127억 달러에 달한다. 사생활을 중시하는 억만장자인 그는 유명세는 높지 않지만 조용히 재산을 축적하며 그동안 자신의 직감에 의존해 왔다.

가장 정직한 친구, 직감

직감이 절대 거짓말을 하지 않는 데에는 두 가지 이유가 있다. 첫째, 이미 알고 있듯이 당신의 직감은 곧 당신이기 때문이다. 당신의 직감은 당신에게서 나온 것이므로 항상 옳다. 이 말을 더 정확하게 표현하자면, 진정한 당신일 때 당신에게서 나온 직감은 항상 옳다. 물론 직관하는 과정에서 때때로 스스로에게 거짓말조차 하지 않는다는 뜻은 아니다. 그러나 자신의 경험과 사전 지식에 의구심을 갖지 않고, 다른 사람들의 의견과 견해에 휘둘려 그것을 자신이 분명히 알고 있는 것보다 우선시하지 않는 한, 직감은 틀리지 않을 것이다. 당신의 직감은 더 올바른 직감으로 이끌 것이다. (또는 곧 논의할 것처럼 직감으로 내린 결정을 바로잡고 방향을 잡을 수 있게 되어 올바른 직감으로 만들 수 있을 것이다.)

하지만 이 말이 우리의 사전 지식이 항상 옳다는 의미는 아니다. 기억하라. 우리는 직관 과정에서 우리의 사전 지식이 틀렸음을, 때로는 크게 틀렸음을 깨닫는 변화를 겪을 때 졸트를 경험한다. 하지만 그것은 내 생각과 다른 타인의 의견이나 사전 지식에 의해서가 아니라 나의 사전 지식과 그것이 나타내는 바를 진정으로 이해하고 받아들일 때 경험할 수 있다.[1] 졸트 역시 당신과 당신의 직감에서 나온다.

마찬가지로, 자신을 믿으라는 게 자신의 인지적 편향을 무시해도 좋다는 뜻은 아니다. 우리는 수십 년간의 연구를 통해 우리 인간에게는 편견이 존재하며, 자신의 의견을 확증해주는 뉴스에만 주의를 기울이거나(확증 편향), 일이 뜻대로 되지 않을 때 외부 요인을 탓하거나(기본적 귀인 편향), 다른 사람의 성공은 운으로 치부하고 자신의 성취는 개인적인 공으로 돌리는(자기 위주 편향) 등의 실수를 저지르기 쉽다는 것을 알고 있다. 하지만 이런 유형의 편향이 그 추악한 고개를 들 때, 우리는 다른 사람의 방식이 아닌 자신의 방식으로 이것을 해결할 수 있을 것이다. 핵심은 자신의 습관, 패턴, 집착, 강박을 아는 것이다. 자신의 좋은 면, 나쁜 면, 추악한 면을 모두 인정하라. 자신을 버리고 다른 사람의 목소리나 기대, 접근 방식을 따르고, 심지어 그것들을 자신의 것보다 우위에 둘 때 문제는 복잡해진다.

또한, 복잡하고 혼란스러운 영역에 관해서 직감은 절대 거짓말하지 않는다. 이것을 제대로 이해하려면 다음에 나오는 네 가지 유형의 문제를 살펴볼 필요가 있다.

---

[1] 때때로 자극은 다른 사람의 의견이나 사전 지식의 형태로 나타날 수 있다. 그렇기 때문에 혼란스럽고 비선형적인 직관 과정의 속성을 인정하고 (그것들의 미묘한 차이를 인식할 수 있도록) 직관 과정에 익숙해지는 것은 아주 중요하다.

네 가지 유형의 문제

커네빈 프레임워크Cynefin framework[2]는 우리가 세상을 이해하는 방식을 다음과 같이 설명한다. 상황은 단순simple, 복합complicated, 복잡complex, 혼돈chaotic 영역[3]으로 분류되며, 이는 우리가 상황을 바라보는 관점을 나타낸다. **커네빈**Cynefin은 **거주지**를 뜻하는 웨일스어로, 이 프레임워크 – 우리가 어떤 입장이나 위치에서 의사결정 맥락을 바라보는지 설명해주는 도구 – 의 이름으로 붙이기에 적합한 단어다. 상황이 단순한지, 복합적인지, 복잡한지, 혼돈스러운지를 진단할 수 있을 때 우리는 그에 맞는 방식으로 행동하고 문제 해결에 적절한 도구[4]를 사용할 수 있다. 로버트 슐러Robert H. Schuller가 말했듯이 **"문제는 정지 신**

---

2 커네빈 프레임워크는 다음과 같은 중요한 저작을 기반으로 한다. Russell L. Ackoff's Scientific Method: Optimizing Applied Research Decisions (Wiley, 1962), C. West Churchman's Design of Inquiring Systems (New York: Basic Books, 1971), Horst W. J. Rittel and Melvin M. Webber's "Dilemmas in a General Theory of Planning" (Policy Sciences 4, 1973): 155 – 69, Douglas John White's Decision Methodology (Wiley, 1975), John Tukey's Exploratory Data Analysis (Addison-Wesley, 1977), Michael Pidd's Tools for Thinking: Modelling in Management Science (Wiley, 1996), and Tom Ritchey's presentation of general morphological analysis in "Fritz Zwicky, 'Morphologie' and Policy Analysis" (Swedish Morphological Society, 1998).

3 1999년에 현재와 같은 형태의 커네빈 프레임워크를 처음으로 제안한 데이브 스노든(Dave Snowden)은 수년에 걸쳐 네 가지 영역의 이름을 변경해 왔다. 2003년 스노든과 그의 동료 신시아 커츠(Cynthia Kurtz)는 영역의 명칭을, 알려진(known), 알 수 있는(knowable), 복잡한(complex), 혼돈(chaotic)으로 나누어 불렀다. 이후 2007년에는, '알려진, 알 수 있는' 영역이 단순, 복잡 영역으로 바뀌었다. 다섯 번째 영역인 무질서 영역은 다른 네 영역 중 어느 것이 우세한지 불분명한 상황을 기술할 때 종종 사용된다.

4 적절한 도구는 어려운 작업을 쉽게 만들어 줄 수 있지만, 부적절한 도구는 쉬운 작업을 어렵게 만든다. 이에 관해 내 자녀들은 다음과 같은 설명을 더 선호한다. 즉, 부적절한 도구를 사용하는 것은 마치 포크로 수프를 먹으려는 것과 같아서 어느 정도는 진전이 있을 수 있지만 결국엔 엉망이 되기 마련이다.

호가 아니라, 지침이다."

단순한 문제   복합적 문제   복잡한 문제   혼돈스러운 문제

   단순한 문제와 복합적 문제는, 원인과 결과가 알려져 있거나 발견될 수 있는 (알 수 있는) '정리된' 문제다.

   단순한 문제는 익숙하며 하나의 해결책이 존재한다. 규칙이나 모범사례가 있고, 상황이 명확하고 안정적이며, 분명한 원인과 결과 관계가 알려져 있다(x를 대입하면 y를 예상할 수 있다). 예를 들어, 패혈성 인두염 양성 판정을 받은 환자를 치료하는 의료진은 항생제, 일반적으로 페니실린이나 아목시실린을 처방할 것이다. 환자의 증상은 3~4일 안에 호전되고, 10일 이내에 아무런 증상 없이 완전히 회복될 것으로 기대할 수 있다.

   복합적 문제는 여러 요인과 변수가 존재하고 생소할 수 있지만, 예측이 가능하고 인과관계를 알 수 있는 문제다. 복합적 문제는 해결책으로 이어지는 (일련의) 규칙이 알려져 있으므로 여러 단계로 구성된 단순한 문제로 간주할 수 있다. 모든 직원의 컴퓨터에 새로운 보안 소프트웨어를 깔거나, 모든 직원이 줌이나 다른 화상 회의 플랫폼을 사용해 원격으로 일할 수 있도록 조정하는 것은 복합적 문제가 될 수 있다. 즉, IT 부서나 재무팀 등 여러 부서 간의 신중한 계획과 통합, 프로젝트 관리, 조정이 필요하지만 해결책은 명확하고 달성 가능하다. 단, 문제에 대한 체계적인 접근법이 필요하고 여러 단계를 거쳐서 해결해야 한다.

반면, 복잡한 문제와 혼돈스러운 문제는 원인과 결과가 알려져 있지 않으며, 사후에야 추론할 수 있거나 전혀 추론할 수 없는 (알 수 없는) '정리되지 않은' 문제다.

복잡한 문제에는 명확한 인과관계가 없다. 원인과 결과는 사후에야 추론할 수 있으며, 따라서 명확한 정답이 없다. 뚜렷한 해결책이 보이지 않는다. 사실 여러 요소의 상호작용 후에야 해결책이나 해답이 나오므로 예측할 수 없다. 예를 들어, 팀의 성과 문제 해결은 복잡한 문제 유형이다. 그 원인 중 일부는 식별하기 쉬울 수 있지만, 다른 원인이 숨겨져 있을 수도 있다. 한 팀원의 저조한 성과는 본인의 기술 부족이 원인일 수도 있고 조직의 채용 절차와 오리엔테이션 문제의 결과일 수도 있는 것처럼, 다른 요인의 결과로 발생하는 부분도 고려해야 한다. 이와 같은 문제를 해결하려면 시행착오, 실험, 학습의 병행, 적응이 필요할 수 있다.

마지막으로, 혼돈스러운 문제에서는 원인과 결과를 알 수 없는 경우가 많다. 문제를 정의하기가 어려울 뿐만 아니라 문제가 사실상 언제 해결됐는지 파악하기도 어렵다. 심지어 문제를 확실하게 해결하기가 불가능할 수도 있다. 옳고 그른 보편적인 해결책이 없을 수 있으며, 당면한 세부 상황에 따라 옳고 그름이 결정될 뿐이다. 각 문제는 독특하므로 유사한 문제에 대한 이전 해결책이 현재 상황에서는 통하지 않을 수 있다. 예를 들어, 대규모 사이버 보안 침해에 대응하는 기업의 경우 원인과 결과가 불분명하다. 가능한 해결책들이 너무 많아 일일이 열거하고 제대로 비교해보기 어려우므로 일단 회사는 보안이 뚫린 시스템을 격리하고, 긴급 보안 조치를 하고, 침해의 원천을 파악하기 위해 포렌식 조사를 하는 방법을 채택할 것이다. 그러나 이러한 조치가 침해를 완전히 차단하고 추가 피해를 예방할 수 있을지는 확실하지 않다.

알려진 지식, 알려진 무지, 알려지지 않은 무지

2002년 2월 12일, 당시 미국 국방장관 도널드 럼즈펠드 Donald Rumsfeld 는 이렇게 말했다.

> 세상에는 알려진 지식 known knowns, 즉 우리가 알고 있다는 것을 이미 알고 있는 경우가 있습니다. 또한 알려진 무지 known unkonwns, 즉 우리가 모른다는 것을 이미 알고 있는 경우도 있습니다. 하지만 알려지지 않은 무지 unkonwn unknowns, 즉 우리가 모른다는 그 사실조

차 모르는 것들도 있습니다.

이것은 지금까지 내가 들어보았던 가장 심오한 말 중 하나일 것이다.[1]

'알려진 지식'은 우리가 알고 있다고 인식하는 것들이다. 사실들이 그 예다. 알려진 지식은 우리가 가지고 있거나 얻을 수 있는 정보와 통찰이며, **단순한 문제**의 해결을 위한 전략과 행동의 기반이 된다.

알려진 무지는 우리가 인지하고 있는 지식이나 이해에 존재하고 있는 공백이다. 알려진 무지는 대개 추가적인 탐색이나 조사를 촉발한다. 우리는 연구나 전문가와의 상담을 통해 그 공백을 해소하고, 시나리오 계획, 위험 분석, 비상 계획과 같은 전략을 쓸 수 있다. 알려진 무지는 **복합적 문제**를 의미한다.

알려지지 않은 무지는 우리가 모른다는 것조차 인지하지 못하는 것, 즉 예측하거나 예상하지 못한 것들을 나타낸다. 알려지지 않은 무지는 우리의 인식 범위 밖에 있고 나중에야 분명해질 수 있으므로 해결하기가 가장 어렵다. 알려지지 않은 무지는 **복잡한 문제**나 **혼돈스러운 문제** 유형에 속한다.

---

[1] 심오하다고 표현한 이유는, 불확실성의 다양한 수준 및 알려지지 않은 상황에 대처하는 데 따르는 어려움 때문이다. 이 국방장관 말의 배경이 된, 이라크의 대량살상무기 보유에 관한 진실 여부와는 별개로 말이다. 실제로 군사 계획과 같은 복잡한 상황에서는, 미지의 상황에 대처하는 데 따르는 어려움이 엄청나다.

상황별 대응

단순한 문제, 복합적 문제, 복잡한 문제, 혼돈스러운 문제 각각은 서로 다른 유형의 문제지만 우리는 모든 문제가 다 똑같은 것처럼 접근하는 경향이 있다.

단순한 문제에는 직감이 필요하지 않다. 규칙이나 방법을 따르기만 하면 된다.

복합적 문제에도 직감을 동원해서는 안 된다. **복합적**이라는 단어가 직감이 필요할 것 같은 느낌을 주지만 말이다. 우리는 복합적 문제를 마주했을 때, 복합성을 어려움과 동일시한다. 복합적 문제가 반드시 어려운 문제는 아니다. 문제가 '크고' 해결해야 할 부분이 많거나(노력은 확실히 해야 할 것이다), 익숙하지 않거나, 더 많은 데이터와 지침이 필요하기 때문에 복잡해 보이겠지만, 해결될 수 있다. 이러한 문제는 분석적으로 해결 가능하고 결정론적이다. 특정 전문 지식이나 훈련, 분석이 필요할 수도 있고, 해당 전문 지식을 가진 적절한 사람을 찾아야 할 수도 있다. 문제를 해결하기 위해 자문받고, 조사하고, 일부 논리적 추론의 힘을 받아야 할 수도 있지만, 어쨌든 합리적으로 결정 내릴 수 있다. 특정 질병의 진단, 다리의 설계, 우주왕복선의 건설 등은 최적의 '정답'에 도달하는 데 도움이 되는 생리 체계, 물리 법칙, 검증된 절차들이 있으므로 직감에 의존해서는 안 된다.

다른 식으로 말해보자. 단순한 문제 또는 복합적 문제의 경우에는,

이성과 논리만으로 충분히 해결 가능하다. 이때 직관은 불필요하다. 직관 과정을 통해 나온 직감이, 하드 데이터와 분석이 가리키는 결과와 같은 것을 가리킨다면, 좋게 말해 중복일 뿐이다. 최악의 경우에는, 그러니까 하드 데이터가 가리키는 결과와 직감이 상충된다면, 이럴 때 직감은 잘못된 해법으로 이끄는 계기가 될 수 있다. 루빅큐브를 생각해보자. 루빅큐브를 맞추는 데 직감을 사용해서는 안 된다. 루빅큐브는 결국 단순한 문제들의 연속일 뿐이다. 루빅큐브를 맞추기가 어려운가? 그렇다. 복잡한가? 물론 그렇다. 하지만 그 방법을 쪼개어 분석하면 충분히 맞출 수 있고, 사실상 해법은 간단하다. 하지만 나를 포함한 대부분의 사람들은 기꺼이 노력하기를 꺼린다. 그래서 루빅큐브를 비틀고 돌리면서 '직관적으로' 같은 색깔을 맞춰서 퍼즐을 '풀려고' 한다. 하지만 진지하게 루빅큐브를 맞추려고 하는 사람들은 결코 직감을 따르지 않는다.

단순한 문제와 복합적 문제를 풀 때 우리의 직감은 틀릴 수 있다. 의사결정을 연구하는 학자들이 직감에 대해 '편향적'이라거나 휴리스티컬 오류 heuristical mistake[1]를 일으키기 쉽다고 주장하는 이유도 이 때문일 것이다. 직감에 의존하여 종종 실수를 저지르는 영역 중 하나는 채용에 관계된 영역이다. 지원자의 적합성 여부를 본능적으로 감지했으면서도 편견과 첫인상으로 인해 중요한 자격 요건이나 잠재적인 위험 신호를 간과하여 결국 큰 대가를 치르는 실수를 저지를 수 있

---

1   휴리스티컬= 휴리스틱+히스테리컬

다. 마찬가지로 우리는 직감을 믿고 시장 동향을 예측하거나, 시장 조사나 비용 분석보다 직감에 따라 제품 출시 시기 및 가격을 책정하기도 한다. 간단한 협상에서도 상대방의 입장을 헤아려 준비하기보다는 직감에 기댄다. 철저한 검증 작업 없이 잠재적 파트너에 대한 '좋은 느낌'을 바탕으로 동업이나 협업을 선택한다. 검증이 어렵고 귀찮고 복잡하다는 생각 때문에 실상은 이미 알고 있는 단계를 거치면서 검증하면 된다는 사실을 간과한다.

이와는 반대로 실제로 복잡한 문제 또는 혼돈스러운 문제인데 단순한 문제 또는 복합적 문제로 평가하는 실수를 저지르기도 한다. 이 또한 해롭기는 마찬가지다. 우리는 문제를 지나치게 단순화하거나 '습관화된 사고 entrained thinking'에 의존하는 경향이 있어서, 더 혁신적이고 창의적이며 개인적인 차원의 완전히 다른 것을 요구하는 상황에 대해서도 잘못된 데이터나 프레임워크, 패턴 매칭을 적용하고는 한다.[1] 일례로, 직장에서는 가장 논리적이고 합리적이라는 이유로 마감일과 출시일을 기준으로 프로젝트의 우선순위를 정하지만, 일부 이해당사자들에게 각자의 우선순위와 고집이 있다는 사실을 간과한다. 또한, 특정한 사람들을 어떻게 만족시킬 수 있을지 직관적으로 알아내는 것 역시 우리가 맡은 업무 중 하나라는 사실을 간과하고 만다.

---

1 데이터, 프레임워크, 패턴 매칭이 혁신적이지 않거나 창의적이지 않다는 뜻은 아니다. 그보다는 직관이, 순수하게 개인적이거나 경험적인 요소를 끌어와 '단지' 혁신적이거나 창의적이기만 한 것에 색채와 의미를 더해준다는 의미로 이해하길 바란다.

복잡한 프로젝트에 착수할 때, 고객 중심 부서들로부터 데이터를 받아 그것을 기반으로 할 수도 있다. 이럴 경우, 문제는 단순해 보인다. 어떤 방식이 가장 성공적일지 데이터가 알려줄 테니 말이다. 하지만 여기에는 우리가 고려하지 못했던 온갖 선호도와 복잡성의 층위가 존재한다. 이를 어렵게 만드는 것은 **모든** 프로젝트의 착수 또는 **모든** 채용 결정이 복잡하고 혼돈스러운 문제인지, 반대로 단순한 문제인지 알려줄 시스템, 공식, 순서도가 없기 때문이다. 해결할 수 있는 부분으로 나눌 수 있으므로 단순한 문제일 때도 있지만, 알려지지 않은 돌발 변수들이 존재하므로 결코 단순한 문제가 아닐 때도 있다.

테일러 스위프트Taylor Swift가 각종 기록을 갈아치우고 있는 이유 중 하나는, 그녀가 과감하고 명석하게 컨트리 음악에서 팝으로 전환했기 때문이다. 그녀는 자신의 직관에 귀 기울여, 많은 이들이 단순하다고 평가했을 상황을 복잡하고 혼돈스러운 상황으로 인식했다. 모든 고객 데이터는 그녀에게 헌신적인 팬 층을 계속 활용하는 것이 '올바른' 길이라고 알려주었다. 하지만 그녀는 사실 그것이 그보다 더 복잡한 문제라는 것을 깨달았다. 그녀는 자신의 앨범 〈1989〉 발매를 앞두고 이런 글을 썼다. "지난 몇 년 동안 저는, 매일 아침 새로운 스타일의 음악을 쓰고 싶다는 마음이 아니라 써야 한다는 마음으로 일어났습니다… 제 이야기를 들려주는 방식과 소리를 바꿔야 했습니다… 그 직감에 따르기를 잘했죠."

〈몬트리올 가제트Montreal Gazette〉와의 인터뷰에서 그녀는 이렇게 설명했다. "끊임없이 직관과 직감, 영감이 '이 앨범을 이렇게 만들어, 이전 앨범과는 모든 것을 다르게 만들어'라고 말했어요. 그래서 그 직관에 따라 창작에 들어갔고, 제가 원하는 대로 앨범을 만들었죠." 심지어 소속 음반사에서 그때까지 그녀의 작업을 지지해온 컨트리 라디오 방송국들의 심기를 거스를까 봐, 〈1989〉 앨범에 컨트리 음악 세 곡을 넣자고 요청했을 때도 그녀는 정중히 거절했다. 컨트리 음악과 완전히 결별해야 한다는 것을 알았기 때문이다.

이처럼 복잡하고 혼돈스러운 문제들 때문에 우리는 스키마, 심성 모형, 원형이 필요하다. 직관에 대한 믿음이 가장 도움 될 때가 바로 이런 상황에서다. 우리는 외부 데이터와 개인적인 경험을 모두 **통합**해야 한다. 이를 기억하고 지킬 때 직관은 결코 우리를 잘못된 길로 이끌지 않는다. 진부하게 들리겠지만, 진실, 정확성, 전지전능함, 무오류성이 복잡한 철학적 구분이기에 그러하다. 누군가는 이렇게 질문할 것이다. 만약 우리의 최종적인 직관이 결코 거짓말을 하지 않는다는 게 사실이라면, 기후 변화나 지정학적 전쟁 같은 혼돈스러운 문제들은 왜 아직도 해결되지 않는가? 이런 문제들을 해결하는 사람들에게 직관에 의존하라고 지시할 수는 없는가? 사실 우리의 직감은 절대 거짓말을 하지 않지만, 전지전능하지는 않다. 우리의 직감은 항상 진실을 말해주겠지만 그것이 항상 '옳다'는 뜻은 아니다. 왜냐하면 삶에는 항상 우연, 예외, 차이점이 존재하고 그것들도 직관 과정에서 고려되어야 하기 때문이다.

이것을 이렇게 다시 말해볼 수 있다. 우리는 포커 판에서 매번 이기지는 못하겠지만 결국에는 돈을 따게 될 것이다. 바로 이런 이유로 우리는 직감을 연마하고 발전시켜서 그것의 소리가 옳을 때가 더 많아지도록 해야 한다. 직감을 도구로 사용하려면, 그것을 잘 연마하여 적절한 맥락에서 가장 도움이 되게끔 사용해야 한다.

복잡한 문제, 혼돈스러운 문제를 해결하려면 문제 자체에 대한 깊은 이해뿐 아니라 살아온 경험과 사전 지식 측면에서도 그 문제와 관련된 자신의 독특한 역할에 대한 인식이 필요하다. 이를 위해서는 다각적인 전략이 필요하며, 그 전략은 실행 과정에서 세밀하게 조정되어야 한다. 그리고 순수한 이성과 하드 데이터를 넘어 그동안 습득한 모든 패턴과 스키마, 심성모형을 고려할 수 있을 때 우리는 그런 다각적 전략에 도달할 수 있다.

데이터와 분석을 이용하고 적용하는 게 가능하다면 그것들에 의지하라. 특정 결과의 확률을 계산할 수 있고 이를 상당히 확신할 수 있다면 직감을 사용하지 마라. 하지만 도시의 교통 체증 완화, 자연재해 대응, 사회정치적 문제 해결, 기후 변화와 팬데믹 같은 범세계적 문제의 해결 등은 결과를 예측할 수 없고, 그 해결책은 폭넓은 개인적 경험, 데이터 분석, 실험, 시간 경과에 따른 적응 등을 요구한다. 채용, 해고, 제품 개발, 구매, 고객 서비스, 경쟁, 투자, 인수합병, 성장 및 확장 등 결과를 확신할 수 없는 복잡한 업무 결정도 마찬가지다. 이런 상황을 좀 더 유동적이고 우아하게 헤쳐 나가기 위해서는 많은 종류의 데이터와 경험이 필요하다.

왜 이런 문제들 중 일부는 실제로는 복잡한데도 단순하게 보이는가(적어도 복잡하지 않아 보이는가)? 어떻게 그 차이를 알 수 있을까? 예를 들어 제품 미학을 연구하는 피터 블로흐Peter Bloch, 프레더릭 브루넬Frederick Brunel, 토드 아놀드Todd Arnold는 제품 구매 결정을 연구한 결과, 시각적 심미성(색상, 질감, 모양 같은 물리적 디자인의 속성)의 복잡함만으로도 소비자들의 의사결정을 혼란에 빠뜨릴 수 있는 무수한 변형이 생길 수 있음을 발견했다. 여기에 조화, 유연함, 음악성, 책임감, 상황적 정상성 같은 무형의 미적 속성까지 더해지면 정말 혼란스러워진다. 알려지지 않은 변수들은 항상 존재한다.

어떤 경우에는, 알 수 없는 요소들도 있을 것이다. 신제품 출시를 결정할 때 대상이 될 시장과 경쟁사의 제품을 조사하겠지만, 이러한 분석이 사람들의 신제품 구매를 보장해주지는 않는다. 사업체 매각을 결정할 때도 사업 모델과 수치, 예측을 살펴보겠지만, 제품 포트폴리오, 조직 문화, 현재의 운영 사항 등 알 수 없는 요소들은 여전히 많고 불확실성도 매우 크다.

복잡한 문제와 혼돈스러운 문제를 실제로 단순하거나 '그저' 복잡할 뿐인 조각으로 쪼갤 수 있고, 우리는 데이터를 확보하고 그 문제들을 체계적으로 분석할 수 있다. 하지만 이런 문제들이 궁극적으로 어려운 이유는 그 문제의 핵심 부분을 알 수 없다는 데 있다. 따라서 우리는 직감에 의존하고 이를 적용해야 한다.

문제 유형별 해결 방법

단순한 문제	인지한다. 규칙을 파악한다. 규칙을 적용한다. 너무 깊이 생각하지 않는다.
복합적 문제	전략적으로 접근한다. 더 단순한 문제들로 나눈다. 단순한 문제 각각을 해결한다. 필요하다면 단순한 문제 각각의 해결을 도와줄 사람(전문가)을 추가한다.
복잡한 문제	성찰한다. 가능한 해결책들이 너무 많아서, 그것들 모두를 나열하고 합리적으로 비교하기가 어렵다는 점을 인지한다. 문제와 증상을 구분한다. 직감에 의존한다.
혼돈스러운 문제	암묵적으로 행동한다. 여러 역학 관계가 존재하며 명확한 정답과 오답이 없음을 인정한다. 직감에 의존한다.

행동으로 이어지는
직감의 메커니즘

5

직감을 행동으로 옮기는 것은
과감한 조치(영감의 불꽃)일 뿐 아니라
긴 행군(실현과 해결로 향하는 여정)을 의미한다.

2007년 3월, 신시아 캐럴Cynthia Carroll은 전 세계 백금과 다이아몬드 생산량의 약 40퍼센트를 담당하며(다이아몬드 도매 회사인 드비어스의 지분 85퍼센트를 소유) 구리, 니켈, 철광석, 석탄의 주요 생산업체이기도 한 거대 광산기업, 앵글로아메리칸Anglo American의 최고경영자가 되었다. 앵글로아메리칸에는 95,000명 이상의 정규직 직원과 30,000명의 계약직 직원이 있었으며, 회사의 3분의 2가 남아프리카공화국에 기반을 두고 있었다. 캐럴은 남아프리카공화국 출신도 아니었지만 최초로 앵글로아메리칸의 여성 최고경영자가 되었다.

취임한 지 3개월이 지난 시점에, 앵글로아메리칸 플래티넘의 최고경영자인 랄프 하벤스타인Ralph Havenstein이 캐럴을 불러 세우며 말했다. 남아프리카공화국 루스텐버그의 백금 광산에서 요하네스버그로 가는 비행기 안에서였다. "사망 사고가 또 발생했습니다." 그해 들어 사망한 직원의 수는 29명에 달했다.

캐럴은 갑자기 심각한 졸트를 느꼈다. 그러고는 "광산을 폐쇄하죠"라고 하벤스타인에게 지시했다. 과감한 결정이었다.

그녀는 자신의 결정이 일자리에 영향을 미치리란 것을 알고 있었다. 광산을 폐쇄하면 30,000명 이상의 근로자가 일자리를 잃게 될 텐데, 그들 대부분은 외벌이었다. 그녀는 광산을 폐쇄할 동안 직원들에게 계속 급여를 지급해야 할지를 결정해야 했다.

기업 영향권에 있는 지역 사회에도 파장을 몰고 올 것이 예상됐다. 광산 폐쇄는 경제 활동 감소로 인한 빈곤 증가 등 지역 사회에 경제적, 사회적으로 엄청나게 부정적인 영향을 미칠 터였다.

회사에도 상당한 경제적 손실이 발생할 거라는 것은 당연했다. 매출 손실 외에도 자산 상각, 현장 복구비용 등 수많은 비용이 들 테니 말이다. 루스텐버그 광산이 폐쇄되는 동안 800만 달러 이상의 손실이 **매일** 발생할 것이었다. 그녀는 앵글로아메리칸 주주들과 이사회에 많은 것을 설명해야 했다.

그녀는 이러한 재정적 손실이 경제적 파장을 일으켜 전 세계 광산업 전반에 막대한 영향을 미치리라는 것도 알았다. 광산 운영에 의존하는 공급업체, 계약업체, 기타 기업들은 서비스에 대한 수요 감소로 인해 엄청난 재정적 좌절이나 폐쇄를 겪게 될 수도 있었다. 낙수효과의 감소로 타격을 입거나 최악의 경우 사업을 폐쇄하게 될 지도 몰랐다. 회사의 평판과 관계에도 타격이 될 수밖에 없었다. 직원, 지역 공동체, 투자자, 규제기관을 포함한 다른 이해관계자들과의 관계 역시 나빠질 것이었다. 캐럴은 회사, 지방 정부, 다른 경영진, 감독관, 현장 관리자, 광부들에 대한 자신의 의무, 즉 이 회사를 이끌기로 했을 때 그녀가 짊어진 의무 역시 깊이 인식하고 있었다.

하지만 예상되는 이 모든 결과에도 불구하고 신시아 캐럴은 망설이지 않았다. 또 다른 사망 사고 소식을 듣자마자 그녀는 마치 이전까지의 의식 수준을 완전히 바꿔놓는 새로운 정보를 받은 듯 행동했다. 그녀는, 잠깐 멈칫한 후 곧바로 행동에 나섰다.

캐럴은 "사람들이 죽게 만드는 운영 방식을 도저히 지지할 수 없다"며 루스텐버그 광산 단지의 폐쇄를 결정했다. 다음 날 아침까지 기다려 결정을 내리자는 임원들의 제안에도 불구하고 캐럴은 "**당장** 광부들에게 갱도에서 나오라고 하세요"라고 말했다. 그녀는 9개 갱도를 모두 폐쇄하고, 광산 폐쇄 기간 동안 모든 근로자에게 급여를 지급하라고 지시했다. 그녀는 루스텐버그 광산을 재개장하기 위해서는 광산의 문제점에 대한 모든 근로자들의 의견을 들어야 하며, 모든 갱도에서 앵글로아메리칸 플래티넘의 안전 기준을 완벽히 준수해야 한다는 조건을 내걸었다.

이 조건을 충족시키기 위해 광산 폐쇄 첫날, 직원들에게 그들의 의견을 듣고 싶다는 것과 안전이 앵글로아메리칸의 최우선 순위임을 알렸다. 캐럴은 수 세기에 걸친 이주와 식민지화, 수십 년간의 아파르트헤이트로 인해 언어와 문화, 소속감이 제각각인 다양한 집단들로 분열된 남아프리카공화국의 복잡한 역사를 고려할 때, 직원들과 소통하려면 전형적인 직장 내 소통 방식을 넘어서야 한다는 사실을 잘 알고 있었다. 그녀는 산업의 양 극단에 서 있는 사람들을 초청해 직원들이 자신의 목소리를 낼 수 있게끔 했다. 또한 그들이, 심리적 안정감을 느끼는 익숙한 방식으로 자신들의 우려를 표현할 수 있도록 남아프리카공화국의 전통적인 마을 회의 방식인 레고틀라lekgotla를 활용하여 40~50명 단위로 자리를 마련했다.

2일 차부터 5일 차까지는 안전 기준에 맞춰 갱도를 개선하는 작업을 시작함과 동시에 모든 근로자의 재교육을 진행했다. 전 세계에서 파견 나온 앵글로아메리칸 경영진이 도움을 주었다. 광산 재개장까지는 몇 주가 걸렸고, 임시 폐쇄로 인해 4,000만 달러의 손실이 발생했다.

캐럴은 계속 조치를 취했고, 그 결과를 바탕으로 추가 조치를 취했다. 2008년 2월, 앵글로아메리칸은 전 세계의 우수 사례를 바탕으로 사망 사고 예방 10대 수칙Fatal Risk Standards을 도입했다. 두 달 뒤, 캐럴은 앵글로아메리칸, 전국광산노동자연맹National Union of Mine, 남아프리카공화국 정부 관계자들을 초청해 제1회 노사정 안전대책 회의Tripartite Safety

Summit를 개최했다. 그녀는 이 회의 이후, 세 이해관계자 대표들과 함께 세계를 돌며 안전 우수 사례를 연구했고 그 비용은 앵글로아메리칸이 댔다. 분기마다 열리는 이 회의를 남아공 연대노조는 이렇게 평가했다. "현재 우리는 캐럴 이전에는 상상도 할 수 없었던 방식으로 협력하고 있습니다… 노사정 안전대책 회의는 남아프리카공화국에서 노조, 정부, 기업 간의 관계를 평가하는 새로운 기준을 만들어냈습니다."

2008년 11월, 앵글로아메리칸은 창사 후 처음으로 모든 직원의 안전과 '배려와 존중'에 초점을 맞춘 '핵심 가치 Guiding Values'를 도입했다. 그해 내내 앵글로아메리칸 임원들은 새로운 안전 및 위험 관리 프로그램 Safety Risk Management Programme 을 교육받았고, 모든 부서는 안전 계획을 수립해야 했으며, 보너스도 일정 부분 이 계획에 따라 결정됐다. 게다가 캐럴을 포함한 모든 앵글로아메리칸 임원의 보너스를 산정할 때도 현장 직원들과 교류한 횟수가 고려됐다. 회사 전체 차원에서 사망한 직원에 대한 추모 행사가 열렸고, 관리자들은 그 직원이 살던 마을을 직접 방문하여 애도를 표해야 했다.

앵글로아메리칸은 안전을 개선하기 위한 신기술을 개발하기 시작했고, 그 기술을 경쟁사를 포함한 업계 전체와 공유했다.

캐럴이 재임하던 시기에 사망 사고는 29건에서 13건으로 줄었고, 부상률은 거의 50퍼센트 감소했다. 2013년 4월 사임할 때까지 캐럴은 '무재해 Zero Harm'라는 목표는 달성하지 못했다. 루스텐버그의 생산성도 폐쇄 이전 수준으로 회복되지는 못했다. 하지만 광산업계는 안전에 대해서만큼은 '신시아 캐럴 이전'과 '신시아 캐럴 이후'로 나눌 수 있다고 말한다. 캐럴은 광산업계의 안전의식을 바꾸어놓았다. 크리스 그리피스Chris Griffith 앵글로아메리칸 플래티넘 최고경영자는 이렇게 말했다. "안전에 그렇게 치중하지 않았다면 생산량은 더 늘어났을 수도 있었습니다. 하지만 가는 곳마다 파괴를 일삼는 경영진의 일원이 되고 싶은 사람이 있을까요? 저는 돈을 조금 덜 벌더라도 매일 업무 후에 6만 명을 안전하게 집으로 돌려보내는 대표로 알려지고 싶습니다… 이것이 사회가 우리에게 기대하는 바이며, 우리가 스스로에게 기대하는 바이기도 합니다."

과감한 조치와 긴 행군

과감한 조치는 우리가 취하는 주요한 행동이다. 우리가 당연하게 여기는 일상적인 루틴을 깨뜨리는 행동이다. 즉각적인 광산 폐쇄라는 캐럴의 과감한 조치는 조직 전체에 신호를 보냈다. 직원들의 주의를 끌었다. 릭 코헨 역시 점진적으로 또는 연말연시 이후까지 기다리지 않고 즉시 자율관리팀으로 전환하는 과감한 조치를 취했다. 과감한 조치는 직감에서 나온다.

하지만 우리가 논의한 대로 직감은 (긴) 직관 과정의 최종 결론인

만큼, 이 돌파구의 직감 이후에 이어져야 할 과정도 있다. 과감한 조치와 함께 지속적인 프로그램을 밀고 나가는 긴 행군이 이어져야 한다. 존 코터John Kotter는 그의 저서에서 성공적인 조직 혁신 모델을 제시하고, 대개 중대한 변화가 일어나려면 과감한 이니셔티브로 긴박감과 추진력을 조성하는 동시에 새로운 관행과 행동을 조직 문화에 정착시키려는 노력을 지속적으로 기울여야 한다고 설명한다. 이러한 노력은 직감이 '올바른 결정'을 내리게끔 하는 데 그치지 않고 직감을 뒷받침하는 지속적인 조건을 조성하는 행동으로 이어지게끔 한다.

과감한 조치	긴 행군
• 당연시되던 일상을 깨뜨리는 주요한 행동이나 움직임 • 흔히 자신(그리고 다른 사람들)에게 신호를 보냄. 주의를 요구.	• 직감을 뒷받침하고 결국에는 이러한 변화가 새로운 방식으로 자리 잡을 것임을 자신(그리고 다른 사람들)이 인식할 수 있도록 지속적으로 환경을 조성. • 개인이나 팀, 조직의 하드웨어와 소프트웨어를 지속적으로 바꾸어 나가는 프로그램.

이 점이 중요한 이유는 '실제로 무엇이 어떤 결정을 올바른 결정으로 만드는가?'라는 질문과 연결되기 때문이다. 신시아 캐럴이 광산

폐쇄를 단행한 것에는 **단지** 직감만 있었던 것이 아니다. 캐럴은 결정을 내리고, **그리고** 이를 실행하기 위해 노력했다. 그 긴 행군 내내 그녀는 상황을 바로잡고, 다시 조치하고, 방향을 바꾸고, 경로를 수정하고, 완전히 개편하고, 새로운 조치를 시도했다. 그런 노력이 필요할 거라는 인식은 (광산 폐쇄라는 직감적인 결정을 가져왔던)직관 과정 속에서 캐럴이 고려한 정보의 한 부분이었으며, 광산 폐쇄를 올바른 결정으로 만든 요인의 일부였다. 내가 아이들에게 자주 말하듯, 직감을 믿고, 결정을 내리고, 행동하고, 상황을 계속 바로잡아라. 또는 더 명쾌한 랄프 왈도 에머슨Ralph Waldo Emerson의 말을 따라라. "직감은 황야의 나침반과 같다. 그것은 미지의 영역으로 당신을 안내하지만, 그것을 길로 바꾸는 것은 당신의 행동이다."

역설적 상황의 이해

우선 과감한 조치 뒤에 숨은 행동부터 깊이 들여다보자. 그다음에는 긴 행군 이면에 있는 일련의 행동, 즉 '재조치'에 대해 살펴볼 것이다.

과감한 조치가 필요한 이유는 우리가 직면한 위기나 실질적인 문제(복잡하거나 혼란스러운 상황)가 **모두** 모호하다는 특징이 있기 때문이다. 결정적인 정보가 부족하더라도 여전히 올바른 결정을 내려야 하므로 우리는 직감이 우리의 사전 지식과 자극에 대해 뭐라고 하는지 귀를 기울여야 한다.

언론인이자 작가인 나폴레온 힐Napoleon Hill은 앤드루 카네기, 헨리 포드, 찰스 슈왑 등 수백 명의 부자들을 분석한 결과, 그들 모두가 신속하게 결정을 내리는 습관이 있다는 사실을 발견했다. 그들은 결단력이 있었다.

성공한 사람들은 빠르고 단호하게 결정을 내린다. 그들은 자신의 결정이 옳을 확률이 70퍼센트만 되어도 신속하게 결정을 내리고 앞으로 나아간다. 매일 전진한다. 그들은 자신의 실수를 재빨리 알아차리고 필요하면 경로를 수정한다. 그들은 역설을 (빠르게) 이해함으로써 그렇게 한다.

우리는 살면서 항상 역설에 직면한다. 일찍 일어난 새가 벌레를 잡는다고 말하는가 하면 두 번째 쥐가 치즈를 먹는다고 말한다. 유유상종이라고 하는가 하면 정반대인 사람들끼리 끌린다고도 한다. 펜이 칼보다 강하다고 하는가 하면 말보다 행동이 중요하다고 한다.

다음은 내가 가장 좋아하는 역설들이다.

아는 게 많아질수록 이해하는 게 줄어든다.

—노자

인생에서 유일하게 변하지 않는 것은 변화뿐이다.

—헤라클레이토스

살면서 우리는 자기 모순적이거나 논리적으로 일관성이 없어 보이는 복잡한 상황에 직면하곤 한다. 예를 들어, 일과 삶의 균형이라는 역설은 너무나 널리 논의된 탓에 더 이상 '진정한' 해결책이 있다고는 믿지 않게 되었다. 우리는 탁월한 경력을 쌓으려고 노력하지만 그러려면 장시간 근무, 헌신, 각고의 노력이 필요할 수 있으며, 이는 번아웃, 긴장된 관계, 개인의 건강과 웰빙의 소홀로 이어질 수 있다. 우리는 승진, 경제적 안정, 성취감을 원하지만 일 이외의 삶도 즐기고 싶어 한다.

직장에서라면 어떨까? 우리는 경쟁력을 유지하기 위해 혁신을 추진해야 할까 아니면 지금의 안정적인 운영 방식을 유지해야 할까? 혁신은 획기적인 제품을 탄생시켜 새로운 시장을 개척하고 수익을 높여줄 수 있지만, 비용이 많이 들고 위험하며, 대개의 경우 기존 프로세스를 방해하며 기존 사업에서 상당한 투자금을 빼 와야 한다. 혹은 직원들에게는 자율권을 주어야 할까, 아니면 계속 통제해야 할까? 직원들에게 의사결정 권한을 부여하는 동시에 필요한 수준의 감독을 유지하며 적절한 균형을 유지하기란 쉽지 않다. 중앙집권화해야 할까, 분권화해야 할까? 위험을 감수해야 할까, 아니면 위험을 회피해야 할까? 매수해야 할까, 매도해야 할까?

이러한 역설적 상황에 직면했을 때 과감한 행동을 취할 수 있도록 하는 것은 과연 무엇일까? 그런 도약을 할 수 있게 해주는 것은 무엇일까?

바로 집중 추상화다.

무엇을 보는가가 아니라
무엇을 인지하는가가 중요하다

집중 추상화focused abstraction란, 정보를 선택적으로 걸러내고 단순화하여 필수 요소나 패턴을 추출하고 그 외의 다른 무관한 요소는 전부 무시하는 상태를 말한다. 가장 두드러지며 관련성 높은 특정 부분에만 집중함으로써 복잡성이나 불확실성을 이해하는 방식이다. 마치 매직 아이Magic Eye에서 마침내 물체를 알아보게 되는 것처럼 말이다.

1990년대에 옵아트[1]가 잠시 세상을 휩쓸었던 적이 있었다. 바로 매직 아이 포스터였다. 매직 아이에는 오토스테레오그램autostereogram 격자, 강렬한 색감의 패턴, 무작위적인 점과 선들이 뒤섞인 현란한 그래픽 속에 어떤 형태가 숨겨져 있다. **그냥 자세히 살펴보면 된다, 눈을 한곳으로 모으지 말라, 눈을 가늘게 뜨고 긴장을 풀어라**와 같은 온갖 요령이 쏟아져 나왔다. 어떤 방법을 쓰건 어느 순간이 되면 어떤 형태가 보인다. 이미지가 드러나면 그다음부터는 안 보일 수가 없다. 그때부터는 왠지 모든 주변 정보가 무의미해지고, 그림의 다른 부분 모두가 그 하나의 이미지로 응축된다. 이 상태로 이끄는 것이 바로 집

1　op art, 착시 효과를 이용한 현대 추상 미술의 한 흐름. (옮긴이 주)

중 추상화다. 모든 것이 중심점으로 모이고 열쇠, 왕관, 꽃 등 당신의 눈에 보이는 분명한 이미지가 있으므로 이제는 다른 사람들이 그것을 뭐라고 여기든 중요치 않다. (내가 본 가장 멋진 매직 아이 그림은 헤엄치는 백상아리였다.) 다른 모든 것은 잡음일 뿐이다. 다른 사람들은 **YYYYXYY**에서 Y들을 볼 때 당신은 **X**를 알아차렸다는 것이 제일 중요하다. 당신은 **X**가 의미하는 것에 집중하고 신속하게 행동할 수 있다.

매직 아이 오토스테레오그램

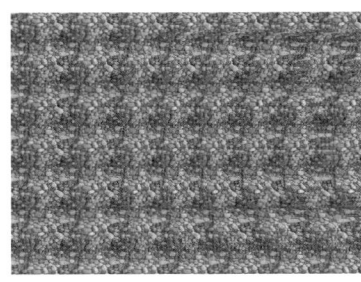 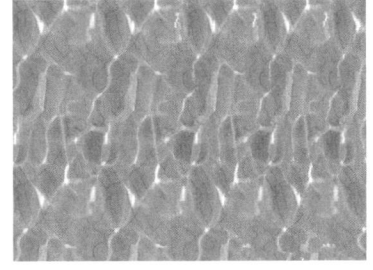

유레카나 스파이디 센스, 졸트를 경험할 때, 우리는 어떤 것의 출현이나 새로운 정보가 제공됐음을 알아차리고 빠르게, 대부분은 무의식적으로 정보를 추상화해서 집중함으로써 문제를 진단해낸다. 그 과정에서 우리의 의식 수준은 다른 수준으로 옮겨가고, 새로운 시각으로 문제를 바라보게 된다. 알베르트 아인슈타인은 이런 말을 남겼다. "문제를 생각해냈을 때와 같은 사고방식으로는 그 문제를 풀 수 없다." 바로 그 새로운 사고방식이나 새로운 관점이 우리에게 '아하'라는 깨달음을 주고 우리를 행동으로 이끄는 원동력이다.

다시 말하자면, 집중 추상화는 직감이 알려준 돌파구(생각)와 과감한 조치(행동)를 연결시키는 메커니즘이다.

노마를 떠난 다니엘 지우스티 셰프의 사례가 여기에 완벽히 부합되는 예일 것이다. 그의 직감은 강렬한 추상화와 집중 메커니즘으로 이어졌고, 그의 주의와 집중력은 특정 측면, 세부 사항, 과제로 향했다. 그의 생각은 이모의 토마토소스, 이모가 매일 많은 사람에게 음식을 제공했던 기억으로 향했다. 그것은 지난 몇 달간 스스로도 정확히 이해할 수 없었던 자신의 감정이 결국 무엇을 향하고 있는지 알려주었다. 모든 사람을 위한 음식, 누구든지 즐길 수 있는 맛있는 음식에 대한 갈망. 자라는 동안 경험했지만, 그 순간까지는 인지하지 못하고 있던 것이었다.

몇 달 후, 지우스티는 자신의 전문성과 전문 요리사들을 투입하여 학생들, 교도소의 수감자들, 환자 등 모든 사람을 위한 급식 프로그램을 표방하는 혁신적인 회사, 브리게이드Brigaid를 설립했다.

시청 공무원인 다이애나도 집중 추상화 상태에 도달한 후에야 비로소 도시의 교통 체증을 완화해줄 적절한 해결책을 떠올릴 수 있었다. 내가 그녀를 인터뷰했을 당시, 그녀가 사는 도시는 도로 기반 시설, 대중교통, 통근 패턴, 도시 계획 등의 여러 요인이 얽힌 혼돈스러운 교통 문제를 겪고 있었다. 문제는 심각해지고 있었고 이를 시급히 해결해야 했지만 몇 달째 다이애나는 해결책을 찾지 못했다. 그녀와 그녀의 팀은 이미 교통 혼잡을 해결하기 위해 온갖 방법을 시도했었다. 특정 혼잡 구간에 진입하는 차량에 요금을 부과하는 교통 혼잡 요금제congestion pricing를 시행하여 사람들이 대중교통을 이용하게 하거나 차량 이동을 줄일 수 있도록 유도했다. 또한 대중교통의 이용을 장려하기 위해 요금 할인, 보조금, 세금 감면 등의 이점을 제공했다. 하지만 어떤 방법도 효과가 없는 듯했다.

그러던 어느 날 차를 몰고 출근하던 다이애나는 마치 매직 아이 속 물체를 발견한 것처럼 무언가를 깨달았다.[1] 그들이 몇 달 동안 논의해온 대중교통의 개선, 카풀, 승차 공유로는 교통 체증 문제를 해결할 수 없다는 것을. 정체 자체를 줄이는 게 핵심이 아니었다. 이동 시간과 이동 패턴을 관리하여 정체를 **분산시키면** 자연스럽게 혼잡이 해소될 것이었다. 그녀가 집중 추상화를 거쳐 이런 유레카의 순간을 맞이할 수 있었던 것은, 그 주에 이례적인 회의 일정이 잡혀 그녀가 평

---

[1] 매일 도심 고속도로로 출퇴근하는 시청 공무원 중 한 명이었던 다이애나는 다른 사람들이 이해하지 못하는 많은 것을 이해했고, 그 덕분에 이를 "인지할 수 있었다."

소와는 다른 시간대에 출근했기 때문이었다. 혼잡통행료 부과 시간이 아닌 그 시간대에는 차량 정체가 없었다. 이 일을 계기로 다이애나는 그들의 접근 방식이 틀렸음을 깨달았다. 중요한 것은 정체 자체를 줄이는 것이 아니었다. 사람들의 이동 패턴과 흐름을 관리해야 했다. 그러려면 지역 기업들에게 재택근무제와 유연근무제(아마도 **기업에** 인센티브를 제공함으로써)의 필요성을 이해시켜 사람들이 다양한 시간대에 출근할 수 있도록 하는 게 필요했다.

산만함을 몰아내고 집중을 촉진하라

집중 추상화는 정신 에너지와 역량을 특정 문제나 목표에 집중시켜서 주변적이고 무관한 정보 및 방해 요소들을 걸러낼 수 있게 하고, 심성모형, 스키마, 기억, 경험을 가져와 행동할 수 있게 한다. 문제 해결 과정에서의 위험과 우려 사항은 걱정하지 않는다. 그저 행동하고 긴 여정을 따라 걸음을 옮기기만 하면 된다.

그렇게 긴 행군을 할 때에는, 내 학생 중 한 명이 얘기했던 지혜가 도움이 될 것이다. 그는 인터뷰 도중 이렇게 말했다. "저는 직감으로 시작해서 (데이터로) 확인하는 것 같습니다. 모든 게 제 직감이죠. 이해가 되시나요?"

나는 그 말이 전적으로 이치에 맞는 말이라고 생각했다. 데이터는 직감을 보강하기 위한 것이다. 데이터는 긴 행군을 시작하기 전 초반의 성찰 과정에도, 행군을 하는 중의 행동과도 융합된다. 즉, 우리는 과감한 조치 중일 때 위험을 무릅쓰고 행동한다. 긴 행군 중일 때는, 위험을 무의미하게 만들기 위해 노력한다. 우리는 위험에 대한 새로운 관점을 제공하는 의식 수준에 도달했기에 위험을 관리할 수 있게 된다. 다니엘 지우스티는 긴 행군을 통해 브리게이드를 성공시켰다. 학생, 수감자, 환자를 위한 새로운 사업을 키우는 데 필요한 모든 단계를 밟았다. "노마의 요리사가 아닌 나에 대해 사람들이 뭐라고 할까?" 또는 "뭘 하지?"라는 우려의 목소리는 무의미해졌다.

　이는 내가 박사학위 논문을 위해 인터뷰했던 투자자들에게서도 확인한 것이었다. 그들은 초기 단계 스타트업에 대한 투자 결정을 내릴 때, 지나치게 위험하고 실패할 가능성이 큰 투자(초기 단계 스타트업의 99.9%는 수익을 전혀 내지 못한다)에 뛰어들도록 용기를 준 것은 직감이라고 강조했다. 투자 결정은 그들의 과감한 한 수였다. 내 논문에도 나와 있듯이, 그들이 직감이라고 부르는 이 감각은 그들에게 "투자 위험을 인지적, 감정적으로 설득력 있는 이야기로 재구성하여 회피 행동을 넘어서게 하는" 메커니즘을 제공했다. 즉, 직감은 다른 사람들이 비이성적이고 위험하다고 여길 만한 결정을 내리는 데 대한 **변명**(훌륭한 변명) 같았다. 그들은 한 번만이라도 투자에 성공해서 30배의 수익을 내면 25번의 투자 손실을 상쇄하고도 남는다는 포트폴리오 전략을 바탕으로, 개별적인 '실수'의 위험을 대수롭지 않게 넘길 수 있었다. 물론 동시에, 긴 행군을 하는 동안 그들의 결정이 궁극적으로 옳은 결정이 되게 해줄 모든 조치(멘토링, 소개, 전략 및 운영 지원)를 함으로써 그들의 투자 결정을 현명한 결정으로 만들었다.

집중 추상화 상태는, 직감과 그보다 목소리가 더 큰 이성적 주장을 서로 구별할 수 있게끔 만들어 준다. 내가 박사학위 논문을 제출하고서 한참 후에 만난 한 투자자가 이 아이디어를 입증해주었다. 2019년 당시, 그는 대기업 직원들이 보다 쉽게 출장 예약과 경비 보고서 작성을 할 수 있도록 지원해주는 혁신적인 온라인 플랫폼 기업, 트래블뱅크TravelBank에 투자하는 것을 고려하고 있었다. 이 스타트업 기업은 2019년 4분기에 큰 성공을 거두었지만, 2020년 5월이 되자 연간 여행 예약 금액이 1억 달러에서 거의 0으로 떨어지면서 성장 궤도에서 크게 벗어났다. 코로나19가 전 세계 여행 산업에 큰 타격을 입힌 점을 고려하면 그리 놀랄 일은 아니었다.

설상가상으로 코로나19 이전에 투자를 약속했던 투자자들은 여전히 자금을 지원하지 않고 있었다. 벤처 투자자들이 약속을 어긴 것이었지만, 법적으로 보장된 권리라 어쩔 수가 없었다. 그런데 놀랍게도, 나와 이야기를 나눴던 벤처 캐피털 회사 컨덕티브 벤처스Conductive Ventures의 상무이사, 캐리 라이Carey Lai는 바로 그 시점에서 트래블뱅크에 투자하기로 결정했다. 왜 그랬을까? 그는 트래블뱅크 창업자들에게서 아직 사람들에게 발견되지 않은 원석 같다는 느낌을 받았고, 그것을 좋은 투자 기회라고 여겼다. 그 순간에 대해 그는 마치 다른 차원의 이해 수준에 도달한 듯했다고 말한다. 그를 포함한 기존의 모든 투자자들이 여행 산업에 대해 가지고 있었던 믿음은, 코로나19가 여행 산업에 큰 혼란을 일으킬 것이라는 점이었다. 하지만 라이는 트래블뱅크에 대해서는, 다른 투자자들이 보지 못했던 무언가를 강하게 직감했다. 트래블뱅크는 여행사가 아니었다, 트래블뱅크는 여행 경비를 관리하는 회사였다. 그러니 당연하게도 여행 상품이 아니라 여행 경비 관리 서비스를 판매해야 했다.

캐리는 투자금을 송금했다. 그런 후에, 트래블뱅크가 여행 산업이 아닌 여행 경비 관리 시장으로 방향을 틀 수 있도록 작은 조치들부터 시작하게 만들었다. 그들은 함께 트래블뱅크의 서비스 포트폴리오와 수익 모델을 신속하고 대대적으로 조정했다. 그리고 트래블뱅크는 시장에서 살아남았을 뿐 아니라 더 나아가 번창하기 시작했다. 결국 2021년 7월, 트래블뱅크는 약 2억 달러라는 높은 가격으로 유에스뱅코프US Bancorp에 인수되었다.

라이가 그랬듯이 우리도 집중 추상화 상태에 도달할 수 있을까? 어떻게 하면 그렇게 될 수 있을까? 우리는 2부에서 그 방법을 살펴보려 한다.

PART 2

직감 단련하기

> 내게 6시간을 주고 나무를 베라고 한다면
> 4시간은 도끼날을 가는 데 쓸 것이다.
> —에이브러햄 링컨

Intentional Intuition

수동적인 직감에서 능동적인 직감으로

6

수동적인 직감에서 능동적인 직감으로 전환할 수 있다.
중요한 문제를 해결할 수 있도록
의도적으로 직관을 활용하고 지각하는
방법을 배울 수 있다.

돌의 여정. 리밍웨이(1964년 출생), 李明維. 돌과 청동. 높이: 5.5cm. (2.5인치). 가로: 3.7cm. (1.5인치). 세로: 2.5cm. (7/8인치). 목제 받침대. 설명: **두 개의 돌**. 하나는 약 7,000만 년 전에 땅에서 솟아오른 아름다운 광물이다. 다른 하나는 크기나 무게, 기타 특성이 유사한 청동 복제품이다. 이 두 개의 돌은 리밍웨이의 〈돌의 여정〉을 구성한다.

"너는 어떤 돌을 버릴 거야?" 친구 세사르가 작품을 가리키며 물었다.

"뭐라고?" 나는 몹시 당황하며 말을 더듬었다.

세사르는 질문을 반복했지만, 이번에는 맥락을 좀 더 덧붙였다. 그 돌, 적어도 둘 중 하나는 7,000만 년 전 빙하의 이동으로 형성된 포르포라이강 계곡 Porporai River Valley 이자, 현재 뉴질랜드 남섬의 일부이기도 한 곳에서 발견되었다고 말이다. 그 돌은 자연의 경이로 여겨진다는 말도 했다. 빙하의 산물인 그 돌은 계곡 강바닥에서 발견되었고, 손에 쥐면 대단히 시원하고 편안한 느낌을 주지만, 나머지 한 개의 돌은 청동으로 만든 복제품이라고 그는 설명했다.

이 작품을 만든 리밍웨이는 구매자에게 의무 조항을 하나 내건다. 구매자는 어떤 돌을 간직할지 결정하고 다른 돌은 버려야 한다. 소유주에게 문제를 제기하는 동시에 행동을 촉구한다는 점에서 이 작품은 흥미롭고 기발하다.

처음에는, 자연석과 복제품을 파악하기만 하면 되는 간단한 문제처럼 보인다. 어떤 정보가 돌들을 구별하는 데 도움을 줄까?

그러나 우리는 곧 이것이 복잡한 문제일 수도 있음을 깨닫는다. "어느 것을 버릴까?"로 질문을 구성할 수도 있고 "어느 것을 간직할까?"로 질문을 구성할 수도 있다.

나는 두 가지 방식으로 질문을 구성할 수 있음을 인식함으로써 '진짜'와 '가짜'를 가리는 결정을 넘어서서 예술가가 내건 의무 조항을 이행할지 말지 결정할 권한도 사실상 내게 있음을 깨달았다. 정말로 하나를 버려야 할까? 그렇다면 언제? 그 의무를 언제 이행해야 할까?

결정은 더욱 복잡해진다. 우리는 소유권 개념과 마주하게 된다. 무언가를 소유한다는 것은 무엇을 의미할까? 두 개의 돌 중 어느 것도 버리지 못할 수도 있다. 그런 경우 그 결정을 상속인에게 넘길 수 있을까? 우리는 가치 개념과도 마주하게 된다. 자연석과 복제품 중 어느 쪽이 더 소중한 걸까? 미술계에서는 보통 복제품보다 원작에 가치를 둘 것이다. 하지만 이 경우에도 그럴까? 어느 쪽이 더 바람직하고, 따라서 더 가치가 있을까? 우리는 자아와 조예라는 개념과 마주한다. 나는 어느 쪽이 더 탐나는가?

이 모든 게 단순히 돌 자체에 관한 문제가 아닐 수도 있음을 이해하고 인식할 때, 우리는 여기에 더 복잡하고 혼란스러운 무언가가 있음을 깨닫게 된다. 돌들이, 이 과정 및 삶의 모든 과정의 중심에 있는 시간, 그리고 작가와 우리에 대한 통제 같은 더 큰 개념을 상징하고 있다는 것을 깨닫게 된다. 이 작품이 제기하는 질문들처럼 삶은 결말이 열려 있는 시나리오다.

리밍웨이는 시간이 흐르면서 아이들의 장난, 사고, 파손 등으로 의도치 않게 한쪽 또는 양쪽 돌이 없어질 수도 있고, 그러면 소유주의 통제를 벗어난 요인에 의해 그 결정이 내려지게 된다는 점도 고려해야 한다고 언급한 적이 있었다. 소유주는 그런 사고에 대해 어떤 감정을 느낄까? 상실감, 안도감, 실망감, 체념?

작가는 우리에게 수많은 가능성과 그 결과를 고려하도록 청하고,

강제한다. 리밍웨이의 말처럼 이 작품은 "우리의 미의식의 한계를 확장"한다고 할 수 있다.

초점이 현실을 결정한다

당신은 어느 돌을 버리겠는가? 〈돌의 여정〉은 복잡하고, 혼란스럽고, 심지어 이해할 수 없는 문제도 직감을 활성화함으로써 **해결**할 수 있다는 것을 보여준다. 처음에는 어느 쪽이 '진짜' 돌인지 구분하고 싶은 충동을 느낄 수 있다. 하지만 곧이어 수동적 자세에서 능동적 자세로 태도를 전환시키면서, 목적을 갖고 의도적으로 훨씬 더 길게 직관의 과정을 끌고 갈 수도 있다.

당신 없이는 〈돌의 여정〉의 난제를 해결할 길이 없다. 결정은 당신과 당신이 가치를 두는 것에 달려 있기 때문이다. 리밍웨이가 말하는 미의식은 본질적으로 직감을 근사하게 표현한 것일 뿐이다. 그리고 그것은 **당신의** 직감이어야 한다. 당신은 사전 지식에 기반하여 당신이 어떤 사람인지, 무엇에 가치를 두는지, 무엇을 탐내는지, 무엇이 당신의 의무인지 알아야 한다. 이 복잡하고 혼란스러울 수 있는 문제의 답을 찾기 위해 당신의 직관에 의지해야 한다.

사실 이 작품은 무엇을 버리느냐에 관한 게 아니다. 설령 아무것도 하지 않고 두 돌을 그대로 두어도, 이 사고 연습은 우리의 직감이 놀라운 문제 해결 능력을 제공할 수 있음을 분명히 보여준다. 직감은 나침반과 같아서, 우리가 그 작동 원리를 이해하고, 계속 향상시키고, 조정하고 조절하기만 하면 우리를 올바른 방향으로 인도할 것이다.

직관이나 직감을 주제로 하는 대부분의 책들은 항해를 도와줄 나침반 즉, **수동적** 직감이 있다고만 이야기하고 **능동적** 직감을 훈련할 방법을 알려주지는 않는다.

그러나 이 책에서는 **성찰 또는 내성**introspection에 대해서부터 알아보고자 한다. 이는 1부에서 논의했던 첫 번째 통찰, 즉 직감이 곧 **당신**이라는 통찰과 연결된다. 성찰은 자신의 사전 지식과 믿음을 들여다보는 능력이다. 직관 과정 초반에 일어나는 성찰부터 살펴보겠지만, 그 과정에서도 직감은 계속 언급되고 강조될 것이다. 우리가 목표로 하는 결과물인 직감과 연관 지어야만 직관 과정을 알고 이해할 수 있기 때문이다. 활쏘기와 마찬가지로 항상 표적의 특성(위치, 크기, 거리)에 잘 맞추는 것이 매우 중요하다. 그에 따라 자세와 활을 잡는 법, 조준하기와 활시위 놓는 법까지 연습의 모든 부분이 달라지며, 꾸준히 명중시킬 전략과 기법도 결정되기 때문이다.

우리는 좀 더 깊이 들어가 성찰이란 자신의 성향과 특성을 통해 자신을 이해하고, 스스로에게 보내는 신호가 어떤 신체 감각으로 나타나는지 인식하기 위해 체계적으로 내면을 들여다보는 과정임을 살펴볼 것이다. 또한 감정과 더불어 살아온 경험을 바탕으로 스스로 구축해온 스키마, 심성모형, 원형도 검토해볼 것이다. 사고 연습, 적용 요령, 실천 방법에 대해서도 논의할 것이다. 예를 들어, 매일 밤 잠자리에 들기 전 감사한 일 세 가지를 적거나, 매일 아침 전날 밤에 꾸었던 꿈이나 악몽을 기억나는 대로 기록하는 습관을 들일 수도 있다. 이런 실천 방법들은 성찰에 대한 이해와 성찰 능력을 높이는 데 도움을 줄 것이다.

사전 지식과 관련된 성찰을 살펴본 후에는 자극과 사전 지식 사이의 **상호작용**-interaction이 어떻게 직감을 만들어내는지 살펴볼 것이다. 이는 우리 **자신**의 유레카, 스파이디 센스, 졸트가 어떻게 주어지고 나타나는지 인식하는 데 도움을 줄 것이다. 입력 자극에 대한 민감성을 높이고, 이전이라면 무시했을 수 있는 것들도 의도적으로 관찰하고, 자극들을 이해하는 것, 이 모든 것들이 행동을 촉구하는 집중 추상화 상태에 도달하도록 우리를 이끈다. 우리는 이런 상호작용을 더 완벽히 이해하도록 돕는 연습 방법과 실천 방법들도 함께 다뤄볼 것이다.

마지막으로 직감은 거짓말을 하지 않지만, 직관 과정에서 잘못 해석될 수도 있다는 점을 이해하고 **반복**-iteration 효과를 활용해볼 것이다. 우리는 상황적 오만과 실수를 통해 교훈을 얻을 수 있다. 과거의 실패를 바탕으로 직관 과정 전체를 개선하고 다듬을 수 있다. 이 책에 제시된 연습문제들은 이런 교훈을 구체화하는 데 도움을 줄 것이다.

수동적인 직감을 능동적인 직감으로 전환시킬 수 있을 때, 우리의 직감은 초능력이 된다. 자기 인식을 넘어서서 의도적으로 사전 지식에 귀를 기울여 그것이 휴면 상태로 묻혀 있지 않고 특정 자극에 반응하여 활성화되도록 할 수 있다.

내가 인터뷰했던 수십 명은 구직 활동이나 진로의 불확실성을 겪을 때 직감을 활용한다고 말했다. 잠시 그들의 입장이 되어서 방금 제안받은 일자리를 고려하는 상황을 상상해보자. 그 제안에 대해 사람들에게 이야기하고 조언을 구하는 동안 갑자기 뭔가 이상하다는 느낌을 받는다. 정확히 꼬집어 말할 수는 없지만, 불편한 느낌이 든다. 자격 요건도 충분하고, 직무와도 잘 맞고, 회사와 직무에 긍정적인 측면이 많음에도 불구하고, 불안감을 떨칠 수 없다. 결국 당신은 자신의 직감을 믿고 그 일자리를 거절한다. 하지만 불편했던 그 느낌을 적극적으로 이해하려 하지 않았고 진단하지도 않았다. 그 결과, 그 제안을 받아들였어야 했는지 자주 그때를 돌이켜 생각하게 된다. 혹은 이후 취업한 직장이 불만족스럽거나 직무가 부적합하다고 느낄 때마다 과거의 제안을 받아들이지 않은 것을 후회하기도 한다.

반면에, 갑자기 뭔가 이상하다는 느낌을 받은 후, 그 회사와 관련된 무언가에 스파이디 센스를 느낀 거라고 알아차렸다고 가정해보자. 당신의 스파이디 센스에 집중하고, 조용한 공간을 찾아 눈을 감고 심호흡을 하며 마음을 가라앉힌다. 무엇이 스파이디 센스를 촉발했는지 생각해본다. 사전 지식과 맞지 않는 자극이 있었을까? 진짜로 마음을 괴롭히는 것은 무엇일까? 결국 표면적으로는 전혀 관계가 없는 문제 때문에 마음이 불편했음을 깨닫는다. 어제 축구 경기 후 아들이 속상해했기 때문이었다. 뭐? 당신은 속으로 뜬금없다는 생각을 한다. 하지만 사실은 그렇지 않다. 그 회사에 입사하게 되면 당신의 상사가 될 여성과 했던 면접을 되짚어본다. 당신은 자극에 귀 기울이고 해석하는 능력을 키웠기에 팀과 회사를 '가족'이라고 강조했던 그녀의 발언을 기억해낸다. 그 말은 당신의 가족을 떠올리게 했고, 그 미래의 상사는 줄곧 '가족 같은 회사'를 회사의 자산(지지, 긍정, 친밀감의 문화)으로 제시했으나 당신은 그것을 의존성, 비현실적인 요구, 역기능적인 밀착으로 받아들였다는 것을 깨닫는다. 그런 곳은 무조건적인 충성을 요구하고, '가족'이란 정해진 틀에 맞추지 않는 사람들을 소외시키는 문화가 자리하고 있을 터였다. 자극('가족' 같은 회사)과 당신의 사전 지식(당신의 진짜 가족, 아들, 가치) 사이에 충돌이 있었던 것이다.

당신은 자신의 사전 지식과 자극, 자신이 가치를 두는 것을 계속 고려하며, 집중 추상화 상태로 들어선다. 왜 이 기회가 당신의 포부와 일치하지 않는지 그 이유를 좁히고, 의도적으로 탐구하며, 더 깊이 통찰한다. 결국 이 제안을 거절하고, 구직 범위를 좁히고, 면접에 임하는 방식을 개선하며, 완벽하지는 않더라도 충족감과 목적의식을 느끼게 하는 일자리를 찾기 위한 조치를 취한다. 그리고 이 경험을 발판 삼아 몇 년 후 다음 직장, 그리고 더 적합한 다음 직장을 찾아 오래도록 직장생활을 이어나간다.

이것이 수동적 직감과 능동적 직감의 차이다. 이 차이의 중심에는 직관을 갈고닦고, 활용하고, 예리하게 만드는 과정이 있다. 직감을 적극적으로 활용할 때 우리는 거의 초인적인 문제 해결 능력을 얻을 수 있다. 운동할 때 '코어 근육을 쓰라'는 조언을 듣는 것과 비슷하다. 코어 근육을 쓰면 복부, 허리, 골반 근육이 활성화되고 수축되면서 척추가 안정된다. 코어 근육을 쓰는 법을 익히면 상상도 못 했던 수준으로 운동 능력이 향상되고, 자세와 안정성, 전반적인 근력이 지속적으로 개선되며, 신체 활동 중 다칠 위험이 크게 줄어든다. 직감을 활용하는 것도 마찬가지다. 직관에 숙달되는 것은 근육을 의식하고, 단련하고, 키우는 것과 같다.

수동적 직감은, 무언가가 우리의 가치관이나 기대와 다를 수 있다는 자연스러운 직관적 통찰에 그 바탕을 두고 있다. 이때 우리는 그 느낌의 정확한 이유를 파악해내지는 못한다. 이 직감은 내면에서 들려오는 속삭임과 같으며, 미묘한 넛지와 성향을 통해 우리의 결정을 이끌 수 있다. 반면, 능동적 직감은 그 메시지를 의도적으로 신중히 조사하여 더 깊은 통찰을 얻는 것을 의미한다.

직관 마스터하기

자신의 기본적인 성향이 수동적 직감 위주인지,
능동적 직감 위주인지를 이해한다.

당신의 직감을 0점(**그냥 직감에 따름. 수동적 직감**)부터 100점(**직감이 무엇을 말하는지 조사하여 더 깊은 통찰을 얻고 그에 따름. 능동적 직감**)까지 점수로 매긴다면 몇 점을 주겠는가? 당신은 어디쯤 해당한다고 생각하는가?

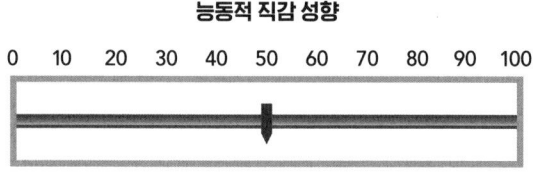

확신이 없다면(직감하지 못하겠다면) 다음 시나리오들을 생각해보라. 이 시나리오들은 상황에 따라 크게 달라지므로 완벽한 지표는 아니다. 따라서 이를 평가 도구로 사용하기보다는 성찰에 도움이 될 수 있는 자극으로 생각하라.

당신은 새로운 프로젝트 안을 논의하는 회의에 참석 중이다. 당신의 직관이 그 프로젝트가 성공할 가능성이 있다고 강하게 속삭인다. 당신은 다음 중 어떻게 행동할 가능성이 높은가?

A. 프로젝트 진행에 대한 열의와 지지를 표현한다.

B. 자신의 처음 반응에 주의를 기울여, 자신이 현재 흥분과 열정뿐 아니라 자부심도 느끼고 있으며, 프로젝트를 진행하고 싶은 이유에 잠재적 보상에 대한 욕구 및 프로젝트의 어려운 부분을 극복하고 싶은 욕구도 있음을 알아차린다.

문제에 접근하는 방법에 대해 직장 동료들로부터 상반되는 조언을 받았다. 당신은 어떻게 행동할 가능성이 더 높은가?

A. 당신의 직관이 최선의 행동 방침을 알려주리라고 믿고 옳다고 느껴지는 대로 한다.

B. 다른 관점을 고려할 때 느껴지는 공감이나 불편함을 알아차리는 한편, 상충하는 조언에 대한 내면의 느낌과 일치하는 결정을 내림으로써 당신의 직감을 적극 활용한다.

제안된 계획과 관련된 우려 사항을 회의에서 이야기할지 말지 고민하고 있다. 당신은 어떻게 행동할 가능성이 더 높은가?

A. 당신의 의견이 가치 있다는 직감을 강하게 받아들이고 그 직감에 따라 자신 있게 발언한다.

B. 그 문제에 대한 내적 긴박감에 주의를 기울이고, 당신이 우려하는 사항의 중요성과 그것을 발언했을 때 발생할 수 있는 영향에 초점을 맞춘다.

세 질문 모두 A로 답했다면, 당신의 점수는 0~30점일 것이다. 두 질문에 A로 답했다면, 30~50점일 것이다. 한 질문에만 A로 답했다면, 50~70점일 것이다. 세 질문 모두 B로 답했다면, 당신의 점수는 70~100점일 것이다. 지금은 정확한 점수가 아닌 범위로 이야기하고 있지만, 당신의 점수가 정확히 어디에 해당하는지, 그 의미가 무엇인지는 앞으로 계속 살펴볼 것이다. 만약 당신의 점수가 50점 미만이더라도(감히 추측하건대 대부분 50점 미만일 것이다), 걱정하지 마라. 일단, 문제에 대해 수동적/능동적 **자세**를 취하는 것과 수동적/능동적 **직감** 성향은 다른 의미라는 것만 밝혀두겠다.

수동성은 적극적으로 관여하거나 행동하기를 원치 않는 것이다. 결정하기를 피하거나, 비 능동적 직관의 범위 안에 머무르거나, 책임을 타인에게 미루거나, 그냥 개입하지 않고 사건이 흘러가게 두는 것을 말한다. 반면, 수동적 직감은 행동을 취하더라도 적극적인 질문이나 평가 없이 본능적 반응에 의존하는 것을 뜻한다.

마찬가지로 능동성은 상황을 해결하거나 원하는 결과를 얻기 위해 관여하고, 주도하고, 노력을 기울이는 것을 의미하는 반면, 능동적 직감은 의사결정이나 행동 과정에서 의식적으로 직관을 활용하고 성찰하는 것을 뜻한다.

수동성과 능동성에 대한 개인차는 클 수 있다. 하지만 능동적 직감 척도에서 만큼은 (적어도 처음에는) 대부분 낮은 점수를 받으면서 시작하게 될 것이다. 그리고 이 사실을 알고 이해하는 것만으로도 직관 과정 훈련에 무리 없이 돌입할 수 있다.

나는 새로운 도시를 돌아다닐 때면 종종 이 직관 훈련 개념을 떠올린다. 나는 거의 길치에 가깝다. "그런 다음 아이스크림 가게에서 우회전하세요"라는 안내를 받아도 방금 아이스크림 가게를 지나쳤다는 사실조차 기억하지 못하는 사람이다.

최근에 나는 한 콘퍼런스에 참석했고, 45분간의 중간 쉬는 시간에 뉴욕 센트럴파크로 운동을 나갔다. 제시간에 돌아오기 위해 길을 잃지 않으려고 무척 애를 썼다. 일단 나의 부주의한 성향부터 인정했다. 그러자 길을 더욱 의식하게 됐다. 나는 다리 밑으로 가지 않고 오른쪽으로 방향을 틀었다는 사실을 기억해두었다. 그래서 돌아오는 길에는 그 다리를 지나 왼쪽으로 방향을 틀었다. 핫도그와 프레첼을 파는 노점상도 기억해두었다. 체스와 체커 테이블도 눈여겨보았다. 그 덕분에 돌아올 때 내가 올바른 길로 가고 있는지 체크할 수 있었다.

자신의 성향이 수동성과 능동성 중 어느 쪽에 가까운지 알고 있으면, 직관과 직감을 사용할 때 더 의도적으로 생각할 수 있다. 낯선 도시에서 랜드마크와 지리적인 특성을 눈여겨보며 길을 찾듯이, 우리는 직감의 개인적, 신체적, 정서적, 인지적 측면에 대한 성찰을 보강함으로써 직감을 활성화하는 법을 배울 수 있다. 다음 장에서는 그 각각을 살펴볼 것이다.

직감 성찰하기

Interactions

내게 맞는 직감 유형 이해하기

7

자신의 기본적인 기질과 특성을 자각할 때
개인화된 직감이 연마된다.

아리아나 그란데와 달라이 라마가 같은 문장에서 언급되는 경우는 흔치 않을 것이다. 아리아나 그란데는 "장바구니를 떨어뜨린 그때, 시리얼을 먹다가 벽 너머 이웃과 텔레파시로 사랑에 빠졌죠"와 같은 말을 곧잘 하지만, 달라이 라마는 "특정 전통 종교를 따르던 따르지 않던 사랑과 친절의 이점은 누구에게나 명백하다"라고 말하는 사람이니까.

2019년 나는 동료 교수들 및 연구자들과 함께 **포워드 플로**forward flow라는 측정법을 개발하는 데 힘을 보탰다. 포워드 플로는 기본적으로,

우리의 정신을 규정하는 뇌 속 생각의 꾸준한 흐름을 포착하는 것이다. 의식의 흐름을 포착하는 것과 비슷하다.

우리는 포워드 플로를 통해, 관계를 감지하고 마음으로 연결되는 것이 우리 사고의 많은 부분을 차지한다는 것을 발견했다. 또한 포워드 플로가 확산적 사고나 창의적 사고 성향을 측정하는 데 도움을 줄 뿐만 아니라, 이러한 성향을 훈련하면 집중 추상화에 사용하는 근육을 단련할 수 있다는 것도 알게 됐다.

우리가 썼던 한 가지 방법은 다음과 같다. 예를 들어, **곰**이라는 단어를 제시한다. **곰**이라는 단어를 듣고 가장 먼저 떠오르는 단어(**꿀** 같은 단어)를 적는다. 그런 다음 **꿀**이란 단어에서 떠오르는 단어, 그리고 그 단어에서 떠오른 단어를 계속 적어가면 된다.

더 설명하기 전에 한번 시도해보겠는가? 당신이 시작할 단어는 **토스터**다.

어땠는가?[1] 우리는 배우, 회계사, 기업인 등 다양한 직업을 가진 수천 명을 대상으로 이 간단한 검사를 진행했다. 이를 통해 사람들의 확산적 사고 성향을 측정할 수 있었다.

수렴적 사고convergent thinking는 명확하고 잘 정의된 요소를 바탕으로 특정한 지침에 부합하는 확정적인 결론이나 해결책을 도출하려는 사고방식이다. 반면에 확산적 사고divergent thinking는 여러 가능성을 열어두고 탐구하면서 다수의 가능성이나 아이디어, 해결책을 만들어내는 사고방식이다. 두 유형의 사고 모두 가치가 있으며, 당면한 문제나 과제의 성격에 따라 다른 맥락에서 쓰일 수 있다.

우리는 두 단어의 의미 거리semantic distance, 즉 의미상 얼마나 가깝거나 먼지를 계산해서 포워드 플로 점수를 산출했다. 예를 들어 **눈**과 **흰색**은 의미 거리가 짧은(의미가 비슷한) 반면, **눈**과 **카뷰레터**는 의미 거리가 멀다.

다음 그래프의 진회색과 연회색 선은 두 사람의 고유한 '사고 플롯thought plot'을 나타낸 것이다. 단어 간 의미 거리 및 최초 단어(**토스터**)와 최종 단어(**사람** 대 **케이크**) 사이의 의미 거리를 모두 보여준다. 진회색으로 표시된 개인은 연회색으로 표시된 개인보다 포워드 플로 점수가 더 높았으며, 더 창의적인 (그리고 더 많은 관계와 연결을 드러내는) 것으로 평가되었다.

---

[1] http://www.forwardflow.org를 통해 직접 점수를 매겨볼 수 있고, 우리의 맞춤형 LSA 엔진에(이 효과적인 검사에) 대해서도 더 자세히 확인할 수 있다.

두 사람의 포워드 플로 플롯

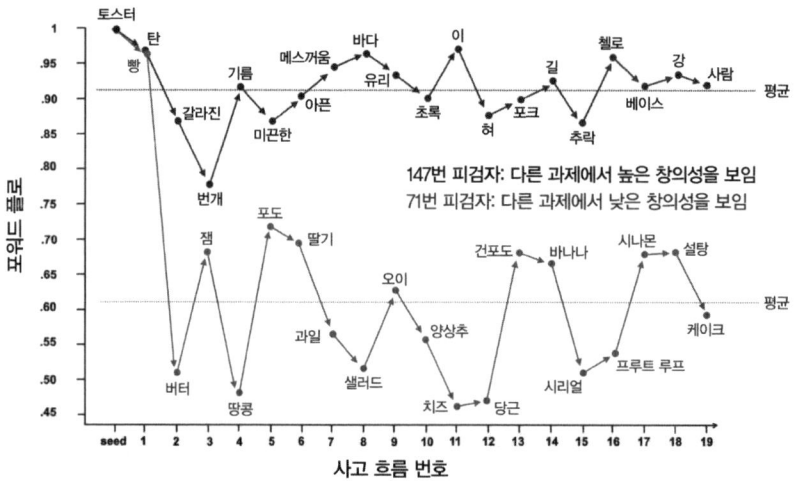

우리는 유명인들, 특히 직업상 창의적일 거라고 '기대되는' 사람들과 분별 있고 영적일 것이라고 예상되는 사람들도 살펴보았다. 그럼으로써 포워드 플로 검사가 예측력이 있음을 발견했다. 지미 팰런, 버락 오바마, 킴 카다시안 등 X(구 트위터)에서 많은 팔로워를 거느린 100명을 각각 분석하고, 그들이 연속으로 올린 트윗에서 포워드 플로를 계산했다. 그리고 이것은 우리가 처음에 이야기했던 달라이 라마와 아리아나 그란데의 사례로 우리를 다시 이끈다. 우리는 달라이 라마가 확산적인 사고를 한다거나 대단히 창의적이거나 도발적일 거라고 **예상하지** 않는다. 우리는 영적 지도자들이 믿음, 오랜 전통, 가

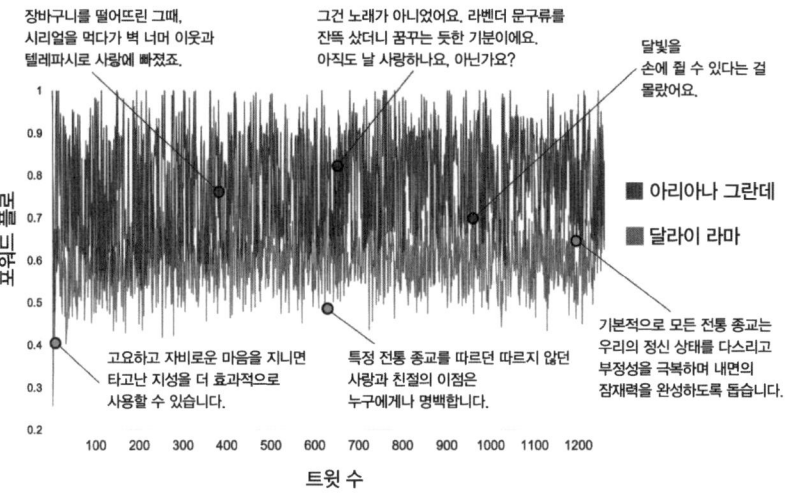

치 등을 일관되게 유지하기를 바란다. 영감을 주고, 현명하고, 겸손하기를 바란다. 그리고 달라이 라마의 낮은 포워드 플로 점수는 우리의 이런 짐작이 맞았음을 보여준다.

반면 아리아나 그란데는 파격적이고, 강하고, 독특한 목소리와 카리스마, 상상력과 독창성을 지닌 가수다. 그녀는 음악과 대중문화에 지대한 영향을 미쳤다고 인정받는다. 그리고 그녀의 높은 포워드 플로 점수 역시 우리가 그녀에 대해 짐작했던 것들이 맞았음을 보여준다.

외부를 보면 자신을 보게 되고, 내면을 보면 자신을 발견하게 된다

포워드 플로는, 모든 사전 지식을 집계해 그것을 확산적 사고 성향의 정도로 정량화할 수 있음을 강조한다. 이는 우리의 직감에 영향을 미치는 중요한 요소들을 더 섬세하게 가꾸는 발판이 된다. 그 첫 번째 단계는 **인정**acknowledgement 이다. 나의 확산적 사고 정도가 아리아나 그란데처럼 상대적으로 높은 편인지 달라이 라마처럼 낮은 편인지를 인정하는 것이다.

예를 들어, 의미 거리가 먼 사고를 하는 성향은 우리가 지닌 기본 특성 중 하나일 뿐이다. 자기 이해의 한 예시이자 한 범주일 뿐이다. 우리의 타고난 성향을 이해하기 위한 다른 측정 방법도 많다. 예를 들어 MBTI는 외향성 대 내향성, 감각 대 직관, 사고 대 감정, 판단 대 인식의 네 가지 이분법을 기반으로 우리의 성격을 16가지 유형으로 분류한다. 한편, 에니어그램Enneagram 은 동기, 두려움, 욕망, 대처 전략을 기반으로 하는 분류 체계다. 5요인 모형big five model 은 성격의 기본 요인으로 여겨지는 개방성, 성실성, 외향성, 친화성, 신경과민성(또는 정서적 안정)을 평가한다. 이것들은 성향의 기본 특성을 이해하는 데 가장 널리 쓰이는 도구들이다. 그리고 기회가 된다면, 다른 도구들도 탐색해보기를 권한다.

예를 들어, 자신의 집중력과 심층 작업 성향을 구체적으로 알고 싶을 수 있다. 이럴 때는, 집중력 검사 격자 concentration grid test 가 도움이 된다. 이 도구로 당신의 주의력과 집중력을 간단히 평가할 수 있다. 다음에 나오는 격자판을 보자. 타이머를 켜고 각 격자의 숫자를 0부터 99까지 순서대로 지워나간다. 모든 숫자를 지우면 검사가 끝난다. 그런 후 총 소요된 시간을 기록한다. 그런 다음 짧게 집중해서 일하고(일반적으로 25분) 잠깐 휴식(5분)을 취하는 포모도로 기법 Pomodoro technique 을 몇 달간 반복적으로 연습한다. 다음 작업 시간이 오기 전에 잠깐 휴식하며 재충전할 수 있다는 것을 인지하고, 25분 동안 주어진 작업에만 집중해본다. 이렇게 집중력을 강화하는 동안 주기적으로 집중력 격자를 사용해 자신의 집중력을 검사하고 시간을 기록해 집중력 개선 정도를 확인한다.

집중력 검사 격자

45	18	67	05	55	07	01	88	03	31
59	80	57	50	92	30	96	87	15	95
53	13	43	17	90	35	33	98	64	24
83	62	51	74	21	11	82	10	04	65
47	97	89	58	56	41	32	49	16	79
38	78	46	00	20	48	71	84	44	25
52	34	73	66	61	81	19	39	86	27
54	94	70	76	23	26	42	72	69	02
85	08	36	22	68	60	37	14	75	93
99	63	09	06	28	40	91	12	29	77

또 다른 평가 방법으로는 인지 유연성cognitive flexibility 측정이 있다. 인지 유연성이란 변화하는 상황이나 요구에 따라 사고와 행동을 조정하는 능력을 말한다. 요컨대 변화에 얼마나 잘 대처하는가를 측정하는 것이다.

또는 희망 척도Hope Scale로 미래에 대한 희망과 낙관적 성향을 수량화해볼 수도 있다. 이 점수를 바탕으로 자신의 목표 달성 능력에 대한 믿음과 주체성을 기르도록 노력할 수 있다.

또 다른 도구인 회복탄력성 척도Resilience Scale는 역경과 난관을 극복하는 능력을 측정해준다. 이것은 적응력, 대처 능력, 사회적 지지 같은 기술을 기르고 유지하는 데 도움을 준다.

나에게 자문을 요청하는 많은 사람들이 선호하는 두 가지 도구는 학생용 지연 행동 평가 척도Procrastination Assessment Scale for Students와 가면 증후군 척도Impostor Phenomenon Scale이다. 전자는 지연 행동과 그 이유, 그것이 성과에 미치는 영향 등 지연 행동의 다양한 측면을 평가하여 개인의 지연 성향을 측정해준다. 후자는 성공과 유능함을 보여주는 증거에도 불구하고 자신이 느끼는 무능감, 자기 의심, 자신의 모습이 가짜라는 게 드러날지도 모른다는 두려움의 정도를 평가해준다.

이 모든 평가 도구는 우리의 성격, 행동, 심리 기능의 특정 측면에 대한 귀중한 통찰을 제공하여 자신과 자신의 독특한 강점과 어려움을 더 깊이 이해하도록 돕는다. 자신에 대한 이런 정보는 우리가 자각하든 못하든 나중에 직감을 활성화하는 데 도움이 될 것이다.

양성과 유지 관리

두 번째 단계는 **양성**cultivation이다. (포워드 플로 개념으로 되돌아가서) 일단 우리의 기준선을 이해하면 그것을 육성하고 발전시키고 다듬는 데 도움이 될 만한 질문들을 스스로에게 던질 수 있고, 그것을 통해 직관 과정에서 확산적 또는 수렴적 사고의 필요성이 있을 때마다 더 잘 대비할 수 있다. 우리가 종종 해결해야 하는 복잡하거나 혼돈스러운 문제들은 아리아나 그란데의 문제들과 비슷할까, 아니면 달라이 라마의 문제들과 비슷할까? 만약 우리가 (달라이 라마처럼) 수렴적 사고 성향을 지니고 있지만, (아리아나 그란데처럼) 확산적 사고가 더 필요한 문제를 해결해야 할 때가 많다면, 이제 확산적 사고 경향을 연습하고 발전시키고 확장해야 할 때다.

예를 들어, 의식의 흐름에 따라 사고하기를 연습해볼 수 있다. 한 고객에게 이 연습을 시키던 중, 나는 제임스 알투처James Altucher가 '아이디어 근육'을 단련하기 위해 매일 10가지 아이디어를 적는다는 사실을 알게 되었다. 그는 사업 아이디어에서부터 침대에서 배우자를 놀라게 할 방법, 다양한 책 제목들을 재미있게 조합한 새로운 제목에 이르기까지 온갖 아이디어들을 적는다고 했다. 우리도 비슷한 방식으로 확산적 사고를 연습할 수 있다. 이때 중요한 것은 좋은 아이디어나 나쁜 아이디어에 기준을 두지 않고, 자기 검열 없이 다양한 아이디어나 해결책, 가능성을 내놓는 데 있다.

마지막 단계인 세 번째 단계는 **유지·관리**maintenance다. 한 달 중 하루는, 우리 자신이 모든 것들(사람, 아이디어, 사물들)과 어떻게 연결되어 있는지, 우리의 타고난 성향(확산적 사고나 수렴적 사고)이 어떠한지에 대해 스스로 상기해볼 수 있다. 또는 사물들이 서로 연결되는 순간을 알아차리고 그 관찰 결과를 친구나 사랑하는 사람과 공유할 수도 있다. 내가 가장 좋아하는 짐 자무시Jim Jarmusch의 명언 중 하나는 이것이다. "영감을 불러일으키거나 상상력을 자극하는 것을 어디서든 훔쳐라. 오래된 영화, 새로운 영화, 음악, 책, 그림, 사진, 시, 꿈, 우연한 대화, 건축물, 다리, 도로 표지판, 나무, 구름, 물, 빛, 그림자를 집어삼켜라. 오직 당신의 영혼에 직접 말을 거는 것들만 훔쳐라. 그러면 당신의 작품(그리고 도둑질)은 진정성을 지니게 될 것이다. 진정성은 매우 소중하지만, 독창성은 존재하지 않는다. 그리고 당신의 도둑질을 숨기려고 애쓰지 마라. 널리 알리고 싶다면 그렇게 해도 좋다. 어떻게 하든 '중요한 것은 어디서 가져왔느냐가 아니라 그것을 어디로 가져가느냐이다'라는 장 뤽 고다르의 말을 항상 기억하라."

활용

인정하고, 계발하고, 유지하면 직관 과정에서 놀라운 일이 생긴다. 피트 알론소Pete Alonso의 홈런 기록 경신을 이끈 폴 란치시Paul Lancisi에게 일어난 일이 바로 그런 것이었다.

2019년, 피트 알론소는 메이저리그 홈런 더비 결승전에서 홈런 23개를 쳐서 블라디미르 게레로 주니어Vladimir Guerrero Jr., 카를로스 산타나Carlos Santana와 로날드 아쿠냐 주니어Ronald Acuña Jr.를 비롯한 여러 강타자를 꺾고 우승을 기록해 100만 달러를 가져갔다. 메인주의 작은 마을, 셜리 밀스의 가구 제작자가 만든 도브 테일 배트가 그의 우승에 큰 역할을 담당했다.

이 모든 일이 직감에서 시작되었다고는 하지만, 실제로는 더 창의적이고 더 다양한 사고를 하려는 노력에서 시작되었다. 가구 제작자인 폴 란치시는 견고하고 실용적인 가구 제작자로 명성을 쌓았지만, 2000년대 초 더 창의적인 디자인을 내놓는 경쟁자들에게 밀려 사업 부진을 겪었다. 가격과 판매량 경쟁에서 밀리던 그는, 고객의 선호도를 파악한 후 자신의 약점에 집중했다. 즉, 자신이 왜 가구의 기능과 용도에만 치중하고 모험을 주저하는지 알아내려고 했다.

그리고 노동자 계층 출신이라는 배경 때문인지는 몰라도, 자신이 항상 자재비를 걱정하고 낭비를 피하는 데 중점을 두었다는 사실을 발견했다. 이러한 성찰로 인해, 그는 자신이 작업 재료로 삼는 목재(참나무, 단풍나무, 벚나무, 소나무), 가공 목재(합판이나 파티클 보드), 금속(스테인리스강), 래미네이트에 대해 더 깊이 배우고 싶다는 생각을 하게 되었다. 그는 재료마다 고유한 심미적 매력, 내구성, 유지 관리 요건이 있음을 알게 됐다. 그는 여러 두께의 재료와 다양한 접합

방식(주먹장맞춤, 통맞춤, 장부맞춤 등)을 사용해 가구를 만들어보기 시작했고, 스타일도 전통, 모던, 전통과 모던의 혼합, 시골풍, 현대풍 등 다양하게 실험해보기 시작했다. 그는 재료의 특성과 그의 경험을 연결 지어서 더 깊이 성찰하는 습관을 들였다. 때로는 그저 조용히 목재를 응시하면서 어떻게 하면 그만의 개성이 드러날지, 어떤 맞춤형 디자인을 하고 싶은지 그려보기도 했다.

그의 가구 사업은 점차 나아지기 시작했고, 2007년에는 다시금 번창했다. 그해 어느 날, 란치시는 작업실에서 얼마 전 가구를 완성하고 남은 단단한 목재 조각을 발견했다. 그저 자투리 목재였지만 그는 무언가를 '보려고' 애쓰며 그것을 응시했다. 그는 곧 그것이 주먹장이음에 아주 적합한 목재임을 알아차렸다. 그리고 그 목재가 야구 배트와 거의 비슷한 모양이라는 것도 알아챘다. 열정적인 야구선수인 그의 아들은 최근 스윙에 어려움을 겪고 있었다.

란치시는 처음에는 그런 생각들을 밀어냈다. '나는 가구를 만드는 사람이지 야구 배트를 만드는 사람이 아니야'라며 차단했다. 당시 그는 메인주에서 나오는 단단한 목재인 북미산 물푸레나무, 자작나무, 사탕단풍나무 등의 목재를 사용하고 있었다. **내구성과 성능이 좋은 배트를 만들기에 딱 좋은 나무네. 스위트 스폿[1]이 나오게 깎아 놓으면 배트의 진동으로 공의 에너지를 흡수하겠는걸**. 결국 그는 생각이 계속 여러 방향으로 흐르게 놔두었고, 그러자 저항하던 마음이 열린 마음

---

1 공이 닿았을 때 가장 잘 날아가게 만드는 부분. (옮긴이 주)

으로 바뀌었다. 상황을 바라보는 방식에 예상치 못한 갑작스러운 변화가 나타났다. 바로 집중 추상화였다. 그는 완전히 새로운 시각을 받아들임으로써 잠재력과 필요성을 볼 수 있게 되었다.

그는 그 자투리 목재로 아들에게 줄 야구 배트를 만들었다. 얼마 지나지 않아 도브 테일 배츠 Dove Tail Bats가 설립되었고, 란치시는 전국 남자부 리그와 토너먼트에 배트를 판매하기 시작했다. 현재 그는 미국, 캐나다, 라틴 아메리카, 오스트레일리아, 일본의 아마추어와 프로 선수들에게 맞춤형 나무 배트를 제작하여 공급하고 있다. 란치시는 2022년 한 해에만 3만 개가 넘는 야구 배트를 생산했다. 그의 배트 중 세 개가 뉴욕 쿠퍼스타운 야구 명예의 전당에 헌정되었는데, 그중 하나가 바로 피트 알론소가 홈런 더비에서 우승할 때 사용했던 그 배트다. 가구를 만들고 남은 자투리 목재로 만들었던 그 배트 말이다.

그는 꾸준한 성찰 덕분에 이러한 집중 추상화 상태에 도달하는 데 필요한 근력을 키울 수 있었다.

직관 마스터하기

자신이 주로 내보이는 특징과 특성을 이해했다면,
이제 스스로를 어떻게 묘사할 것인가?

자신의 특성을 생각해보면서 자신의 강점과 약점, 가장 뚜렷한 특징을 인정한다. 포워드 플로와 같은 검사를 통해 인정하고, 개발하고, 유지하고 싶은 자신의 특성에 대해 더 자세히 알아본다. 강함과 약함의 정도를 표시하는 대신, 아래처럼 나의 현재 단계를 표시한다.

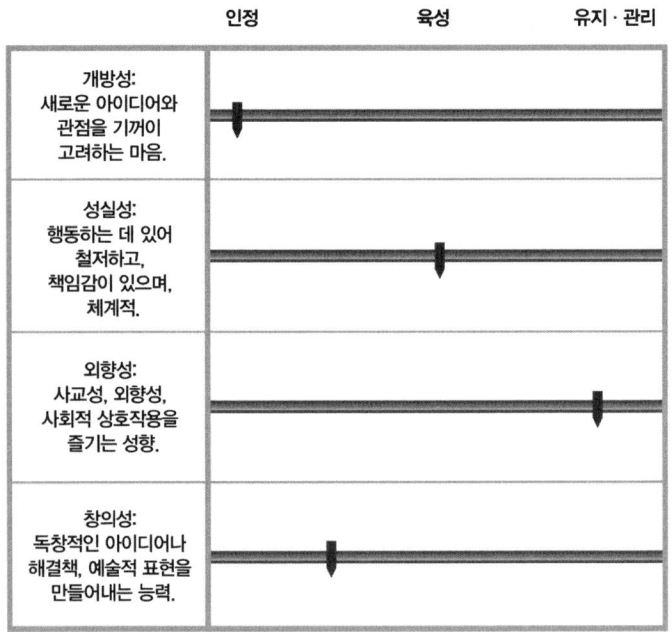

다음 목록에서 영감을 얻어라. 원하는 만큼 각각의 특성을 더하거나 빼도 되며, 목록에는 없는 다른 특성을 넣어도 된다. 이 목록은 개인이 지닐 수 있는 많은 특성 중 일부일 뿐이다. 사람들은 저마다 독특한 특성을 지녔으며, 그들이 보여주는 특성의 조합은 그들의 성격, 행동, 전반적인 정체성에 영향을 미친다.

개방성:
새로운 아이디어와 관점을 기꺼이 고려하는 마음.

성실성:
행동하는 데 있어 철저하고, 책임감이 있으며, 체계적.

외향성:
사교성, 외향성, 사회적 상호작용을 즐기는 성향.

내향성:
고독, 고요, 자기성찰을 선호하는 경향.

우호성:
타인을 향한 친절, 공감, 협력.

신경과민성:

불안, 걱정, 침울과 같은 부정적인 감정을 경험하는 경향.

낙관성:

긍정적인 전망, 희망, 우호적인 결과에 대한 기대.

회복탄력성:

역경, 좌절, 난관에서 회복하는 능력.

창의성:

독창적인 아이디어, 해결책, 예술적 표현을 만들어내는 능력.

적응력:

변화하는 상황에 맞출 수 있는 유연성과 능력.

자기주장:

자신의 요구, 의견, 경계를 자신 있게 표현하는 능력.

인내:

목표 달성을 위한 끈기, 결단력, 노력.

공감:

타인의 감정과 관점을 이해하고 공유하는 능력.

자제력:

충동, 감정, 행동을 통제하는 능력.

리더십:

다른 사람들에게 영감을 주고, 동기를 부여하고, 공동의 목표로 이끄는 능력.

독창성:

틀에 박힌 생각에서 벗어나 혁신적이고, 참신한 아이디어를 내는 능력.

호기심:

탐구하고, 배우고, 새로운 경험이나 지식을 찾으려는 열정.

몸의 감각을 활용한 직감 연마하기

8

신체의 어느 부분에서
신호가 느껴지는지를 인식하면,
체화된 직감이 연마된다.

내 어릴 적 친구 에린 얼리Erin Earley는 그녀를 포함한 많은 심리치료사가 상담 중에 사용하는 진실 테스트Truth Test의 창시자다. 진실 테스트는 그라운딩groudning으로 시작한다. 먼저 내담자들을 자신의 신체와 호흡에 집중하게 한다. 발로 땅을 단단히 딛고서 신체 각 부위의 감각에 집중하게 한다.

대체로 짧게 진행되는 그라운딩 후에는 기본 감각 파악baselining으로 넘어간다. 얼리는 내담자들에게 이름을 말하라고 한다. "제 이름은 **개빈**이에요." 한 번 더 이름을 말하게 한다. "제 이름은 **개빈**이에요."

그러고는 잠시 후에 "방금 어디서 감각이 느껴졌나요?"라고 묻는다.

이 질문을 통해 내담자는 진실을 말할 때 감각이 느껴지는 자신의 신체 부위를 알게 된다. 얼리는 대부분의 사람들이 진실을 말할 때 가슴 또는 상복부에서 감각을 느낀다는 것을 발견했다. 얼리는 종종 나이, 자녀의 이름 등 내담자에게 또 다른 명백한 진실을 말하게 할 때도 있었다. 그녀는 "진실을 말할 때 감각이 느껴지는 신체 부위는 거의 같지만, 거짓을 말할 때 감각이 느껴지는 부위는 사람에 따라 다르다"고 말한다.

이어서 그녀는 내담자들에게 "가슴에서 느껴지나요?", "배에서 느껴지나요?", "팔 옆 부분에서 느껴지나요?" 등의 질문을 던진다.

내담자들이 진실을 느끼는 신체 부위를 알게 된 후에는 신분이나 출신과 상관없이 "제 이름은 피, 피, 필 공주입니다"[1]라고 말하게 한다. 그런 다음 "어디에서 감각이 느껴졌나요?"라고 묻는다.

위에서 느껴진다고 할 때도 있다. 하복부에서 느껴진다고 할 때도 있다. 상당수의 경우에는, 목과 어깨에서 느껴진다고 한다.

필요하다고 판단될 때에는, 내담자에게 명백한 진실과 명백한 거짓을 말하라고 시키면서 기본 감각을 계속 파악해 나간다. 나이가 많은 사람에게 "저는 15살입니다"라고 말하게 하거나 훨씬 젊은 사람에게 "저는 70살입니다"라고 말하게 하는 식이다.

---

[1] 처음에는 사람들이 항상 키득거리는데, 그래도 그녀는 그 문장 그대로를 따라하게 만든다고 내게 말했다.

이런 활동은 내담자들이 스스로에 대한 신뢰를 **재확립**하도록 돕는다. 몇 년 동안 가스라이팅을 당했던 사람들의 경우에는 더 이상 누구를, 무엇을 믿어야 할지 모른다. 그들은 너무 오랫동안 자신이 틀렸다는 말, 자신의 느낌과 직감이 틀렸다는 말을 들어온 까닭에 자신을 믿지 못한다. 신체적 또는 정서적 학대를 당한 사람들도 마찬가지다. 그들은 더 이상 내면의 나침반을 믿지 못한다.

마지막은 진실과 발견의 단계다. 이 단계에서 얼리는 더 어려운 질문으로 넘어간다. 예를 들어, "저를 탓해야죠"라고 말하는 내담자들이 있다면 얼리는 그 말을 할 때 어디서 감각이 느껴지는지 묻는다. 그리고 "진실로 그렇다면, 그건 당신에게 어떤 의미인가요?"라고 묻는다.

내담자들이 그런 말을 하면서 더 이상 자신의 '진실 감각 부위'에서 아무 느낌을 받지 못한다면, 또는 "제 탓이 아니에요"라고 이야기하면서 '진실 감각 부위'에서 **감각**을 느낀다면, 얼리는 그들에게 매우 의미 있는 진전이라고 말해준다.

그녀는 "좀 더 이야기해줄 수 있나요?", "그리고 무슨 일이 일었나요?"와 같은 질문을 조심스럽게 던지며 계속 탐색한다. 이를 통해 트라우마, 부정적 경험, 또는 (감정적으로나 논리적으로는) 알고 있지만 자신의 방식에 갇힌 (자신을 믿지 못해서 알려고 하지 않았던) 것들이 마침내 드러나기 시작한다.[1] 중요한 것은 이 과정에서 내담자들은 자

---

[1] 얼리의 진실 테스트에는 아주 중요한 네 번째 단계가 있다. 이 단계에 이르면 얼리는 내담자들을 '다

신의 '알림'을 인지하게 되고, 촉발 요인과 '경고'를 알아차리고, 내면의 나침반을 조정하는 법을 배우게 된다는 것이다.

당신의 몸이 알려주는 것

워런 베니스는 손끝에서 감각을 느꼈다.

베니스는 1971년부터 1977년까지 신시내티대학교의 22대 총장으로 재직하는 동안 "변화를 주도하는 열정과 역량을 발휘하여, 제2차 세계대전 이후 인간 역학에 대한 모든 사회과학의 가르침을 반영한 대학으로 만들고 싶었습니다"라고 말했다. 그는 총장으로서 탁월한 역량을 발휘하여 모든 직무를 매끄럽게 수행했다. 무수히 많은 모임에 참석하고, 연설도 하고, 포럼과 콘퍼런스에도 참여했다. 그는 신시내티대학교에 관한 질문에 당당하게 대답하고, 수완 좋게 의견 차이를 조정하고, 청중을 안심시켰다.

그러다 어느 포럼에서 예상치 못한 질문을 받았다. "대학 총장으로 재직하시는 게 좋으신가요?"라는 질문이었다. 긴 침묵이 이어졌다. 실내는 바늘 떨어지는 소리마저 들릴 정도로 조용해졌다. 불편한 침

시 그라운딩'시켜 '돌아오게끔' 하거나, 아예 이 훈련에서 '벗어나게끔' 한다. 즉, 다시 자신의 신체와 호흡에 집중하도록 함으로써, 내담자들이 너무 감정적이고 개인적인 상태에서 벗어나 돌아오게끔 중요한 전환점을 마련한다.

묵이 공중에 감돌았다. 베니스는 손끝이 간질거리는 느낌을 받았고, 마침내 "대학 총장직에 대한 **아이디어**를 좋아합니다"라고 대답했다. 그 포럼 직후 베니스는 총장직을 사임하고 강단으로 돌아갔다. "총장 자리에서 쫓겨났다.", 더 심하게는 "자해 총상으로 사망했다"라는 등의 온갖 말이 떠돌았지만, 그는 무시하고 넘겼다. 2014년, 89세의 나이로 사망하기 직전 베니스는 직감 덕택에 평생의 후회를 피할 수 있었다고 말했다.

오늘날 베니스는 교수 생활 중에 진행했던 연구와 교육으로 칭송받고 있다. 그는 여전히 세계 최고의 리더십 전문가 중 한 명으로 꼽히며, 존 F. 케네디와 로널드 레이건을 포함한 네 명의 미국 대통령의 자문위원으로 활동한 선구자로 인정받고 있다.

질문을 받은 후 청중석에 바늘 떨어지는 소리까지 들릴 정도로 정적이 감돌 때 베니스는 손끝이 살짝 간질거리는 느낌을 받았다. 그것은 그가 이전에도 알아차렸던 개인적인 신호로, 연구하고 글을 쓰면서 새로운 아이디어가 떠오를 때마다 느꼈던 바로 그 감각이었다. 그것은 그의 내면에 체화된 신호였다.

워런 베니스를 생각할 때면 그와 대조되는 필립 스톤이 자연스레 떠오른다.

긍정심리학 분야의 선구자인 필립 스톤 Philip Stone 은 1960년부터 2006년 사망할 때까지 하버드대학교 심리학과 교수로 재직했다. 그의 부고 기사에서 그는 평생 하버드대학교 학부생들에게 영감을 주었던

"시대를 초월한 르네상스인"으로 불렸다. 그것은 **거의** 사실이다. 그는 하버드대학에서 평생을 보냈다. 단 한 해만 제외하면 말이다. 안식년을 맞이한 그는 일 년 동안 오리건주 포틀랜드에 있는 작은 인문대학인 루이스 앤드 클라크 칼리지Lewis and Clark College에서 강의를 했다. 그는 그곳에서 멋진 시간을 보냈다. 생동감과 활력을 느꼈고, 이전에는 경험하지 못했던 일에 대한 열의를 느꼈다.

그 후 하버드에서 보낸 수십 년 동안 그는 루이스 앤드 클라크 칼리지에서 보냈던 때를 이야기하곤 했다. 하지만 그의 지인 대부분은 루이스 앤드 클라크를 이름 없는 작은 대학으로 여겼기 때문에 소수에게만 이야기했다. 그 동료들도 그가 그런 평범한 대학에서 **일 년**이나, 그것도 소중한 안식년을 허비했다는 사실을 믿기지 않아 했다.

스톤은 루이스 앤드 클라크에서 보낸 그해가 그의 인생에서 가장 좋았던 시간이었으며, 안식년이 끝날 때쯤 그 대학으로부터 영구 교수진으로 와달라는 요청을 받았다는 이야기를 극소수의 지인에게만 털어놓았다. 그는 그 요청에 응하고 싶었다. 하지만 그는 하버드대학 교수였다. 그냥 교수도 아니고 **정년이 보장된** 하버드대학교 교수라는 사실을 스스로에게 상기시켰다. 사람들이 어떻게 생각할까? 사람들이 뭐라고 이야기할까?[1] 하버드는 최고 중에서도 최고인 대학이었다. 지위, 권력, 명예가 보장된 자리였다. 루이스 앤드 클라크에 남을 수

---

1 사람들이 어떻게 생각할까? 사람들이 뭐라고 이야기할까? 이 두 문장은 이 세상 어떤 것보다 꿈을 방해하는 원인이 된다.

는 없었다. 그는 그곳에 남고 싶은 바람을 스스로 억눌렀다. 그는 곧바로 하버드로 돌아왔고, 다시는 하버드를 떠나지도, 감히 안식년을 가지지도 못했다.

죽음을 눈앞에 둔 그는 가장 신뢰하는 제자 중 한 명에게 루이스 앤드 클라크 칼리지에 남지 않고 하버드대학으로 돌아간 것이 가장 후회되는 일 중 하나라고 털어놓았다. 스톤이 루이스 앤드 클라크에 남았다면 어떻게 되었을지 궁금하지 않을 수 없다.

몸은 당신의 집이다

사람마다 직감을 달리 체감할 것이다. 수년 동안 나는 "진실을 감지하는 신체 부위"를 찾을 수 있다는 얼리의 주장을 믿지 않았다. 하지만 지각, 기억, 언어 같은 과정이 신체 및 신체와 환경의 상호작용과 밀접하게 연관되어 있다는 심리학과 신경과학의 체화 연구를 더 공부한 후 나에게도 그러한 지점이 있음을 깨달았다. 바로 내 목과 왼쪽 어깨 사이가 그 지점이었다. 평소에도 그 부분이 항상 뻐근해서 자주 문지르고 주무르고는 한다. 과식했을 때도 그 부분이 아프다. 불편할 때도 그 부분에 통증을 느낀다.

우리가 직감을 신체적으로 경험하는 이유는 우리의 행동과 지각이 서로 얽혀있고, 우리의 마음이 감각과 운동 경험을 실제로 시뮬레이션하여 개념과 아이디어를 이해하고 표현하기 때문이다. 우리가 가지고 있는 이미지와 경험 중에는 신체 감각에 기반을 둔 것들이 있다. 예를 들어, 나는 평생 글을 쓰고 아이디어와 씨름하면서 많은 시간을 보냈고, 그런 분투가 지금 이 글을 쓰고 있는 손부터 팔, 팔꿈치, 어깨, 목의 특정 지점까지의 뻣뻣함과 연관되어 있었는지도 모른다. 혹은 치어리더 연습 중 고난도 동작을 하다 다쳐 그 부분에 멍이 들었던 경험을 무의식적으로 떠올려서 그 후로 그 동작을 할 때마다 불안감을 느꼈을지 모른다. 확실한 것은 없다. 하지만 그 과정은 실제로 신체, 정신, 환경 사이의 상호작용이 일어나는 특정한 맥락에 자리 잡고 있다. 조지 레이코프George Lakoff와 마크 존슨Mark Johnson이 발견했듯이, 우리는 신체적 경험에 기반한 은유적 표상metaphorical mapping을 통해 추상적 개념을 이해하고 표현한다. 이미 1800년대 초부터 윌리엄 제임스William James와 존 듀이John Dewey 같은 심리학자와 철학자들은 지각, 사고, 행동을 형성하는 데 신체 감각과 감정이 중요하다는 것을 강조했다. 예를 들어, 사회적 상호작용에서 누군가의 친근함, 친절함, 붙임성을 묘사할 때는 따뜻함이라는 개념이 사용된다. 제임스와 듀이에 따르면, 따뜻함은 온기라는 신체 경험과 그와 관련된 감각과 감정에 기반을 두고 있다. 사람들은 종종 모임에서 새로운 사람을 만나 따뜻한 미소와 다정한 악수로 환영받은 경험을 묘사하고는 한다. 그럴 때 우리는, 상대방에 대한 긍정적인 직감과 함께 그와 계속 대화하는 동안 몸 전체에 따스함을 느끼고, 자세가 편안히 풀어지고 제스처도 활발해졌음을 알아차리게 된다. 당신의 몸은 마음이 전하는 모든 것을 듣고 있다.

직관 마스터하기

신호가 감지되는 신체 부위를 파악한다.
신체의 어느 지점에서 마음이 하는 말을 느끼고 있는지 확인한다.

직감을 느끼는 신체 부분

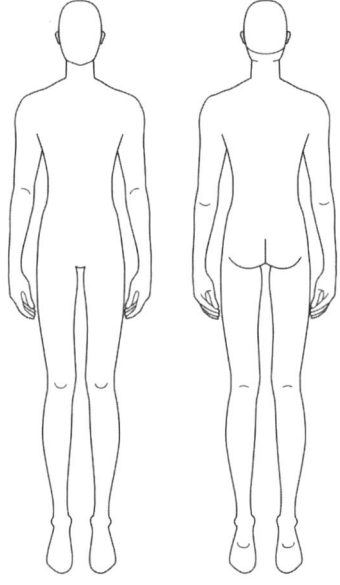

직감이 느껴지는 신체 부분에 각각 표시한다.

지금 당장 알아차릴 수 없거나 이미 감각이 있다면 신체 인식 기법body awareness technique을 시도해볼 수 있다. 이 기법은 신체 감각에 집중할 수 있도록 해줄 것이다.

- 두 발을 바닥에 딱 붙인다. 발가락을 움직여 본다. 발가락을 구부렸다 펴기를 여러 번 한다. 잠시 발의 감각에 주목한다.
- 발을 여러 번 구른다. 바닥에 닿을 때 발과 다리의 감각에 집중한다.
- 주먹을 꽉 쥐었다가 푼다. 손에서 느껴지는 긴장감에 주목한다.
- 손바닥을 맞대고 누른다. 더 세게 누른 상태로 15초 동안 지속한다. 손과 팔에서 느껴지는 긴장감에 주목한다.
- 두 손바닥을 힘차게 비빈다. 소리와 따뜻한 느낌에 주목한다.
- 하늘을 향해 두 팔을 위로 뻗는다. 이렇게 팔을 쭉 뻗은 상태로 5초 동안 지속한다. 팔을 아래로 내리고 옆구리에 붙인 팔의 긴장이 풀리는 것을 느낀다.
- 심호흡을 하고 몸에서 느껴지는 평온함에 주목한다. 어느 부분에서 감각이 느껴지는가? 신체 지도에 표시한다.

신체 부위의 감각을 더 잘 인식하게 됐다면, 편안한 감각이나 불편한 감각이 신체의 어떤 부분에서 느껴지는지 주목한다. 예를 들어, 그동안 충분히 생각해보지 않았거나 기저의 감정을 아직 처리하지 못해 고통스럽게 느껴지는 상황이 있다면, 그것을 떠올려 본다. 그 고통과 상처를 그대로 느껴본다. 고통과 상처를 묻어버리는 대신 경험하라. 몸의 어느 부분에서 그 감각이 느껴지는가?

처음에는 극심한 고통이 쓰나미처럼 밀려오는 느낌을 받을 수도 있다. 가슴이 조여 와서 다시 숨을 쉴 수 없을 것처럼 느껴질 수도 있다(하지만 숨은 쉬어질 것이다).

시간이 좀 지난 후 (몇 시간, 심지어 며칠 또는 몇 주 후) 다시 시도해본다. 이번에는 조금 덜 충격적이고 덜 극심하겠지만, 여전히 거대한 파도가 압도해오는 것처럼 느껴질 수 있다. 가슴의 어느 부분에서 그 감각이 다시 느껴지는지 인식한다.

세 번째로 경험해본다. 이번에는 고통이 더 작은 파도처럼 느껴질 것이다. 가슴의 그 감각을 또다시 느낄 수도 있다. 네 번째 시도에서는 고통이 작은 물결처럼 느껴지고, 고통스러운 상황을 넘길 수 있을 뿐만 아니라, 그 상황을 넘기는 데 도움이 되는 신체 부분이 어디인지 인식하게 될 것이다.

모든 사람은 다르다. 어떤 사람들은 같은 부분에서 감각을 느끼되 그 강도만 줄어들 수도 있고, 또 다른 사람들은 매번 완전히 다른 신체 부위에서 감각을 느낄 수도 있다. **당신**은 어느 쪽인지 주목하라.

감정의 연결을 통해
직감 연마하기

== 9 ==

감정을 이해하고
그 감정들이 서로 어떻게 연관되어 있는지를
이해할 때 감정적 직감이 연마된다.
이는 감정을 더 잘 식별할 수 있도록
감정에 집중하는 것에서부터 시작된다.

어디에서 감각이 느껴지는지 인식하기 시작하면 그것이 **어떻게** 느껴지는지 자연히 궁금해지기 시작한다.

이때 유용한 개념이 감정 차원emotional circumplex이다. 이 개념은 우리가 느끼는 감정을 체계화하고 이해하는 데 사용할 수 있는 틀이다. 가장 저명한 감정 차원 모델 연구자 중 한 명인 제임스 러셀James A. Russell은 어떻게 감정을 2차원 평면에 배치하거나 분류할 수 있는지 보여주었다. 앨버트 메라비언Albert Mehrabian은 쾌락, 각성, 지배에 관한 연구를 통해 감정과 감정적 반응이 다양한 자극에 어떻게 영향받는지 보여줌으로써 감정 차원 모델의 발전에 기여했다.

감정 차원 모델의 원형 안에 감정을 배치하여, 평소 어떤 감정을 느끼는지, 어떤 상황이 특정한 감정을 일으키는지 이해하면 직관과 직감 경험 능력을 키울 수 있다. 그러면 평소와 다르거나 예상치 못한 감정을 느낄 때 그 상황을 더 민감하게 인식할 수 있다. 그레첸 루빈Gretchen Rubin은 이렇게 표현한다. "감정은 인생에서 중요한 역할을 한다. 그것은 당신이 올바른 방향으로 가고 있는지, 아니면 무언가 변화가 필요한지 알려주는 크고 반짝이는 신호다."

우리의 감정을 측정할 수 있는 두 가지 차원은, 바로 정서 값valence과 각성arousal이다. 다음에 나오는 표에서 가로축이 가리키는 정서 값은 감정적 경험의 유쾌함 또는 불쾌함의 정도를 나타낸다. 데이비드 왓슨David Watson과 아우케 텔레겐Auke Tellegen의 연구에 따르면 이 모델에는 긍정적 감정과 부정적 감정이 포함되어 있으며, 긍정적 느낌과 부정적 느낌의 축을 중심으로 구성되어 있고, 강도와 지속 시간, 복잡성 면에서 다양하고 광범위한 경험과 성향을 포괄하고 있다. 긍정적인 정서 값을 지닌 감정은 일반적으로 유쾌하게 느껴지는 감정으로 행복, 기쁨, 만족 등이 있다. 부정적인 정서 값을 지닌 감정은 일반적으로 불쾌하게 느껴지는 감정을 뜻하며 슬픔, 분노, 두려움 등이 있다. 정서 값은 긍정에서 부정으로 이어지는 연속선상에서 감정의 방향을 나타내며, 중립적 감정은 그 연속선의 중간에 위치한다.

감정 차원 모델

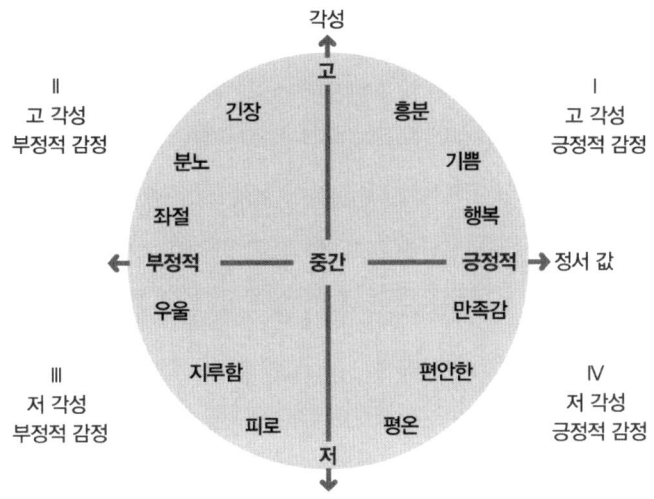

　세로축이 뜻하는 각성은, 감정 경험과 관련된 생리적 활성화 수준 및 강도를 나타낸다. 각성도가 높은 감정은 강렬하고 자극적으로 느껴지는 감정이며 생리적 활동의 증가를 동반한다. 예로 들자면 흥분, 불안, 분노 등이 있다. 반면에 각성도가 낮은 감정은 만족감이나 지루함처럼 차분하게 혹은 편안하게 느껴지는 감정들로 그 감정을 느낄 때면 생리적 활성화 수준은 낮아진다. 각성은 감정의 강도나 에너지 수준을 낮음에서 높음까지의 연속선상에 나타낸 것이다.

　감정 차원 모델은 이 두 차원에서의 위치를 기반으로 감정을 네 개의 사분면으로 분류한다. 감정을 '감정 지형도emotional landscape'에 배치할

정서 값과 각성 수준에 따른 감정 분류

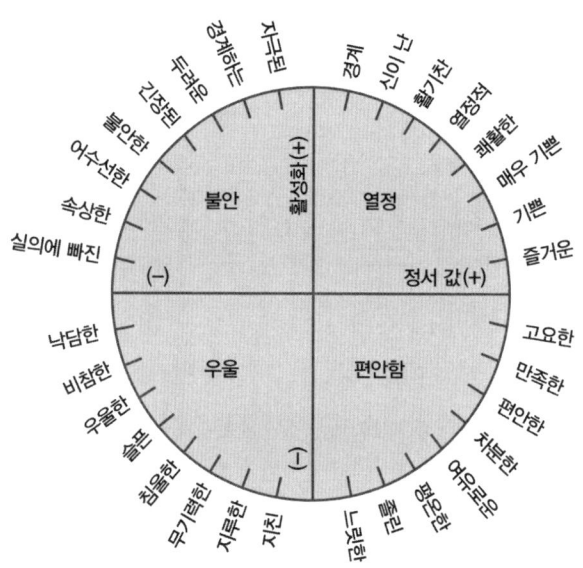

때는, 정서 값과 각성 수준이 기준이 되기 때문에 유사한 감정은 가까이 위치하게 된다.

감정 차원 평면에 감정을 배치해보면 우리가 느낄 수 있는 여러 감정 간의 관계를 이해할 수 있다. 이는 우리 자신의 경험을 이해하고, 감정들이 서로 어떻게 연관되어 있는지 깨닫고, 다양한 맥락에서 자신의 감정 반응을 예측하는 데 유용하다.

예전에 한 번 봤을 뿐인데 지금까지도 머릿속에 남아 있는 사진이 하나 있다. 두세 살쯤 되어 보이는 여자아이의 사진이다. 얼굴과 옷에는 흙먼지가 묻어 있고 코에는 상처가 나 있다. 그 모습 그대로 아이는 땅바닥에 앉아 있다. 개발도상국의 몹시 열악한 환경에서 사는 아이처럼 보인다. 그런데도 그 아이는 우리에게는 보이지 않는 화면 밖 누군가에게 음식을 나눠주고 있었다.

그 사진은 내 심금을 울렸고, 여러 생각을 불러일으켰다. 절대 잊히지 않았다. 처음에는 내가 느끼는 감정이 무엇인지 정확히 알 수 없었지만, 마침내 그 감정을 파악할 수 있게 되었을 때 나는 내가 첫 번째로 슬픔(3사분면)을, 그 다음으로는 행복(1사분면)을 느꼈다는 것을 깨달았다.

반면, 나보다 눈물에 인색하고 덜 감성적인 내 친구는 사진을 보자마자 열악한 환경임에도 아이가 건강해 보인다고 지적하며 회의적인 반응(2사분면)을 보였다. 그런 다음, 사진작가가 자신의 이익을 위해 또는 미덕을 과시하기 위해 상황을 이용했다며 화를 냈다(2사분면에 가까운 감정).

다른 사람들에게 그 사진을 보여주었을 때, 어떤 이들은 인류의 선함에 희망을 느끼거나(4사분면), 내 친구처럼 개인적 이득을 위해 아이를 이용했다고 화를 내는(2사분면) 등 정확히 특정 사분면에 속하는 감정을 보였다. 또는 나처럼 한 사분면의 감정에서 다른 사분면의 감정으로 옮겨가는 이들도 있었다.

감정은 우리가 인식할 수 있는 신호다. 하지만 단순히 특정 감정을 경험하고 있음을 알아차리는 것을 넘어 기본적인 감정과 특정 사분면의 감정에 치우치는 성향(특히 특정 유형의 문제나 맥락에 의해 감정이 촉발될 때), 다른 사분면의 감정 사이를 오갈 수 있는 가능성을 이해한다면, 우리의 감정이 평소의 패턴과 다를 때 더 잘 알아차릴 수 있을 것이다.

감정 지표

젊은 생명공학 연구원, 사우라브는 몇 달 동안 한 프로젝트를 진행하고 있었다. 그는 두바이에서 열리는 유명한 학회에 참석해 그의 아이디어와 이론을 발표해달라는 초청을 받았고, 오후 시간대로 배정받았다. 그래서 오전에는 다른 사람들의 연구 발표를 들었는데, 발표자들 모두 자신보다 훨씬 선배였고, 주제들 역시 자신의 연구보다 정량화 면에서 훨씬 복잡해 보였다. 사우라브는 발표 내용을 수정할 시간이 없다는 것을 알고 있었다. 그의 발표 자료의 90퍼센트를 차지하고 있던 것은, 그가 발견한 단백질 구조와 단백질 활성 변화[1] 이미지였다. 사우라브는, 백과사전 같은 방대한 지식을 전달한 다른 연구자들의 발표와 달리 자신의 발표가 그림책 읽어주기처럼 느껴질 거라

---

[1] 세포, 조직, 생물체 내의 단백질 활성을 연구하는 단백체학(proteomics)은 근육 조직의 근섬유 형성, 음식의 소화 효소, DNA의 합성과 복제 같은 여러 기능을 연구하는 데 도움을 주었으며, 많은 생명공학 의약품의 발견에 결정적인 역할을 했다.

는 불안에 사로잡혔다.

발표가 시작되고 그가 자신의 독특한 아이디어를 설명하자 회의적인 시선 및 몇몇 사람들의 찌푸린 표정이 날아들었다. 그는 순간적으로 당황했고 마음이 약해짐을 느꼈다. 한 선배 연구자가 발표 도중 그의 말을 끊으며 캐묻듯 질문을 던졌고, 사우라브의 얼굴은 달아올랐다. 하지만 이를 인식한 순간 그는 자신의 당황스러움(그리고 선배 연구자의 갑작스러운 질문)이 그의 연구의 잠재적 중요성을 암시한다는 것을 깨달았다. 사우라브는 자신의 아이디어가 그 깊은 함의를 이해하는 누군가의 공감을 불러일으켰음을 깨달았다.

그 후 몇 주 동안 사우라브는 연구를 계속 발전시키고 데이터를 더 수집했다. 그 선임 연구자는 사우라브의 멘토가 되어 적극적으로 프로젝트를 지원해주었다. 그리고 연구 결과가 나오기 시작하면서 그가 정말로 중요한 연구를 하고 있음이 분명해졌다.

사우라브는 자신이 자주 간과했던 신호는 당황스러움이었다고 말했다. 새로운 사실의 발견에 초점이 맞춰져 있는 과학 분야에서 일하면서, 그는 높은 각성 상태나 야망, 결의를 느낄 때도 많았지만 일이 잘못될 때는 조바심과 괴로움 같은 감정에 빠져들었다. 또한 선임 연구자들의 자기 우월감, 영역 다툼 및 연구 경쟁을 둘러싼 혐오감, 시기심, 적개심 등 높은 각성 상태(1사분면과 2사분면)를 동반한 감정들을 주변에서 많이 목격했다.

하지만 이제 사우라브는 불편함을 몰고 오는 당황스러움을 상황의 전환점이자 직감의 지표로 인식하게 되었다. 그것은 묘하게 낯선 느낌이라(나중에 그는 그 감각이 자신의 아이디어만큼 낯설었다고 말했다) 오히려 그에게 의미 있는 돌파구라는 것을 알려주는 완벽한 신호가 되었다.

직감은 감정이 아니다. 감정은 직감의 증상이며, 그 증상은 잘못 해석될 수 있다.

사실 감정을 연마할 수는 없다. 감정을 억누르거나, 묻어버리거나, 바꾸려고 하거나, 없는 척하는 것은 오히려 감정을 곪게 하고 우리를 갉아먹는다. 그 대신, 우리는 감정을 무언가를 알려주는 신호로 인식하는 능력을 연마할 수 있다.

직관 마스터하기

자신의 감정을 정확히 인식하고 식별하는 방법을 이해한다.
자신이 어떤 감정을 느끼는지 이해한다.

러셀의 감정 차원 모델을 사용하여 자신만의 감정 지도를 작성한다. 자주 느끼는 감정들에 강조 표시를 하고 패턴을 찾아본다. 이 과정이 쉽지 않거나 어디서부터 시작해야 할지 모르겠다면 다음의 몇 가지 제안 사항을 참고하라.

러셀의 감정 차원 모델

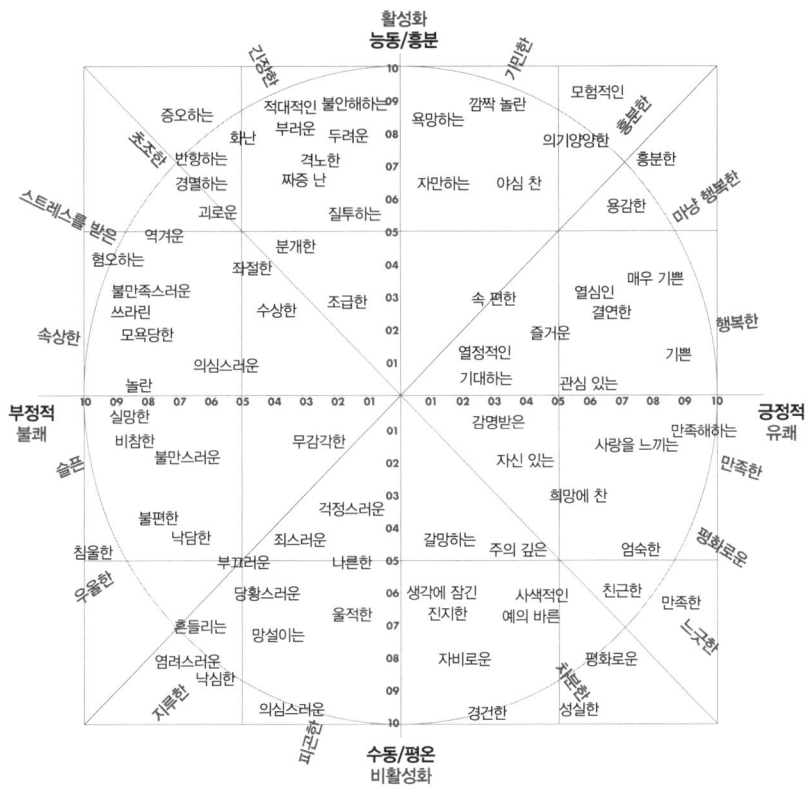

먼저 행복, 슬픔, 두려움, 분노라는 네 가지 기본 감정을 인식하는 것으로 시작한다. 이 중 어떤 감정을 언제 느끼는가?

주기적으로 자신의 감정, 생각, 경험에 이름을 붙이고 기록하기 시작한다. 처음에는 어려울 수도 있다. 감정을 구분하지 못하겠다면, 그 감정이 정서 값과 각성이라는 두 축의 어디쯤에 위치하는지 살펴본다. 이를 바탕으로 감정을 묘사하는 어휘를 개발하고 **기쁨, 분노, 슬픔, 불안**과 같은 구체적인 단어로 감정을 구분하고 이름을 붙이는 연습을 시작해볼 수 있다.

당신이 마주하는 다양한 상황들을 글로 쓰고, 특정 사분면에 속하는 감정을 느낄 때가 많은지, 또는 특정 패턴이 있는지 파악한다. 그러면서 다양한 상황에 대한 자신의 감정적 반응을 성찰한다. 왜 특정 감정을 느끼는지, 무엇이 그 감정에 영향을 미칠 수 있는지 자문한다. 그렇게 하면 '자의식 정서 self-conscious emotions'를 알아차리기 시작할 것이다. 분노, 놀라움, 두려움과 같은 기본적인 감정은 자동으로 발생하는 경향이 있지만, 수치심, 죄책감, 자부심을 포함한 자의식 정서는 훨씬 더 복잡하다. 그런 감정들은 성찰과 자기 평가를 요구한다.

자신의 감정 반응을 숙고하기가 어렵다면, 자신과는 무관한 타인의 일화나 친구들이 처한 상황을 활용한다. 다른 사람들의 입장에서 그들의 감정과 관점을 이해해보려고 노력한다. 당신이 느끼는 감정과 그들이 느낄 법한 감정을 비교해본다.

다음과 같은 예시 시나리오를 사용해볼 수도 있다. 이는 직감의 감정 요소를 익히는 데 도움이 될 것이다. 각각의 사례에서 드러나는 감정들을 적어보자.

시나리오 1. 세라는 수년간 헌신적으로 일한 끝에 회사에서 승진했다. 그날 아침 사무실에 들어서자 동료들이 박수와 축하 인사로 그녀를 맞이했다. 세라는 자신의 노력과 인내가 마침내 결실을 보았다는 생각에 가슴이 벅차올랐다. 팀원들과 함께 자신의 성공을 축하하고 건배를 나누며 그 중요한 순간을 기념했다. 승진은 세라에게 개인적인 성취감을 안겨주었을 뿐만 아니라 팀 내의 사기와 동료애를 높여 직장에 긍정적이고 희망적인 분위기를 조성했다.

기본 감정: _____
감정 사분면: _____
감정의 변화: _____

시나리오 2. 한 소규모 스타트업의 CEO는 재정적인 어려움으로 인해 인력 감축이라는 어려운 결정을 내려야 했다. 많은 직원이 회사 창립 때부터 함께하며 회사의 성공을 위해 열과 성을 다했다. 회사엔 침통한 분위기가 감돌았고, 해고 통보를 받은 직원들은 동료들과 껴안고 작별 인사를 나누고 책상을 정리했다. 불가피한 결정이었지만 CEO는 가족과도 같은 헌신적인 직원들이 받을 충격에 마음이 아프지 않을 수 없었다.

기본 감정: _____

감정 사분면: _____

감정의 변화: _____

시나리오 3. 대규모 데이터 유출 사고가 발생한 이후 한 대형 금융 기관의 사이버 보안 팀은 막중한 과제에 직면했다. 데이터 유출 소식이 퍼지면서 회사 전체가 공황 상태에 빠졌고, 추가 공격이 있을 가능성도 컸다. 사이버 보안 팀은 데이터 유출 규모를 평가하고, 취약점을 보완하고, 민감한 데이터를 보호하기 위한 새로운 보안 조치를 시행하기 위해 지칠 줄 모르고 일했다. 회사의 자산을 보호하고 고객과 이해관계자들의 신뢰를 회복하기 위해 시간과의 싸움을 벌이는 동안 그들이 느끼는 압박감은 날로 커져만 갔다.

기본 감정: _____

감정 사분면: _____

감정의 변화: _____

시나리오 4. 한 제조업체는 자사의 공급업체 중 한 곳이 아동 노동과 안전하지 못한 근무 환경 등 비윤리적인 노동 관행을 자행하고 있음을 알게 됐다. 제조업체의 CEO는 해당 공급업체와의 계약을 해지하고 그들의 행위를 공개적으로 규탄하는 한편, 자사의 공급망 전체에 대해 엄격한 윤리 기준을 준수하겠다고 서약했다.

기본 감정: _____

감정 사분면: _____

감정의 변화: _____

자신의 감정을 파악하는 법은 시간을 들여 연습하고 지속적으로 배워야 한다. 스스로에게 인내심을 발휘하여 감정을 이해하는 여정을 받아들여라. 감정에는 신체 감각이 동반되며, 감정에 따라 긴장, 울렁거림, 빠르게 뛰는 심장 박동 등의 신체 감각이 나타난다는 사실을 알게 될 것이다. 감정에 대한 인식이 높아질수록 삶의 어려움을 헤쳐 나가고, 다른 사람들과 효과적으로 소통하고, 자신의 진정한 감정과 가치에 부합하는 결정을 내리기가 더 쉬워질 것이다.

직감을 내 것으로 만들기 위한 세 가지 개념

== 10 ==

**인지적 직감은
스키마, 심성모형, 원형을 이해할 때 연마된다.**

아래 설명을 읽어보라. 원하는 만큼 천천히 또는 주의 깊게 읽어보라.

신문이 잡지보다 낫다. 해변이 거리보다 낫다. 처음에는 걷는 것보다 달리는 것이 낫다. 여러 번 시도해야 할 수도 있다. 약간의 기술이 필요하지만 배우기 쉽다. 어린아이들도 즐길 수 있다. 일단 성공하면 복잡할 게 거의 없다. 새들이 너무 가까이 다가오는 경우는 드물다. 하지만 비는 매우 빨리 스며든다. 너무 많은 사람이 같이하면 문제가 될 수 있다. 널찍한 공간이 필요하다. 복잡한 문제가 없다면 매우 평화로울 수 있다. 바위는 닻 역할을 할 것이다. 하지만 바위에서 줄이 풀리게 되면 기회는 또 없을 것이다.

이제 종이를 한 장 가져와 집, 시계, 소년과 소녀, 유령을 그린다. 그런 다음, 방금 읽은 위의 설명을 다시 떠올려 본다. 기억나는 내용을 최대한 적어 본다.

설명의 세부 사항을 기억하기가 얼마나 쉬웠는지 1에서 10까지 점수를 매겨보라.

이제 한 가지 정보를 더 알려주겠다. 위의 설명문은 연날리기에 관한 것이었다. 이제 다시 위의 글을 읽고 기억나는 대로 적어 본다.

그리고 이 글의 내용이 얼마나 쉽게 기억났는지 다시 1에서 10까지 점수를 매겨보라.

이에 관해서는 잠시 후에 다시 다룰 것이다. 일단, 좀 전에 당신이 그린 그림으로 되돌아가 살펴보자. 시계부터 살펴보자. 모양은 어떤가? 당신은 혹시 아날로그시계를 그렸는가?

이 실험에 참여하는 참가자 중 85퍼센트 이상이 아날로그시계를 그린다. 하지만 우리가 보는 시계는 대부분 디지털시계이며, 믿기 힘들겠지만 사람들 6명 중 1명은 아날로그시계를 볼 줄도 모른다. 그렇다면 왜 그렇게 많은 사람이 아날로그시계를 그리는 걸까?

당신이 그린 집을 살펴보자. 다음과 같이 집을 그렸는가?

당신이 그린 아날로그시계에 바늘을 그려 넣어라.

혹시 3시를 가리키게 했는가?

지금 무슨 일이 일어나고 있는 걸까? 마법은 아니다. 연, 시계, 집… 이것들은 모두 우리의 스키마, 심성모형, 원형에 저장되어 있는 것들이고 우리는 이들을 언제든 불러올 수 있다. 우리의 스키마, 심성모형, 원형은 우리의 직관과 직감도 형성한다.

조직화는 목적이 아닌 과정이다

심리학과 인지과학에서, 개인이 세상을 인식하고 이해하는 방식을 설명하기 위해 사용하는 개념이 바로 스키마, 심성모형, 원형이다. 이것들은 서로 관련은 있지만 다른 개념들이다.

스키마schema는 일반화된 개념 구조로, 기존의 지식과 경험을 바탕으로 새로운 정보를 빠르게 이해할 수 있게 돕는다. 우리는 지금까지 접했던 모든 시계를 세세히 기억할 수 없으므로 시계의 단순화된 표상(스키마)을 머릿속에 저장한다. 우리가 약속이라도 한 듯이 시계를 아날로그 모양으로 그린 것도, 삼각 지붕 집을 그린 것도 스키마의 영향 때문이다. 스키마는, 일반화를 통해 인지 처리 과정을 단순화시켜준다.

더 복잡한 개념에 대해서도 마찬가지다. 예를 들어 **식당**이라는 단어를 들었다고 가정해보자. 당신은 즉시 머릿속으로 식당의 일반적인 개념을 명확하게 그릴 수 있다. 식사 공간, 주방, 종업원, 메뉴, 다양한 선택 사항 같은 구체적인 특징을 떠올릴 수 있다. 이것이 당신의 식당 스키마다. 도착하면 자리 안내받기, 메뉴를 보고 주문하기, 마지막에 식사비 결제하기 같은 일반적인 식사 경험에 대한 예상도 그 스키마에 포함될 수 있다.

만약 내가 **집**이라는 단어를 말하면 당신의 생각은 기억 속 어딘가에서 불러낼 수 있는 집의 개념으로 쉽게 전환될 것이다. 집 사진을 보여주거나 어떤 집 안으로 데려간다고 하면, 그 전에 본 적도, 가본 적도 없을지라도 당신은 그것들을 여전히 집으로 인식할 것이다. 집이란 개념을 부호화한 스키마를 하나 이상 가지고 있어서 그것들을 집으로 인식하는 것이다. 당신은 이미 **식당**이나 **집**이라는 말이 무엇을 의미하는지 그것에 대한 대략적 관념을 가지고 있다.

심성모형mental model은 더 구체적이다. 설명문의 주제가 '연날리기'라는 것을 알고 난 후, 그 글을 더 쉽게 이해할 수 있는 이유도 바로 심성모형 때문이다.

당신이 좋아하는 식당을 떠올릴 때도 마찬가지다. 그 식당에 주방으로 이어지는 스윙 도어가 있다는 것과 메뉴에 항상 기본 케이크가 딸려 나오기 때문에 디저트 메뉴가 따로 없다는 것, 계산서는 항상 책 형태로 나오고 기념으로 가져가도 된다는 것 등이 자동적으로 떠오를 수 있다.

지금 거주하고 있는 집에 대해서도 그렇다. **당신의** 집은 서재를 돌아가면 욕실이 있다는 것, 샤워기 수도꼭지를 특정 방향으로 틀어야 물이 새지 않는다는 것, 옷장 문 중 하나는 뻑뻑한 편이고, 침실 창으로 해가 가장 잘 든다는 것 등의 정보도 마찬가지다.

구체적인 경험과 선호도에 바탕을 둔 이 모든 정보가 당신의 심성모형에 들어 있다. 또한 예를 들어, 연을 날려본 경험 즉, 경험으로 알게 된 연날리기의 어려움, 그것에 필요한 기술, 연날리기를 가장 즐겼던 나이 등, 이런 모든 요소들이 인지 처리에 도움이 되는 정보를 제공한다.

스키마와 심성모형은 개인이 세상을 이해하기 위해 사용하는 인지틀이다. 스키마는 일반적인 지식과 지각을 체계화하는 더 광범위한 인지 구조이며, 심성모형은 특정 시스템이나 현상이 작동하는 방식에 대한 구체적인 표상이다. 심성모형은 이해 및 예측의 더 구체적인 측면에 초점을 맞추는 스키마의 일부로 볼 수 있다.

원형prototype은 가장 두드러진다고 생각되는 특징이나 특성을 전형화하거나 이상화한 표상이다. 원형은 당신이 그러해야 한다고 여기는 심성모형이다. 즉, 당신이 가장 전형적이라고 생각하는 것들이다. 만약 식당을 연다면, 당신은 그곳을 디자인할 때 당신의 원형을 참고할 것이다.

단골 식당의 심성모형, 당신에게 익숙한 모든 식당의 심성모형은 이상적인 식당의 원형과 비교될 것이다. 당신이 가지고 있는 식당에 대한 원형의 요소들, 예를 들어 주방의 스윙 도어 등은 스윙 도어가 있는 특정 식당을 가장 좋아하는 식당으로 꼽도록 영향을 미쳤을 수 있다. 새로운 식당에 가보고자 할 때, 당신은 암묵적으로 당신의 식당 원형과 그 식당을 비교하고 있을 것이다.

스키마: 일반적인 식당
심성모형: 머릿속에 떠오르는 특정 식당과 운영 방식
원형: 이상적인 식당

이처럼 스키마, 심성모형, 원형은 사람마다 다를 수 있으며, 모두 문화적, 사회적, 개인적 요인의 영향을 받는다.[1]
우리 모두는 개인마다 기본 기질 및 특성이 달라 이에 맞춰야 하며

---

1 이 요인들은 편견이나 고정관념으로 이어질 수도 있다. 내 책 『엣지, 한 끗의 차이를 만드는 내 안의 힘』을 참조하라.

(개인화된 직감), 각기 다른 신체 부위에서 신호를 느끼고(체화된 직감), 서로 다른 감정을 느끼듯이(감정적 직감), 주변 세계를 인지하는 구조도 다르다는(인지적 직감) 것은 중요한 사실이다.

스카마	심성모형	원형
• 일반적인 프레임워크 또는 인지 구조 • 개념이나 범주에 관한 정보를 조직화하고 해석하도록 도와줌 • 주변 환경의 정보를 걸러내고 해석하도록 도와줌	• 무언가가 어떻게 작동하는지 또는 어떤 시스템 요소들이 서로 어떻게 연관되어 있는지에 대한 인지적 표상 • 특정 영역 또는 개념에 대한 개인적 경험과 지식, 이해를 기반으로 구성됨	• 범주나 개념의 전형적이거나 이상화된 예시로, 해당 범주의 가장 두드러진 특징이나 성격을 나타냄 • 선호하는 대로 범주화하도록 도와줌

예를 들어, 어떤 사람의 관리자 스카마는 '결정 권한을 가진 사람'일 수 있고, 또 다른 이의 관리자 스카마는 '지침을 제공하고 목표를 설정하되 직원들이 지식과 경험을 가진 영역에서는 재량권을 갖도록 하는 사람'일 수 있다. 마찬가지로, 각 개인의 관리자 심성모형은 특정 유형의 관리자에 대한 개인화된 인지 표상일 것이다. 그 심성모형은 아마도 지금까지 경험했던 관리자들의 조합으로 형성됐을 것

이고, 외모와 성격 특성, 기대하는 소통 방식(다가가기 쉬운지, 엄격한지, 지지해주는지 등), 여러 상황에 대처하는 방식 등을 포함하고 있을 것이다. 한편 **당신**의 관리자 원형은, 당신의 첫 번째 상사가 유능한 관리자였을 때 그가 보였던 이상적인 모습일 수도 있다. 그 원형에는 강력한 리더십과 뛰어난 소통 능력 등의 특성이 포함될 수도 있고, 공정성이나 직원들에게 동기를 부여하고 영감을 주는 능력 같은 특성이 포함될 수도 있다. 상사는 공정하지만 단호하고, 다가가기 쉬우면서도 피드백에 개방적이어야 한다는 생각들이 합쳐진 것일 수도 있고, 조직의 목표를 바탕으로 팀원들에게 명확한 비전을 제시해야 한다는 기대에 더 초점이 맞춰져 있을 수도 있다. 이것은 당신의 심성모형으로부터 형성된 구체적인 표상이다.

스키마는 관리자의 역할을 이해하는 데 필요한 일반적인 틀을 제공한다. 심성모형은 개인의 경험과 상호작용에 바탕을 둔 개인화된 관리자 표상이다. 그리고 원형은 유능한 관리자와 연관된 자질과 특성이 이상화된 표상이다.

우리는 이런 구성 개념들을 더 명확히 하여 관리자와 원활하게 상호작용을 하고, 그들의 행동과 성과에 대한 기대치를 정하고, 궁극적으로는 오스카가 그랬듯이 직감에 의존하여 결정을 내릴 수 있다.

내 학생이었던 오스카는 자신이 합류한 스타트업의 CEO인 아미르에 대해 무언가를 직감했다. 오스카는 아미르를 처음 만났을 때 **부자가 되거나 빈털터리가 될 사람**이라는 인상을 받았다. 아미르에게는 색다른 점이 있었고, 오스카는 그 느낌이 어디에서 비롯됐는지 더 깊이 생각하고 이해하고 싶어졌다. "아미르는 큰 인물이고, 개성도 강하고, 포부도 크다는 것을 알겠더군요. 엄청난 성공을 거두고 대담한 결정을 내릴 것 같았어요. 다만 그게 어떤 방향일지 **처음에는** 모르겠더라고요."

오스카와 함께 이 문제를 탐색하면서 우리가 파악한 것들은 다음과 같다.

오스카의 스키마: CEO들은 일반적으로 개성이 강하다.

오스카의 심성모형: 일론 머스크 같은 CEO들은 과거에 재정적인 어려움을 겪은 적이 있다. 2008년에 테슬라와 스페이스X 둘 다 파산 직전 상태가 되자 머스크는 개인 재산을 투자해 회사를 유지했다. 많은 CEO가 미미하게 시작해 막대한 부를 축적한다. 예를 들어, 제프 베조스는, 1994년 차고에서 시작한 온라인 서점 아마존을 전략적인 확장과 혁신을 통해 전 세계에서 가장 크고 가치 있는 기업으로 성장시켜 세계에서 가장 부유한 사람 중 한 명이 되었다. 전통적인 CEO는 아니었지만, 오프라 윈프리도 시작은 소박했지만 결국 미디어 제국을 건설했다. 지방 방송국 뉴스 앵커로 시작한 그녀는 자신의 이름을 건 TV 토크쇼 〈오프라 윈프리 쇼〉를 최고 시청률을 자랑하는 프로그램 중 하나로 만들었으며, 하포 프로덕션과 오프라 윈프리 네트워크 등의 벤처 기업을 설립하여 엄청난 부를 쌓았다.

계속 대화를 나누다 보니 오스카에게는 CEO에 대한 확고한 스키마와 심성모형은 있었지만, 원형은 없다는 게 분명해졌다.

그래서 나는 오스카에게 인지적 직감을 연마하라는 과제를 주었다. 대인관계에서 사용하는 삼세번 법칙을 소개하며, 그가 아미르와의 만남에서 왜 졸트 같아 보이는 직감을 느꼈는지 더 성찰해보라고 제안했다. 나 역시 삼세번 법칙에 따라, 즉 어떤 사람이든지 세 가지 다른 상황에서 세 차례 만나보고 (적어도 내 경험에 따라) '충분히' 감지하려고 노력한다.

가령, 새로운 연구 조교를 뽑기 위해 면접을 보기로 했다면, 먼저 상대방을 전문적인 면접 환경인 내 사무실로 부른다. 두 번째 만남에서는 점심을 함께 먹으면서 좀 더 편안한 분위기에서 상대방을 알아본다. 마지막으로는, 좀 더 사교적이고 집단적 환경인 네트워킹 행사 같은 곳에 참석하도록 주선한다. 물론 반드시 여러 날에 걸쳐 면접을 진행하거나 오랫동안 만날 필요는 없다. 때로는 이 모든 과정을 연달아 진행하거나 심지어 한 시간 만에 끝낼 수도 있다. 공식 면접 후 밖에서 함께 간단히 산책하고, 동료 몇 명을 초대해 커피를 마시면서 마무리하는 식으로 말이다. 이렇게 하면 피면접자를 더 잘 이해할 수 있을 뿐 아니라 그들이 미리 준비해온 공식적 환경에서의 면접으로는 놓칠 수 있는 다른 신호들을 포착할 수 있다. 또한 그들과 그들이 가져온 새로운 정보 및 관점과 비교해서, 내가 지닌 사전 지식과 나에 대한 것도 더 잘 이해할 수 있다.

오스카는 나중에, 삼세번 법칙에 따른 아미르와의 만남에 대해 내게 말해주었다. 그는 처음에 자신이 느낀 졸트와 그 후의 자기 성찰을 통해 자신에 대한 근본적인 깨달음을 얻었고, 자신의 CEO 원형도 알게 되었다고 했다. 오스카의 스키마와 심성모형은 그에게 이렇게 말했다: 아미르가 결국 부자가 될지 파산할지는 중요치 않다. 오스카를 강하게 매료시킨 것은 다름 아닌 아미르의 대담함이었으니까. 그리고 그의 원형은 또다시 이렇게 말했다: 바로 그 대담함이 본질적인 문제다.

왜냐하면 오스카의 CEO 원형에 포함된 요소는 대담함이 아닌 관대함이었기 때문이다. 강력한 가치를 지닌 사람이 오스카가 지닌 CEO 원형이었다. 파타고니아의 창업자이자 2008년부터 2020년까지 CEO를 역임했던 이본 취나드Yvon Chouinard의 이상화된 버전이 그 예에 속했다. 취나드는 지속 가능한 환경, 기업의 사회적 책임, 윤리적 기업 관행을 강조하면서 파타고니아를 성장시켰고, 2022년에는 자사의 수익을 기후 변화와 싸우는 데 사용할 수 있도록 회사 지분을 기부하기까지 했다. 오스카의 CEO 원형은, 2001년 광범위한 회계 부정과 부당 경영으로 파산한 엔론Enron의 CEO 케네스 레이Kenneth Lay나 의심스러운 재무 관행으로 회사를 부정하게 운영한 위워크WeWork의 공동 창업자 애덤 노이만Adam Neumann 같은 인물들과는 정반대였다.

오스카는 이런 깨달음을 얻었다고 말했다. "저는 큰 성공을 거둔

인물이 되고 싶었지만, 제 가치관을 버려가면서까지 그러고 싶지는 않았습니다. 그런데 제가 지름길을 택하고, 도덕적으로 모호한 행동에 발을 담그기 시작했더니 점차 그래도 괜찮다거나 이번 한 번뿐이라며 자신을 설득시키고 있더군요."

오스카는 얼마 지나지 않아 그 스타트업을 떠났다. 그는 아미르와 계속 연락하면서 친분을 유지했지만, 사업상 거래는 하지 않았다. 혹시 궁금할까봐 알려주자면, 아미르는 10년 넘게 화려한 경력을 쌓았으나 현재 사기와 횡령 혐의로 세 국가에서 수배령을 받은 상태다. 그는 부자이자 빈털터리였다.

직관 마스터하기

자신의 스키마, 심성모형, 원형을 이해하고 파악한다.
자신이 어떻게 인지 구조를 만드는지 이해한다.

삼세번 법칙을 적용하여 인식과 인지적 직감을 키운다.
각각 다른 맥락이나 조건에서 동일한 사람과의 세 가지 경험을 지적으로 처리함으로써 자신의 스키마, 심성모형, 원형에 대한 더 포괄적인 통찰을 얻을 수 있고, 나아가 인지적 직감을 인식함으로써 포괄적인 이해나 해결에 대한 가능성을 높일 수 있다는 게, 이 법칙에 대한 기본 아이디어다.

다른 사람들과 관계함으로써 우리는 다양한 배경, 지식, 전문성, 관점에 다가가게 된다. 사람들마다 자신의 경험과 관점에 기반한 독특한 통찰, 의견, 제안을 당신에게 제공할 것이다. 여러 시점에 걸쳐 탐색하거나 토론하다 보면 시간이 지남에 따라 관점, 환경, 의견이 어떻게 변화하는지 파악할 수 있다. 어느 시점의 특정 주제에 관한 생각이나 감정은 다른 순간의 관점과는 다를 수 있다. 마지막으로, 무언가를 각각 다른 상황이나 맥락에서 탐색하다 보면, 상황에 따라 그것이 어떻게 달라지는지 평가하는 데 도움이 된다. 위치, 설정, 환경, 외부 영향, 기타 상황 변수 등의 요인들은 인식, 태도, 결과에 영향을 미칠 수 있으며, 이는 단독으로 또는 단일 맥락에서 검토할 때는 드러나지 않을 수 있는 미묘한 차이, 패턴, 고려 사항들을 발견하게 도와준다.

한때 프랑스 정보 요원이었던 티에리 마르샹Thierry Marchand이 말했듯이, 다음과 같은 패턴을 알아차리면 사기꾼을 아주 쉽게 알아볼 수 있다.[1] 그들은 자신이 가장하는 인물의 캐리커처처럼 보인다. 모든 특성이 너무 완벽하고 지나치게 드러나 있다. 사실 진짜 전문가들은 예상치 못한 특성을 보이며 불완전하다. 그들은 자신이 주장하고 있는 인물이 자신이 맞다는 신호를 보내려고 애쓰지 않기 때문에 오히려 예상에서 벗어난 신호를 많이 보낸다.

---

[1] 이는 '야심에 찬 중급자(ambitious intermediates)'에 대해서도 마찬가지다. 그들은 전문가의 캐리커처를 흉내 내기 위해 자신이 할 수 있는 모든 것을 하면서, 그렇게 하면 자신이 전문가로 보일 거라고 믿는다.

사기꾼과 진짜를 구분하기 위해서는 독창적인 것은 없다는 사실을 인정해야 한다. 안타깝게도 오늘날 우리 사회는 자신의 직감을 따른 독창적 선택보다는 독창성 그 자체에 집착하고 있지만 말이다. 우리 모두의 스키마, 심성모형, 원형은 겹친다. 그러므로 진정한 독창성을 만드는 것은 자신의 스키마, 심성모형, 원형이 가지고 있는 무수히 많은 주제들이다. 또한 스키마와 심성모형, 특정 원형으로 이끄는 경험들의 무한한 조합과 자신의 스키마, 심성모형, 원형의 전개 방식에 근거해 선택할 수 있는 무한한 방향성 및 선택 그 자체이다.

몇 가지 맥락을 선택하라. 영화 같은 것으로 간단하게 시작해볼 수도

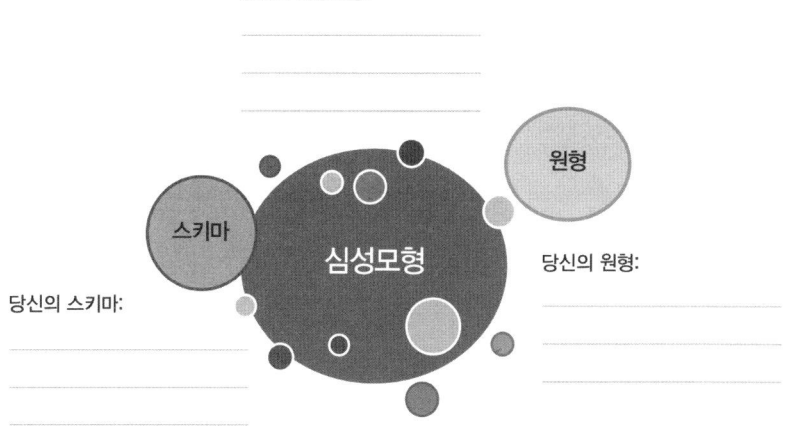

있다. 당신이 그 영화에 대해 가지고 있을 수 있는 스키마, 심성모형, 원형을 적어본다. 그런 다음 '빛과 그림자'처럼 더 어렵고 추상적인 맥락에 대해서도 시도해본다. 그리고 난이도를 더 높여 장기적인 '꿈과 목표'처럼 개인적이면서 취약한 맥락에 대해서도 시도해본다.

이 작업에 어려움이 있다면, 다시 삼세번 법칙으로 돌아간다. 예를 들어, 당신의 목표와 열정에 대한 느낌을 다른 사람들과 있을 때, 다른 시간, 다른 상황에서 시험해본다. 다른 사람들의 의견에 흔들릴 가능성이 큰 부분은 어디인지 기록한다. 또한 다른 사람들의 의견에 더 회의적일 만한 부분 역시 기록한다. 최근에, 이 주제에 대한 당신의 생각에 영향을 미칠 만한 사건이나 뉴스가 있었는지 주목한다. 이를 통해, 최상의 경우와 최악의 경우뿐 아니라 존재할 수 있는 특정 패턴을 파악할 수 있다. 이것은, 당신이 은연중에 기본으로 설정해 놓았을지도 모를 패턴을 추려내고 그것을 의식적으로 인식할 수 있게 해준다는 점에서도 중요하다. 이에 대해서는 다음 장에서 더 자세히 다룰 것이다.

직감의
상호작용 연습

Interactions

'유레카', '스파이디 센스', '졸트'의 순간은 어떤 느낌일까

== 11 ==

이것은 당신이 그것을 어떻게 느끼는지,
어디에서 느끼는지,
어떻게 설명하고 어떻게 조직화하는지에 관한 것이다.

이제 우리는 직감의 개인적, 신체 감각적, 감정적, 인지적 특성에 대한 이해를 바탕으로, 우리 **자신의** 유레카, 스파이디 센스, 졸트를 더 깊이 느끼고 인식하게 될 것이다.

우리는 보통 스파이디 센스를 가장 쉽게 인식하는 편이므로, 스파이디 센스부터 이야기해보자. 불일치의 느낌은 다른 느낌보다 더 뚜렷한 듯하다. 하지만 스파이디 센스라도 사람마다 약간씩 다르게 나타난다는 것을 기억하라.

앞서 언급했듯이, 나는 목과 왼쪽 어깨 사이가 항상 결리는데, 정말 피곤하거나 과식했을 때가 아니면 잘 느끼지 못한다. 가끔 방심한 상태에서 어떻게 답해야 할지 모르거나 정말로 대답하고 싶지 않은 질문을 받을 때면, 약간의 어지러움과 긴장감을 느낀다. 내 책 『엣지』를 읽었다면, 내가 긴장하면 일론 머스크와 얼굴을 맞대고 서 있어도 피식거림을 멈출 수 없을 거라는 걸 잘 알 것이다.

화가 날 때도 화로 표현하지 않는다. 대신 초조함이나 불안감을 느낀다. 누군가와 언쟁을 벌여야 할 것 같은 기분을 느끼면서도, 한편으로는 그것이 아무 소용없을 것 같아 좌절감을 느낀다. (고객센터에 전화해야 할 일이 생기면, 그게 도움이 되지 않을 거라고 예상하면서도 그것 말고는 선택의 여지가 없으므로 전화하기 전부터 화가 난다.)

평소 나는 지나칠 정도로 체계적이고 꼼꼼하다. 엔지니어로서는 형편없었겠지만 사고 체계는 엔지니어처럼 체계적이다. 또한 나는 일부 동물이 무섭거나 위험해 보인다는 사실 말고는 동물들에 대해 아는 게 거의 없다. 내가 아직 포유류의 정의도 모른다고 가족들이 계속 농담할 정도다. 그래도 오리너구리가 포유류라는 건 알고 있다. 당황스러울 때면 나는 보통의 기본적인 구조보다는 오리너구리처럼 예외적인 사례를 더 많이 떠올린다.

나는 사회적 상호작용과 문화적 규범의 역학에 매우 민감하며, 긴장했을 때를 제외하고는 공감과 이해로 거의 모든 사회적 상황을 헤쳐 나갈 수 있다. 일반적인 금융 및 경제 시스템에도 능숙하다. 하지만 정치, 정부, 법은 아무리 해도 따라갈 수가 없다(혹은 따라가지 않기로 선택했는지도 모른다).

나는 스스로를 약자로 여기며, 성공보다는 실패를 더 많이 한다. 실패하는 것을 싫어하지만, 실패하는 순간에는 왠지 초현실적인 평온함을 느낀다.

이 모든 것들이 나의 개인적, 신체적, 감정적, 인지적인 직감과 융합되어, 나의 전 동료이자[1] 다작을 하는 매우 유명한 특훈 교수[2] 리처드[3]에 대한 스파이디 센스를 만들어냈고, 다행히도 나는 이를 무시하지 않았다.

조각들이 맞지 않을 때

리처드와 나는 박사학위 논문 심사위원을 함께 맡게 되었다. 논문 심사위원이란, 간단히 말하자면, 박사과정을 밟고 있는 학생의 연구와 논문 작성에 대한 지도와 평가를 맡은 교수들을 말한다. 논문의 수준, 엄격성, 학문적 정직성을 보장하는 중요한 역할을 맡고 있다. 심사위원들은 논문 제안서 작성부터 연구 수행, 최종 심사에 이르기까지 논문 작성 전반에 걸친 과정에 피드백, 조언, 평가를 제공한다.

1　스파이디 센스 덕에 그는 결국 나의 '전' 동료가 됐다.
2　특훈 교수가 그의 공식 직함이다.
3　실명이 아니다.

최종 심사에서 박사학위 후보자는 심사위원들 앞에서 자신의 연구 결과를 발표하고 심사위원들의 질문에 방어한다. 칼라라는 학생의 논문 심사위원은 4명이었고 위원장은 리처드였다. 보통 해당 학생을 밀접하게 지도하는 교수가 위원장으로 선정되지만, 그 과정에서 지위와 경력도 고려 요소가 된다.

칼라의 최종 심사 예정일로부터 약 일주일 전인 3월의 어느 날, 리처드가 내 연구실로 와서 칼라의 연구에 관해 이야기하기 시작했다. 이례적인 일은 아니었다. 그보다는, 그 이야기의 내용이 최종 심사를 앞둔 시점에 할 만한 게 아니었다는 게 이례적이었다. 리처드는 칼라의 논문 중 한 장에 대한 우려를 내비치기 시작했다. 칼라가 제시한 여러 주장의 근거와 직접 수집한 데이터가 실린 장이었다. 그는 해당 데이터가 유효하지 않으므로 논문에서 빼야 한다고 말했다. 리처드는 이미 다른 심사위원들과 상의했는데 그들 모두 자신의 의견에 동의했고, 마지막으로 나를 찾아왔다고 하면서, 칼라의 최종 심사에서 이 문제를 제기하겠다고 말했다. 그러고는 다른 심사위원들도 자신의 의견을 지지할 테니 나도 지지하라고 요구했다.

하지만 그것이 몰고 올 파장은 심각했다. 최종 심사에서 수정을 요구하는 경우는 흔했지만, 대개는 몇 주에서 길어야 한 달쯤이면 수정이 가능한 사항들이었다. 하지만 한 장 전체, 그것도 독자적으로 직접 수집한 데이터를 사용해 연구했던 부분의 전체 수정이라니? 만약 해당 데이터가 유효하지 않거나 심지어 적합하지 않다고 판단되면 칼라는 그 데이터를 논문에 포함할 수 없게 될 것이며, 결국 데이터를 다시 수집하고, 재분석하고, 새롭게 발견한 모든 것들을 다시 논의해서 처리해야 했다. 이는 몇 개월, 심지어 몇 년이 걸릴 수도 있는 일이었다.

칼라는 6월 졸업 예정자였고, 이미 연구를 중심으로 하는 훌륭한 어느 대학에 조교수로 가기로 되어 있었다. 리처드의 요구에 따른다면 칼라는 졸업을 다음 학기나 다음 해로 미뤄야 할 뿐 아니라 결과적으로 조교수 자리도 취소될 가능성이 컸다.

나는 리처드의 말을 이해해보려고 애썼다. 그런데 **뭔가 앞뒤가 맞지 않았다.** 두 가지 생각이 바로 떠올랐다. 첫 번째는 내가 부교수로 부임한 직후, 이미 정교수이며 나보다 직급이 높은 리처드가 내게 이런 이메일을 보내왔다는 기억이었다.

> 곧 새로운 프로젝트를 시작하려고 합니다. 현재 연구 동향을 다시 살펴보고 있는데 이 기업가 정신의 사회학적 탐구 프로젝트를 발전시키는 데 참고할 만한 주요 연구자들의 이름을 알려줄 수 있을까요? 선배, 중견, 신진(막 학위를 취득한) 연구자들의 이름을 알려주고, 그들의 문헌까지 검토해준다면, 제가 심도 있게 살펴볼 수 있을 것 같습니다. 다양성을 원하니 선배 연구자들의 연구만 포함하지 않았으면 합니다… [원문] 저도 이미 목록을 작성 중이지만 제가 놓치고 있는 것이 없는지 확인할 수 있게 교수님의 목

록을 보고 싶네요… [원문] 몇 쪽 분량의 문헌 검토면 충분합니다. 최고 학술지에 게재될 만한[원문] 수준으로요.

나는 그의 메일을 보면서, 그가 **자신의** 연구의 핵심 부분을 **본인 대신 나보고** 하라고 요구하고 있음을 깨달았다. 내 스키마와 심성모형에 의하면, 문헌 검토란 특정 주제나 연구 질문과 관련된 학술 자료(책, 학술 논문, 학위 논문 등)를 조사하는 행위였다. 즉, 연구 논문에 들어갈 문헌을 검토하는 일은, 기존 지식과 자신의 연구를 연결 짓는 과정이며 자신이 내세운 핵심 가설을 논증하고 핵심 연구 결과를 해석하는 데 굉장히 중요한 부분이었다.

그런데 리처드는 자신이 직접, 아니면 적어도 자신의 연구 조교가 해야 할 일을 나에게 요청하고 있었다. 동료에게 이런 요청을 한다는 게 매우 이상했다. 더구나 기성 연구자라면 훨씬 더 철저하고 일관되게 문헌 검토를 할 수 있을 텐데 말이다. 그가 위계와 권력 역학을 암시하는 것도 이상하게 느껴졌고, 나와 내 프로젝트, 내 문헌 검토를 존중하지 않는 점도 불쾌했다. 내게 자기 일을 하게 만들고… 공을 가로채려는 것만 같았다.

그리고 두 번째 깨달음이 찾아왔다. 그 당시 리처드는 두 번째 책을 집필하고 있었고[1], 대기업에서 기조연설을 하면서 자신의 책에 대한 홍보를 집어넣었다. 칼라가 지나가듯이 했던 말도 떠올랐다. 리처

---

[1] 아니면 그는 '아이디어'만 제공하고 초고를 대필시킨 게 아닐까 의심스럽다.

드가 해당 분야의 실무자들, 예컨대 그가 강연에서 만나는 대기업 직원들로부터 피드백을 받을 수 있도록 칼라의 연구 결과의 일부를 슬라이드로 정리하고 있다고.

뭔가 들어맞지 않았다. 나는 긴장과 분노를 느꼈고, 그 감정은 불안과 초조함으로 다가왔다. 왼쪽 어깨와 목 사이의 **그 지점**이 뻐근해지는 느낌이 들었고, 내가 인지하고 이해한 진실에 대한 두려움이 곧 뒤따랐다.

어떻게 알았는지 모르겠지만, 나는 리처드의 새 책에 칼라의 아이디어와 데이터, 이론이 포함되어 있다는 확신이 들었다. 어쩌면 그녀의 연구를 토대로 삼아 자신의 책 내용 전체를 집필하고 있는 것인지도 몰랐다.[2] 만약 그 상황에서 칼라의 논문이 먼저 나와 버리면 리처드는 그 자료를 자신의 책에 사용할 수도 없고, 자신의 것이라고 주장할 수도 없을 터였다. 내 머릿속에서 요인과 인과관계 패턴이 상호 연관된 변수들의 법칙처럼 그려지고 있었다.

그래서 그는 내 연구실로 찾아와 논문의 그 부분을 칼라가 제출할 수 없도록 하기 위해 온갖 이유를 지어내고, 나중에는 그 부분을 자신의 것인 양 주장하려 했던 것이다. 그는 논문 심사위원장이자 유일한 석좌 교수였으며, 다른 심사위원들뿐 아니라 내 경력까지도 망가뜨릴 수 있었다. 그는 자신의 위치에서는 그런 행동이 당연하다고 여겼다.

---

2 슬프게도, 그것이 사실임을 나중에 알게 되었다.

리처드가 나를 내려다보며 대답을 기다리고 있던 순간, 나는 고분고분한 하급자인 척하며 그의 요구에 동의하는 듯한 인상을 내비쳤다. 만약 내가 우려를 표하거나 반박한다면 그가 다른 방법을 찾을 거라고 생각했기 때문이다. 나를 논문 심사위원에서 빼버리고 다른 교수로 대체하는 등, 내가 상상조차 할 수 없는 온갖 술수를 쓸 것만 같았다.

그가 내 연구실에서 나간 뒤, 나는 곧바로 심사위원 중 한 명인 보이스 조교수를 찾아갔다. 이야기를 나누는 동안 그도 리처드의 요청을 대단히 불편하게 여기고 있음을 알아차렸다. 한편으로는 그가 이 일에 자신의 경력을 걸 각오는 하지 않았다는 것도 알게 되었다. 내게 이렇게 말했기 때문이다.

> 로라, 리처드가 얼마나 힘 있는 사람인지 알잖아요. 그는 포춘 500대 기업 여러 곳의 이사예요. 기조연설 30분에 강연료로 수만 달러를 받죠. 베스트셀러 작가이기도 해요. 아는 사람도 엄청 많죠. 그리고 우리의 종신 교수직 심사에 투표권이 있는 사람이에요. 한 사람만 부정적인 발언을 해도 우린 탈락이에요. 반대표 하나면 끝이라고요. 그가 어떤 식으로 우려를 제기하거나 우리의 종신 임용 적합성을 의심하는 분위기만 풍겨도 우리 경력에 어떤 영향을 미칠지 알잖아요. 그는 우리 분야의 부학장들, 석좌교수들 모두와 친구라고요.

우리보다 훨씬 후배인 다른 심사위원들과는 이야기를 나눠볼 필요도 없을 듯했다. 그들도 같은 생각일 테니까. 그들 역시 자기 경력을 걸 여유가 없었다. 나도 마찬가지였다. 하지만 칼라의 경력을 위태롭게 해놓고 거울 속의 나 자신을 마주할 수도 없었다.

최종 심사 당일, 나는 리처드에 대해 폭로하지 않았다. 아무도 내 말을 믿지 않을 것이고, 아무도 나를 지지하지 않으리란 걸 알았기 때문이다.[1] 하지만 칼라를 구하기 위해 노력했다. 전체 참석자 앞에서 나는 리처드보다 먼저 나서서 칼라의 데이터가 얼마나 타당하고 적합한지에 대해 거론했다. "특히 칼라의 논문 세 장이 얼마나 잘 작성된 것인지에 대해 주목했으면 합니다. 저는 1년 이상을 칼라와 수없이 이 데이터에 대해 논의해왔습니다. 그녀는 모든 데이터를 직접 수집하고 코딩했으며, 우리 모두 그녀가 이 작업을 얼마나 잘 해냈는지에 대해 동의할 수 있을 것입니다."

내가 특정 데이터 세트를 이야기하며 그 타당성에 대한 확실한 증거를 제시하자, 리처드의 얼굴이 굳어져 가는 게 곁눈으로 보였다. 그는 꼼짝할 수 없었다. 학자들과 교수들이 참석한 논문 최종 심사 도중에, 내 말에 발끈하며 나설 수는 없을 테니까.

다른 심사위원들은 쥐 죽은 듯 조용히 있었다. 보이스는 몹시 불편해 보였고, 심지어 아픈 것처럼 보였다. 본심이 착한 그는 나와 내 경

---

[1] 나는 이것을 어떻게 알았을까? 자세한 얘기는 나중에 알려주겠지만, 나는 그때 이미 학계의 이면을 두 번이나 경험한 후였다.

력을 걱정하고 있는 게 틀림없었다.¹

그리고 칼라는 최종 심사를 통과했다.

스파이디 센스의 해부

자신이 알고 있는 사실과 어긋나는 것이 있을 때 스파이디 센스를 느낀다는 것을 기억하라. 사전 지식과 일치하지 않는 자극(새로운 정보나 새로운 경험)이 있을 때 우리는 부조화와 불일치를 느끼게 된다. "그냥 뭔가 이상하게 느껴진다."

나의 스파이디 센스는 옆 페이지에 표로 정리해두었다.

이렇게 나의 직감 요소들을 적어보았지만, 내 경우에는 스파이디 센스가 작동하는 순간 인지 요소가 우선적으로 작동한다. 신체 감각부터 오는 사람도 많다. 가슴이 답답하거나, 배가 아프거나, 가슴이 철렁 내려앉는 느낌이 들 수도 있다. 내 경우엔, 감정적인 직감은 부차적이다. 나는 화가 나면 불안해진다. 다른 사람들도 이와 비슷하게,

---

1 나는 얼마 후 그 대학을 떠났다. 그 일에 대해서는 마지막 장에서 더 자세히 이야기하겠다. 수백만 명이 어떻게 해서든 몸담고 싶어 하는 대학을 떠나는 나를 두고 모두들 미쳤다고 말했다. 하지만 나는 뼈아픈 교훈을 얻었다. 여전히 그 대학에 재직 중인 내 친구가 그 교훈을 완벽하게 요약해 주었다. "이 학교에는 자신의 경력을 지키기 위해 다른 사람들을 희생시키는 사람들과 다른 사람들을 게임처럼 희생시키는 사람들, 이렇게 두 종류의 사람들이 있어." 이러한 그의 스키마와 심성모형에는 분명 어느 정도 농담 같은 요소도 섞여 있으리라. 열심히 살펴보면 좋은 사람은 어디에나 있기 마련이니까. 하지만 그가 말하고자 한 요지가 무엇인지는 분명히 이해할 수 있다.

개인적 요소: 체계적, 단호함, 공감	신체적 요소: 왼쪽 어깨와 목 사이의 날카로운 통증
감정적 요소: 불안의 형태를 띤 분노 (부정적 정서가 중상 이상의 수준으로 각성)	인지적 요소: 성공보다 실패의 스키마, 약자 심성모형, 뮬란과 앤디 듀프레인 원형

이유를 설명할 수는 없지만 뭔가가 들어맞지 않는 것처럼 이상한 불안감이나 초조함을 느낄 수 있다.

내 개인적, 신체적 직감이 아무런 역할을 하지 않는다는 뜻은 아니다. 그것들도 작용하지만 나만의 특별한 신호가 있고, 내 직감은 인지적, 감정적 차원에서 가장 강하게 나타난다는 것을 알고 있을 뿐이다.

스파이디 센스, 유레카, 졸트의 징후는 사람마다 다르다. 그러므로 자신의 감각에 대한 이해를 높여야 한다는 것을 꼭 기억하라.

직관 마스터하기

직감의 개인적, 신체적, 감정적, 인지적인 요소들이 어떻게 결합되어
스파이디 센스의 순간을 만들어내는지 이해한다.

거의 모든 사람들이 자신의 스파이디 센스를 '위험한 느낌 또는 불안한 느낌'으로 묘사한다. 아래 중 어떤 시나리오가 가장 거북하게 느껴지거나 불편함이나 걱정, 불안감을 안겨주는가?

A. 새로운 사람 만나기, 아는 사람이 아무도 없는 행사에 참석하기, 대규모 군중 속에 있기 등과 같은 사회적 상황
B. 다른 사람들 또는 집단 내의 의견 충돌, 논쟁, 해결되지 않은 문제 등 갈등이나 긴장을 겪는 경우
C. 새로운 일을 시작하거나, 새로운 곳으로 이사하거나, 관계를 끝내는 등 중요한 삶의 변화나 전환기를 맞는 경우
D. 실제적인 위험 또는 위협적인 상황에 있다고 느끼게 하는 공포
E. 불의를 목격하거나, 직장에서 윤리적 갈등을 겪거나, 개인적 가치에 대해 갈등을 느끼는 등 도덕적이거나 윤리적인 딜레마에 직면하는 경우
F. 질병의 증상을 경험하거나, 의료 시술을 받거나, 자신이나 사랑하는 사람의 건강이 불확실한 상황
G. 혼잡하거나 조명이 어두운 공간처럼 안전하지 않거나, 불편하거나,

압도되는 느낌을 주는 환경에 있는 경우

H. 자신의 외모나 능력, 사회적 지위를 의식하게 되거나, 다른 사람들이 자신을 어떻게 생각할지 걱정되는 경우

가장 불편한 상황을 골라 자신이 그 장소, 시간, 맥락에 있다고 몇 분간 상상해본다. 그런 다음 자신에게 아래와 같은 질문들을 던지고, 스파이디 센스를 느낄 때 어떤 요소가 작용하는지 심상지도 mental map 를 그려본다.

개인적 요소: 어떤 특성이 공격받거나 위험에 처한 것처럼 느껴지는가?	신체적 요소: 신체적 불편감이 느껴지는 부분은 어디인가?
감정적 요소: 어떤 감정이 불안한 감각과 불편한 감각에 영향을 미치고 있는가?	인지적 요소: 명확성이 부족하다고 느낄 때 어떤 주제가 떠오르는가? 이와 관련해 다른 사람들로부터 다른 관점을 구하려 한다면 어떤 주제가 나올까?

위 사분면 중 어느 면을 채우기가 가장 쉬웠는가? 어떤 요소가 가장 주된 역할을 하고 어떤 요소가 부차적인 역할을 하는 듯한가?

유레카의 해부

유레카 순간도 똑같이 분석할 수 있다. 이제 스파이디 센스와 비교하고 대조할 수 있으므로 파악하기가 더 쉬울 것이다. 기억하겠지만 유레카의 순간은 통찰을 얻는 순간이다. 그래서 흔히 **'아하!'** 하는 순간 또는 **전구가 켜지는** 순간으로 묘사된다. 유레카는 숙고나 문제 해결, 창의적 사고 끝에 찾아오는 순간적인 깨달음이다.

이전에 놓쳤던 해결책이나 연결고리, 이해를 얻었을 때 느낄 수 있는 감각이다.

> 당신은 무어인의 땅에서 가장 유명한 입구인 '녹색 유리문green glass door'을 만나게 된다. 그 문은 특정한 사람들과 그들의 소지품만 통과시키는 강력한 힘을 지니고 있다. 사육사zookeeper는 통과할 수 있지만 수의사veterinarian나 의사doctor는 안 된다. 발레리나Ballerina는 통과할 수 있지만 체조 선수gymnast와 음악가musician는 안 된다. 무스moose와 사슴deer은 출입이 허용되지만 영양antelope과 엘크elk는 출입 금지다. 후추pepper는 들여올 수 있지만 소금salt은 안 된다. 책book은 통과되지만 소설novel이나 백과사전encyclopedia, 사전dictionary은 제외된다. 잡지magazine도 안 된다.

이것은 내가 가장 좋아하는 수수께끼 중 하나로 누군가에게 알려줄 때마다 유레카의 순간을 실시간으로 목격하게 된다. 미리 알려주면 재미가 없으니 당신 스스로 이 수수께끼를 풀어보라. 통과할 수 있는 세 가지 물건과 통과할 수 없는 세 가지 물건의 이름을 댈 수 있는지 확인해보라. 소금salt과 후추pepper: 후추는 들여올 수 있지만 소금은 안 된다. 오리duck와 거위goose: 거위는 들어올 수 있지만 오리는 안 된다. 신발shoes과 부츠boots: 부츠는 통과가 되지만 신발은 안 된다.[1]

세계 최고의 심장 전기생리학cardiac electrophysiology 전문의 중 한 명인 애덤은 일련의 사건 끝에 유레카의 순간을 경험했던 때를 다음과 같이 묘사했다. 애덤은 원래 영국 출신이지만 아내와 두 자녀와 함께 미국 동부 해안에 터를 잡았다. 그의 아내는 종종 영국으로 돌아가자고 이야기했다. 어쨌든 영국은 고향이고 많은 친척들이 여전히 그곳에서 살고 있었기 때문이다. 어느 날 애덤은 한 직장 동료로부터 전화를 받았다. 그는 좋은 기회가 생겨서 영국으로 가게 되었으며, 그 회사에서 또 한 사람을 채용할 텐데 애덤에게 딱 맞는 자리 같다고 했다. 같은 날, 아담의 연로한 아버지는 전화해 이렇게 말했다. "직급이 낮아지더라도 우리와 가까이 살면서 직장을 찾아야 할 것 같다." 항상 "일자리가 있는 데로 가서" 가족을 먹여 살리기 위해 희생하라고 했

---

[1] 정답을 알고 싶거나 정답을 안다고 생각될 때 확인해볼 수 있는 힌트가 여기 있다. 힌트는 바로 녹색 유리 문(green glass door)이다. 녹색(green), 유리(glass), 문(door). 이 세 단어 모두 이중 철자를 포함하고 있다. 즉, 이중 철자를 포함하고 있는 단어는 녹색 유리문을 통과할 수 있지만, 이중 철자를 포함하지 않은 단어는 통과할 수 없다. 이제 왜 그곳이 무어인(Moors)의 땅인지 알겠는가? 무어인의 땅이어서 풀(grass)은 통과할 수 있지만 꽃(flower)은 통과할 수 없다. 행복한(happy) 사람은 통과할 수 있지만 슬픈(sad) 사람은 통과할 수 없다.

던 아버지가 그렇게 말하니 좀 의외였다. 내가 아담을 인터뷰할 당시 그는 가족과 함께 이사해야 할지 말지의 딜레마에 빠져 있었다. 그는 사실 **지금이 적절한 시점**일지도 모른다고 생각했다. 하지만 현재 소유하고 있는 집이 고민이었다. 지난 몇 년간 집의 규모를 줄이기 위해 몇 번이나 팔려고 내놓았었지만, 원하는 가격으로 사겠다는 사람이 없어 번번이 매물을 거두곤 했다. 그렇다면 직장은 어떨까? 아내와 아이들은? 그렇게 멀리 이사 가는 데 필요한 시간과 비용, 자원은?

그는 아버지가 연로해지면서 자신이 이전보다 시간을 소중히 여기게 됐음을 깨달았다. 그가 가장 좋아하는 책 중 하나인『연금술사』의 한 구절이 떠올랐다. "당신이 간절히 원하면 우주가 응답해준다." 책 속 문장과 정확히 일치하는지는 확신할 수 없었지만, 그는 신체 반응을 먼저 느꼈다. 애덤은 감각이 대단히 예민해지는 그 순간, 살짝 속이 울렁거리기도 하는 그 순간이 무엇을 의미하는지 알아차렸다. **유레카!**

애덤은 유레카 순간에 남들보다 더 뚜렷하게 신체적 감각을 느끼는 듯했다(반면에 스파이디 센스에 대한 그의 신체 감각은 다른 이들보다 약하다고 한다). 그는 그 감각을 이렇게 묘사했다. 일단 감각의 반응이 예민해진다. 눈이 커지고 청력이 예민해진다. 또한 파울로 코엘료의『연금술사』같은 책이 의식의 가장자리로 떠오른다. 이것을 봤을 때는, 인지 요소도 그의 직감에 크게 작용하는 듯했다.『연금술사』는 안달루시아의 양치기 청년 산티아고가 고향인 스페인에서 출발해

아프리카 사막을 가로지르는 여행 과정에서 벌어지는 이야기를 다룬 책이다. 산티아고는 신비한 왕, 수정 상인, 연금술의 비밀을 파헤치려는 영국인, 그의 여정의 더 깊은 의미를 이해하도록 도와주는 연금술사 등 그를 인도하고 그에게 지혜를 주는 인물들을 만난다. 각각의 만남은 그에게 꿈을 좇고, 마음에 귀 기울이고, 만물의 상호연결성을 인식하라는 중요한 인생 교훈을 가르쳐준다.

애덤은 아내와 의논 끝에 큰 기대는 하지 말고 집을 다시 내놓기로 했다. 이사 비용을 고려하여 받아야 할 금액을 정하고, 이번에는 집을 꾸미거나 오픈 하우스를 열지 않기로 했다. 집을 팔기 위해 특별한 노력을 기울이지 않고 평소처럼 생활했다. 결국 그들은 네 건의 제안을 받았는데, 놀랍게도 모두 그들이 요청한 가격보다 높았다.

그런 다음에는 이력서를 보내고 인사부장에게 자신의 자격 요건을 설명했다.

그가 취한 각 행동에서 받은 신호들은 상호 연결된 다음 행동으로 그를 이끌었다. 그리고 그 각각은 합리적인 선택이었다.

이사 비용이 많이 들 것이고, 새 직장으로 가면 급여가 줄어들 것이며, 자녀들의 교육 문제도 고려해야 했다. 하지만 모든 변수를 고려하고 아내와 진지하게 의논하면서, 사립학교 학비가 들어가지 않으므로 돈을 절약할 수 있고 그의 부모님도 옆에서 도와주리란 것을 깨달았다.

애덤은 유레카의 순간을 다음과 같이 표로 묘사했다.

개인적 요소: 호기심 고조, 성취감	신체적 요소: 약간의 두근거림, 예민해진 감각
감정적 요소: 남들에게 이야기하고, 알려주고 싶은 강한 욕구가 동반된 흥분 (높은 각성 수준, 긍정적 정서)	인지적 요소: 발견과 새로움에 관한 스키마, 사고를 자극하는 주제를 다룬 정말 독특한 책에 관한 심성모형, 「연금술사」 같은 특정 책들의 원형

대부분의 사람들에게 유레카 순간의 확실한 신호는 새롭지만 놀랍도록 익숙하다. 코카콜라 디스펜서, 콩코드와 아폴로 우주선의 인테리어, 펜실베이니아 철도의 유선형 기관차, 엑손, 쉘, BP, 나비스코, 퀘이커, 미국 우편국의 로고를 디자인한 프랑스계 미국인 산업 디자이너 레이먼드 로위 Raymond Loewy는 "놀라운 뭔가를 팔려면 친숙하게 만들어야 하고, 친숙한 뭔가를 팔려면 놀랍게 만들어야 한다"고 말한 바 있다.

그래야만 하는 과학적 근거가 있다. 갑작스럽고 기민한 통찰이 어떻게 생기는지 연구해온 귄터 크노블리히 Guenther Knoblich와 미카엘 올링어 Michael Ollinger는, 우뇌가 좌뇌로 해결책을 보내고 그것이 인식할 수 있는 형태가 되는 순간에 그러한 통찰이 생긴다고 말한다. 익숙한 것과 새로운 무언가가 연결되는 순간이다. 혁명적으로 새롭거나 근본적으로 새로운 것과는 그런 연결이 일어나지 않는다. 낯설지만 익숙한 요소가 있어서 전구가 켜지듯 연결될 수 있는 최적의 새로운 것이어야 한다.[1]

좀 더 생리학적으로 설명하자면, 줄리아 스프루뇰리Giulia Sprugnoli와 동료들은 이것이 우측 측두엽과 전전두엽 피질의 자극과 관련이 있는 것으로 보인다고 했다. 뇌파 검사와 뇌신경 영상 증거들과도 일치하는 그들의 연구는 유레카 순간의 신경생리학적 기반이 분명히 존재한다는 것을 시사한다.

현재 영국에 거주하고 있는 애덤은 이주 결정으로 인해, '북극성'을 보며 방향을 잡는다는 게 어떤 의미인지를 이해하게 되었다고 말했다. 그가 내린 **이** 결정은 북쪽을 **향해** 끊임없이 전진하면서, 한 걸음 한 걸음 문제를 해결해 나가는 과정과 같았다. 그리고 다른 결정들의 경우에는, 북쪽을 **찾고** 자신의 직감과 우주의 신호가 가리키는 듯한 특정한 방향을 파악해 나가는 것과 같았다.

---

1 하버드경영대학원 교수 카림 라카니(Karim Lakhani)는 최적의 새로움(optimal newness)이라는 용어를 대중화시켰다. 로위(Loewy)는 그의 이론에 MAYA 법칙(MAYA: Most Advanced Yet Acceptable)이라는 이름을 붙였다.

직관 마스터하기

개인적, 신체적, 감정적, 인지적 요소가 어떻게 결합하여
유레카의 순간을 만들어내는지 이해한다.

애덤이 경험했던 것처럼, 문제를 해결하거나 '아하' 하고 깨달은 순간 명료함과 확실성이 어떻게 느껴지는지에 주목한다. 놀랍도록 흥분되는 느낌이 어떤지, 또는 그 순간이 얼마나 생생하고 기억에 남는지 관찰한다. 다른 사람들에게도 알려줘야 할 것 같은 충동이 일어나는지 인식한다.

아래 시나리오를 살펴보자. 발견, 깨달음, 통찰에 대한 성취감을 주면서도 가장 흥분되고 안정감을 느끼게 하는 시나리오는 무엇인가? 가장 깊은 보람과 만족감을 선사하는 상황을 선택하라.

A. 오랫동안 씨름해온 어려운 수수께끼나 문제의 해결책을 찾은 순간

B. 어려운 상황이나 문제에 대한 창의적인 해결책을 찾은 순간

C. 프로젝트(논문, 그림, 음악 등)를 진행하는 과정에서 갑자기 창의적인 영감이 떠오른 순간

D. 시험공부를 하거나 새로운 기술을 배우던 중 갑자기 어려운 개념을 이해한 순간

E. 흥미로운 식물이나 동물들의 매력적인 행동처럼, 자연 속에서 예상

치 못한 멋진 것을 목격한 순간

F. 자기 발견의 순간을 경험하거나 인생, 신념, 친밀한 관계에 대한 새로운 관점을 얻는 순간

이 시나리오를 되짚어보면서 다음 질문에 답해보고, 유레카 순간의 심상지도를 작성한다.

개인적 요소: 어떤 특성들이 나의 명료함과 이해력을 담당하고 있는가?	신체적 요소: 어린아이처럼 열린 마음과 경이감을 느끼는 신체 부분은 어디인가?
감정적 요소: 열정이 솟구칠 때 나는 어떤 감정을 느끼는가?	인지적 요소: 내게 놀라움과 경외감을 불러일으키는 주제는 무엇인가?

졸트의 해부

어떤 사람들은 졸트를 '갑작스러운 깨달음이나 인식의 순간'으로 묘사한다. 그래서 유레카의 순간과 혼동하기 쉽다. 하지만 유레카는 이미 알고 있던 것을 확인시켜주는 반면, 졸트는 안다고 생각했던 것에 대한 관점을 바꿔놓는다는 사실을 기억하라. 졸트는 마음을 바꿔놓는다. 어떤 사람들은 졸트를 스타워즈 속 신비한 에너지장의 **힘을 느끼는** 것과 같은 경험으로 묘사한다.[1]

졸트의 경우, 스파이디 센스처럼 불일치와 충돌의 감각을 선사한다. 무언가가 들어맞지 않는다는 느낌을 준다. 하지만 졸트는 거기서 더 나아가 자신의 사전 지식 중 무언가가 틀렸음을(혹은 더 이상 자신의 상황과 삶에 맞지 않음을) 깨닫게 한다. 이를 가능하게 하는 것은 새로운 정보나 새로운 경험이다. 스파이디 센스는 새로운 정보가 잘못된 길로 이끄는 상황에서 이전에 알고 믿었던 것을 고수하게 한다면, 졸트는 새로운 정보가 다른 방향으로 이끄는 상황에서 이전의 믿음을 버리게 한다. 야베 데루오가 경험한 것이 바로 이 졸트였다.

야베 데루오는 일본의 고속 철도망인 신칸센의 청소를 담당하는 철도 관리 회사 텟세이Tessei의 부장이었다. 시속 320킬로미터(200마일)의 속도로 운행되는 신칸센 고속열차는 항상 예정된 시간으로부

---

[1] 은하계를 하나로 묶는 생명에 의해 창조된 힘. 제다이, 시스, 그리고 이 영적 에너지에 민감한 다른 이들은 그 힘을 활용하여 염력, 마인드 컨트롤, 투시력 등 특별한 능력을 얻는다.

터 15초 이내에 도착하는 공학적이고도 운영적인 경이로움을 보여주었는데, 열차의 회차 시간 12분 중 승객의 하차와 탑승에 할당되는 시간은 5분이었고, 청소 서비스는 그 사이의 7분 동안 모두 이루어져야 했다.

텟세이 직원들 22명은 한 조가 되어 그 7분 동안 1,000개의 좌석을 청소하고, 모든 테이블을 닦고, 좌석과 머리 받침 커버를 교체하고, 좌석을 새로운 진행 방향으로 180도 회전시켜 놓아야 했다. 또한 바닥과 화장실을 청소하고, 모든 쓰레기통을 비우고, 승객들이 좌석 아래나 머리 위 수납공간에 두고 내린 물품을 수거하고, 차창 블라인드를 조절하고, 객차 내 모든 것을 깔끔하게 정돈된 상태로 만들어야 했다. 그래서 텟세이 직원들은 자신이 맡은 일을 지저분하고, 어렵고, 위험하다고 생각했다. 야베는 직원들의 생산성 저하, 직원과 경영진 간의 소통과 신뢰 부족, 나이 든 직원과 젊은 직원 간의 단절 심화 등 여러 가지 문제에 직면해 있었다.

그는 직원들의 사기 저하와 청소부를 바람직하지 않은 직업으로 보는 대중의 인식 문제와 씨름하는 것 외에도 열차의 빠듯한 운행 일정에 맞추기 위해 **청소** 시간을 대폭 줄여야 했다.

그리고 마침내 야베는 자기가 이 회사를 청소 회사로만 생각했는데 사실은 **접객** 회사였음을 깨달았고, 그 순간 졸트를 느꼈다.

야베의 경우 개인적, 신체적 직감 요소가 가장 강력한 신호였다. 흥미로운 점은 각 신호에서 이중성을 경험했다는 점이다. 저항과 개

개인적 요소: 위험 회피, 초반의 저항감 그리고 이어지는 개방성	신체적 요소: 뱃속 깊숙이 격렬하게 뒤틀리는 듯한 감각
감정적 요소: 불신과 좌절, 이어지는 사색과 엄숙함(높은 수준의 각성 및 부정적 정서에서 낮은 수준의 각성 및 긍정적인 정서로 이동)	인지적 요소: 성찰과 자기 탐구 스키마, 명상과 호흡 상태 심성모형, 철학자 스즈키 다이세츠 데이타로와 선 철학 원형

방성, 좌절과 차분한 사색이 동시에 존재했다.

　그는 청결과 시간 엄수라는 신칸센의 명성을 유지하는 데 직원들의 역할이 필수적이라는 것을 이해했다. 다른 한편으로는, 이를 달성하려면 승객 복지와 탁월한 운영 둘 다를 위한 헌신이 필요하다는 점도 알았다. 이 둘의 연결고리는 자부심이었다. 텟세이 직원들의 목적 의식과 자부심은 먼저 이들에 대한 대중의 인식을 변화시키는 것에서부터 시작되어야 했다. 그래야 청소 직원들 사이에서 자부심이 생길 터였다.

　그는 자신의 스키마를 되짚어 보며, 일본인들이 환대와 우수한 서비스는 높이 평가하고 존중하면서도 청소부를 경시한다는 사실을 떠올렸다. 이에 텟세이의 주요 목표를 청소에서 접객으로 전환하는 과감한 결정을 내린 후 그는 긴 여정에 나섰다. 직원들의 유니폼을 선명한 빨간색으로 바꾸어서 부끄러워하고 숨는 대신 직원들이 브랜드의 대표로 주목받도록 했다. 승객과의 소통을 장려하며 어린아이들에게 작은 선물로 줄 수 있는 스티커와 장난감을 직원들에게 제공하기도 했다. '일반적인 업무 범위를 넘어선' 업무 수행을 간과하지 않고 인정해주는 천사 보고 제도도 도입해 월말과 연말에 상금을 지급했다. 청소를 시작하고 끝내면서 승객들에게 인사하기, 더러운 테이블뿐 아니라 모든 테이블 닦기, 승객들로부터 쓰레기 직접 수거하기 등 개선 사항을 직원들로부터 제안받고 **시행했다.**

이를 통해 텟세이는 높은 기준을 유지하면서도 청소 시간을 크게 단축하여 탁월한 운영 및 고객 서비스의 모범으로 자리매김했다. 야베의 노력은 직원들을 소중히 여기고 그들에게 권한을 부여하는 것이 탁월한 성과를 내는 데 중요하다는 사실을 보여주었다. 그의 개인적, 감정적, 신체적, 인지적 직감 요소가 졸트로 나타나면서 야베의 사고방식을 청소에서 접객으로 전환시켰으며, 텟세이의 놀라운 변화를 가져왔다.

직관 마스터하기

개인적, 신체적, 감정적, 인지적 직감 요소가
어떻게 결합하여 졸트를 생성하는지 이해한다.

야베처럼 당신도 비슷한 유형의 졸트를 경험한 적이 있을 것이다. 그것에 귀 기울인 다음, 개인 생활이나 일에 어떤 변화를 주었을 것이다. 물론 어쩌면 그렇지 않았을 수도 있다. 졸트를 느낄 때, 생각에 근본적인 변화를 가져오는 깨달음을 얻었을 때, 처음에 느껴지는 저항감과 뒤이어 찾아오는 열린 마음과 솔직함에 주목하자. 초반에 느낄 수 있는 불신감에 주목하고, 그것이 당신의 감각을 얼마나 격렬하고 강렬하게 고조시키는지 주의 깊게 살핀다. 그 변화의 과정을 탐구하고, 성찰하려는 욕구를 관찰한다.

다음 시나리오를 읽어보자. 이 중 어떤 것이 당신 자신이나 삶의 일부를 재정의하는 것 같은 느낌을 주는가?

A. 더 작은 집으로 옮기거나 더 큰 집으로 옮기는 등의 주거와 생활 형태 바꾸기

B. 해로운 교우 관계를 끝내거나 이제 막 만난 사람과 새롭고 만족스러운 우정 쌓기

C. 고기를 많이 먹던 사람이 채식 위주로 식단을 바꾸는 경우처럼 완

전히 새로운 식단으로 바꾸기

D. 심오한 영적 체험 후 무신론자에서 기독교도로 전환하기

E. 진로 변경

F. 인생의 목적과 의미에 관한 질문과 씨름한 후 실존주의 받아들이기

G. 단순함을 강조하기 위해 미니멀리즘 패션을 받아들이는 등 다른 패션 스타일 시도하기

이제 다음 질문에 답해보자.

개인적 요소: 무언가를 거부하고 피하고 싶을 때 나의 어떤 특성이 작동하는가?	신체적 요소: 심오하고 깊이 있는 경험이 느껴지는 신체 부위는 어디인가?
감정적 요소: 놀라서 믿을 수 없는 상태일 때 나는 어떤 감정을 느끼는가?	인지적 요소: 내 행동이나 사고에 강렬하게 다가오면서 변화를 불러일으키는 주제는 무엇인가?

넬슨 만델라는 이런 말을 했다. "단 한 번의 충격으로도 인생의 방향이 영원히 바뀔 수 있다." 핵심은 삶의 패러다임이 바뀌고 있을 때 이를 인지하고 그에 따라 무엇을 바꿔야 할지 결정할 수 있도록 하는 것이다.

정보를 선별하여
빠른 결정에 이르는 법

— 12 —

**삶은 교육만으로는 얻을 수 없는 지혜를 가르쳐준다.
지혜는 늘 서서히, 그러다가 갑자기 찾아오는 것처럼 보인다.**

어니스트 헤밍웨이가 1926년에 출간한 소설 『태양은 다시 떠오른다』는 1차 세계대전 이후 환멸과 방황 속에서 길을 찾으려고 애쓰는 해외 거주자들의 이야기를 담고 있다. 등장인물 중 한 명인 마이크 캠벨은 부자였으나 무분별한 지출과 도박 습관으로 재정 파탄 상태가 된다.

"어쩌다 파산했어?" 전후 유럽에서 흔히 볼 수 있었던 그 당시의 무분별한 생활방식을 공유하던 지인 빌이 물었다.

마이크는 이렇게 대답했다. "두 가지 방식이 있지. 서서히, 그러다가 갑자기."

헤밍웨이는 삶의 중대한 변화가 보통 어떤 식으로 일어나는지 그 본질을 요약해준다. 거의 감지하지 못할 정도로 진행되던 상황이, 시간이 흘러 티핑 포인트tipping point에 도달하면 갑자기 극적으로 변화가 일어난다. 마이크의 재정적 몰락도 작은 손실과 잘못된 결정들로 서서히, 꾸준히 진행되다가 결국 모든 것이 무너지는 위기에 이르렀다.

우리가 어떻게 집중 추상화focused abstraction 상태에 이르게 되는지에 대해서도 이 설명을 대입해볼 수 있다. 우리의 경험, 관찰, 데이터, 사전 지식, 자극이 점점 쌓이다가 임계점을 넘어서면 우리는 갑자기 예상치 못한 순간에 집중 추상화 상태로 접어들게 된다. 그러니 우리가 '최종 단계'에 도달했다고 생각될 때도, 미묘한 신호에 주의를 기울이고 선제적인 조치를 하는 것은 중요하다.

직감을 낳는 집중 추상화

1996년 존 오셔John Osher는 자신이 달성하려고 애썼던 궁극적인 사업 목표를 이루고서 최종 목표에 도달했다고 생각했다. 그는 자신이 만들어 판매한 제품으로 성공을 거뒀다. '스핀 팝Spin Pop'[1]이라는 그 제

---

1 정확히 말하면, 최초의 스핀 팝은 우체국 직원 네 명이 발명했으며, 이후 오셔가 그 발명품을 인수하여 개발했다. 오셔는 항상 흥미로운 아이디어나 채워지지 않은 틈새시장을 찾는다고 말했다. "저는 늘

품은 배터리로 작동하는 손잡이가 달린 막대사탕으로 버튼을 누르면 사탕이 입 안에서 돌아갔다. 1997년 그는 스핀 팝을 해즈브로Hasbro의 장난감 사업부에 1억 2천만 달러에 매각했고, 이 사탕은 지금도 전 세계에서 판매되고 있다.

해즈브로에 매각을 완료한 지 얼마 지나지 않은 어느 날, 오셔는 월마트에 갔다가 모든 전동 칫솔이 "멋진 상자에 포장되어 있고, 개당 가격이 최소 80달러인데, 그중 어떤 것도 시험해볼 수 없다"는 사실을 알게 되었다. 그는 이 사실에 놀랐고, 곧이어 다른 차원의 인식으로 옮겨간 듯한 느낌을 받았다. 오셔는 집중 추상화 상태에 도달한 것이었다.

스핀 팝은 그의 최종 목표가 아니었다. 요즘 오셔는 그의 막대사탕이 초래한 문제를 그의 진동 칫솔로 해결했다는 농담을 하곤 한다. 스핀 팝은 배터리로 작동하는 소형 기어를 사용한 소형 기기였다. 스핀팝은 더 훌륭한 발명품, 즉 최소 3개월 이상의 배터리 수명을 지닌 제조비용 단돈 1.49달러, 소매가는 5달러인 저렴한 전동 칫솔을 위한 경험과 로드맵이었을 뿐이었다. 오셔와 동업자들은 최초로 저가 대량 판매용 전동 칫솔을 만들었고, 2001년 그 권리를 프록터 앤드 갬블에 4억 7,500만 달러에 매각했다.[1]

찾는 자세로 살아갑니다… 저는 그런 자세를 개그 작가에 비유하죠. 그들은 다른 사람들이 보지 못하는 개그를 봅니다. 저기 있는 책을 보고 영감을 받아 개그를 쓸 수도 있죠."

[1] 오셔와 그의 팀은 거기서 멈추지 않았다. 배터리로 작동하는 식기 세척솔, 디쉬 닥터(Dish Doctor)를 눈여겨보라.

기억하겠지만 집중 추상화는 더 큰 과제나 문제, 개념의 일부인 특정 정보에 집중하는 동시에 더 넓은 시야를 유지하면서 더 높은 차원이나 가능성의 범위로 나아갈 수 있는 정신 상태를 말한다. 이 상태가 되면, 방해 요소를 걸러내고 당면 과제에 온전히 몰입하여, 해결하고자 하는 특정 문제에 지속적으로 집중하고 깊이 관여할 수 있다.

추상화는 복잡한 정보나 개념을 단순하고 일반화된 표상으로 만드는 정신적 정제 과정을 말한다. 집중 추상화의 맥락에서 보면, 이것은 복잡한 상황 속에서 관련 없는 세부 사항은 무시하면서 필수 요소나 패턴을 추출해 그것에 집중하는 능력을 뜻한다.

그래서 많은 사람들은 집중 추상화 상태에 도달하려면 깊이 집중하고, 방해 요소를 제거하며, 마음챙김 훈련(심호흡 운동, 명상, 마음을 가라앉히고 집중력을 높여주는 시각화)을 해야 한다고 여기곤 한다.

사실 집중 추상화 상태에 도달하는 능력을 키우는 가장 좋은 방법은 사고와 접근 방식을 유연하게 유지하는 것이다. 특히 자신의 전문 분야에 대해서 그러해야 한다.

직관 마스터하기

갑작스러운 것만 알아차릴 수 있을 정도로 집중된 영역
혹은 점진적인 것만 알아차릴 수 있을 정도로
분산된 영역을 이해한다.

양치질할 때 자신의 동작에 주의를 기울여 본다. 양치질에 동원되는 미세 운동 능력, 협응력, 정밀도에 주목한다. 자동적으로 양치질을 하게 만든 경험과 수십 년에 걸쳐 개발된 뇌의 신경 연결 및 습관에 대해 생각해본다.

그런 다음 손을 바꾼다. 오른손잡이라면 왼손으로, 왼손잡이라면 오른손으로 양치질을 한다. 다시 협응력, 정밀도, 경험을 관찰한다. 처음에는 당연히 어렵다는 느낌만 받겠지만, 곧 특정 손가락의 위치나 특정 손목 부위의 뻣뻣함과 어색함, 심지어 이전에는 알아차리지 못했던 시린 이 같은 세세한 특징에 집중하게 될 것이다.

이처럼 주로 쓰지 않는 손으로 아주 간단한 일상 활동을 하면 신경 가소성과 인지 발달이 촉진된다. 이처럼 간단하고도 접근하기 쉬운 활동들을 통해 '점진적인 변화'를 알아차릴 수 있도록 훈련할 수 있으며, 새로운 도전과 경험에 의해 일어날 수 있는 '갑작스러운 변화'를 알아차리고, 그것에 적응하고, 성장하게끔 하는 놀라운 능력도 뇌에 상기시킬 수 있다. 이는 집중 추상화 상태에 도달했을 때 이를 인식하는 데도 도움이 된다.

다른 방법들로도 시험해본다. 잘 사용하지 않는 손으로 글쓰기, 식사, 컴퓨터 마우스 사용과 같은 다른 일상 활동을 한다. 악기를 연주할 줄 아는 사람이라면 주 사용 손으로 연주하면서 음악과 기법상의 익숙함을 가늠한 다음, 반대 손으로 간단한 화음이나 음계를 연주해본다. 평소와 다른 경로로 출퇴근하기처럼 완전히 다른 영역의 활동을 시도해볼 수도 있다.

다시 말하지만, 이런 활동들은 새로운 경험에 적응하는 뇌의 능력을 향상시켜준다. 뇌가 새로운 신경들을 연결하고 경로를 형성하며[1], 기존 신경 연결을 강화하고, 학습 능력을 높이도록 한다.

단순한 일상 과업에 신경가소성을 활용하게 되면 보다 개념적인 경험에도 이를 적용할 수 있다. 새로운 모험과 여행은 새로운 시각을 접할 수 있는 방법이며, 더 넓은 의미의 집중 추상화 상태에 도달하는 연습의 장을 마련해준다.

---

1 본질적으로 시냅스 가소성(synaptic plasticity)과 피질 재매핑(cortical remapping)과 같은 여러 신경가소성 메커니즘을 활성화하여 구조적, 기능적 변화로 이어지게 한다.

나는 헨리 롤린스[1]의 이 말을 정말 좋아한다.

젊은이들에게 간청하건대 여행을 떠나라. 여권이 없다면 하나 만들어라. 여름이 오면 배낭을 메고 델리, 사이공, 방콕, 케냐로 떠나라. 신나게 즐기고, 흥미로운 음식을 먹고, 흥미로운 사람들을 만나고, 모험을 즐기되 조심하라. 여행에서 돌아오면 자기 나라가 달리 보일 것이다. 대통령이 누구든 그도 달리 보일 것이다. 음악, 문화, 음식, 물 역시도. 샤워 시간은 짧아질 것이다. 세계화가 어떤 것인지 감지하게 될 것이다. 토머스 프리드먼[2]의 주장과는 좀 다른 맥락에서 지구의 기후 변화가 정말 현실임을 알게 될 것이다. 어떤 사람들은 물 네 통을 얻기 위해 20킬로미터에 가까운 거리를 걸으며 하루를 다 보낸다는 사실도. 책에서는 얻을 수 없는 가르침이 비행기가 도착하는 곳에서 기다리고 있다. 많은 사람(미국인과 유럽인들)이 돌아와 '아!' 하며 깨달음을 얻는다.

집중 추상화 상태에 이르도록 뇌를 자극하는 또 다른 방법은 다양한 유형의 대화를 많이 나누는 것이다. 기타를 연주할 때 손을 바꿔 보듯이, 대화를 바꿔보라.

---

1 미국의 싱어송라이터이자 작가이자 배우. (옮긴이 주)
2 뉴욕타임스 국제 분야의 칼럼니스트로, 그는 기후 변화와 에너지 문제의 근본적인 해결책을 모색하는 것에 지구촌의 미래가 달려 있다고 주장한다. (옮긴이 주)

- 다양한 주제로 대화를 시작해보라. 익숙한 주제로 시작하여 점차 새롭고 낯선 주제, 심지어 두려울 수도 있는 주제까지 탐색해보라.
- 어떤 대화에서는 더 단호하게, 어떤 대화에서는 더 공감하거나 지지를 표현하는 등 다양한 소통 양식과 접근법을 실험하라. 적극적으로 경청하는 연습을 하고 각 상호작용의 역학에 따라 반응을 조정하라.
- 배경, 관점, 선호하는 소통 방식이 다양한 사람들과 교류하라.
- 일대일 대화, 그룹 토론, 논쟁, 프레젠테이션을 포함한 다양한 형식을 탐색하라.
- 상황에 따라 공감, 자신감, 단호함을 전달해줄 다양한 비언어적 신호를 실험해보라.

그 모든 대화를 꾸준히 되새겨 보라. 자신이 집중 추상화 상태에 도달하는 순간 혹은 대화 상대가 그 상태에 도달하는 순간에 주의를 기울여라. 나는 이 책을 위해 인터뷰했던 사람 중 한 명에게서 이 방법의 위력을 직접 목격했다. 그는 자신의 직감을 인식하고, 진단하고, 활성화하는 놀라운 능력을 입증해주는 듯했다.

그는 내가 펜실베이니아주 피츠버그에서 기조연설을 한 후, 나를 공항으로 태워다줄 기사로 고용한 사람이었다. 이 책을 위해 인터뷰할 생각은 없었던 터라 나는 그저 가볍게 그와 대화를 나누기 시작했고, 그의 본업이 실은 카펫 청소 회사의 사장임을 알게 되었다. 그의 회사는 매년 수백만 달러를 벌어들이는 수익성 좋은 사업체였다.

그는 자신이 유리 회사 창고에서 일하다 어떻게 카펫 청소 회사에서 일하게 되었는지 이야기해주었다. 직감 때문이라고 했다. 그리고 후에 자신의 회사를 차리게 된 이유에 대해서도, 자신이 그 일을 더 잘 할 수 있다고 직감했기 때문이라고 말했다.

그는 창고에서 일할 때 만났던 지금의 아내에 대해서도 이야기했다. 그 당시 그녀는 건너편 제철소에서 일하고 있었으며 그곳 최초의 여자 직원이었다고 자랑스러운 말투로 그가 설명했다. 그 제철소에는 여자 화장실이 없었기 때문에 그녀는 유리 회사 창고의 여자 화장실을 사용해야 했고, 그녀가 화장실을 사용하러 올 때마다 그는 그녀를 바라보았다. 그리고 매번 직감했다. 그녀가 자신의 짝이라고. 이미 그녀가 다른 남자와 약혼한 상태였지만 말이다. "끈질김이 아니라 한결같은 모습을 보여줘야 했어요. 저는 아내를 존경했고, 저를 있는 그대로 보여줘야 한다는 것을 알고 있었어요. 있는 모습 그대로 일관되게 보여주면 나머지는 저절로 해결될 거라고 믿었죠." 결국 그녀는 그와 결혼했고, 지금껏 42년을 함께하고 있다.

그는 자신의 직감을 믿었던 상황들을 연달아 이야기해주었다. 직감이 그를 잘못된 길로 이끈 적은 단 한 번도 없었다.

나는 내 삶과 내가 빠진 딜레마들을 그에게 들려주었다. 내가 직면한 몇 가지 어려운 결정에 대해 그의 직감이 어떤지 물었다. 그는 자신의 직감을 들려주었고, 그의 말은 맞았다.

나는 그에게 리무진을 운전하는 이유를 물었다. 그는 카펫 청소 사업은 훌륭한 직원들이 잘 운영하고 있기 때문이라고 답했다. "느낌이 좋은" 적임자들을 선택한 덕분이었다. 게다가 그는 "수많은 사람을 만나는" 즐거움 때문에 부업으로 리무진을 운전하는 게 좋다고도 말했다. 그 덕에 "노인들, 회사 부사장, 미식축구 선수, 엄청난 부자"들과 이야기를 나눌 수 있었다고 했다.[1]

내가 망설였던 결정에 대한 그의 직감이 무엇이었는지 혹시 궁금한가? 당시 나는 수익성 높은 프로젝트를 맡을 것인지 말지를 고민하고 있었다. 확신이 서지 않은 상태였다. 내가 그 상황을 설명하자 그는 이렇게 말했다. "내 생각에는 지금의 나로 있을 수 있을 만큼의 돈만 있으면 된다고 봐요. 당신도 마찬가지일 거예요." 그러면서 나를 힐끔 바라보았다. 그때 졸트를 느꼈던 나는 결국 그 프로젝트를 거절했다. 엄청난 돈뿐 아니라 미래의 더 많은 기회로 이어질 수 있으며[2] 모두가 원하는 인기 있는 프로젝트를 왜 거절했는지 많은 사람들이 의아해했다.[3] 나는 지금의 내 모습을 유지하기 위해 그 프로젝트를 거절했다.

---

1 그러면서 그는 "껍데기뿐인 불행한 사람들"이라고 덧붙였다.
2 어리석은 게임을 하면 어리석은 상을 받게 된다.
3 저스틴 칸(Justin Kan)만은 예외다. 그도 이 점을 알고 있다. 그는 능숙하게 해낼 수 있지만 에너지를 고갈시키는 탁월성 영역(Zone of Excellence)에 갇히지 말라고 이야기한다. 그랬다가는 싫어하는 일을 훌륭하게 해내는 자신을 발견하게 될 것이라고. 대신 자신이 좋아하고 에너지를 얻는 천재성 영역(Zone of Genius)에서 살기를 열망하라고 말한다.
저스틴 칸(@justinkan): "모든 창업자는 자신이 정말 좋아서 하는, 에너지를 얻는 일들의 영역인 천재성 영역에서 살기를 열망해야 합니다. 탁월성 영역(아주 능숙하게 해낼 수 있지만 에너지를 고갈시키는 일)에 갇히지 마세요. 그랬다가는 싫어하는 일에서 탁월한 성과를 내게 될 것입니다." X, 2019년 5월 22일, 10:36 a.m., https://x.com/justinkan/status/1131207138418630657.

그리고 그것은 내가 내린 최고의 결정 중 하나였다.

  시간이 흐르면서 나는 이 남자의 직감이 수많은 사람들을 만나고, 그들의 이야기와 어려움을 듣고, 관찰하고, 새로운 시각을 얻음으로써 형성되었다는 것을 깨달았다. 이러한 경험은 그의 인식을 높이고, 그의 심성모형과 스키마, 원형에 영양분을 공급하고, 그가 집중 추상화 상태에 도달할 수 있게끔 만들어 주었다. 그리고 우리도 의도와 연습을 통해서 모두 이런 과정을 경험할 수 있다.

나를 즉시 행동하게 만드는 신호 포착의 기술

13

**주의 깊게 귀 기울이면 당신을 행동하게 만드는
자극들을 알아차릴 수 있다.**

직감의 개인적, 신체적, 감정적, 인지적 요소를 잘 이해하는 것은, 우리에게 행동을 촉구하는 중요한 신호를 인식하고 그에 따라 실제로 행동에 나서는 능력을 연마하게 만드는 토대와 같다. 우리는 자신의 유레카, 스파이디 센스, 졸트가 어떻게 나타나고 드러나는지 알 수 있으며, 우리가 받는 자극의 중요성과 관련성을 이해하고, 집중 추상화 상태에 도달하는 능력을 향상시킬 수 있다. 어맨다처럼 '연결' 태피스트리를 만들 수 있다.

예술가 어맨다 핑보디파키야Amanda Phingbodhipakkiya[1]는 자신의 감동적인 초상화와 벽화에 대해 이렇게 말했다. "때때로 사람들은 제 작품을 오해하는 것 같아요. 저는 밝은 색상과 생동감 넘치는 이미지를 사용하고, 제 작품은 희망으로 가득 차 있어요. 하지만 슬픔이나 고통을 축소하려는 의도가 아니라… 우리가 매일 경험하는 일을 굳이 상기시킬 필요가 없기 때문이죠." 이것이 그녀의 기본 예술관이었다.

2022년, 그녀는 태국 방콕에 있는 미국 대사관 외벽의 벽화를 의뢰받았고, 그 그림을 그리던 중 중요한 신호를 알아차렸다. 누구나 간과할 만한 미묘한 신호였지만, 그것은 그녀의 경력을 완전히 바꿔 놓았다.

그날 태국 주재 미국 대사가 사진 촬영을 위해 그곳에 들렀다. 대사가 붓을 집어 들고 어맨다와 함께 그림을 그리기 시작하자 사진작가들이 셔터를 눌렀다. 곧이어 두 사람은 가벼운 대화를 나누기 시작했다. 대사는 그녀에게 "연결을 주제로 한 태피스트리를 만들고 싶다"고 말했다. **태피스트리**라는 단어에 어맨다의 귀가 쫑긋 섰다. 그녀는 그 단어를 듣는 순간 솟구쳐 오르는 흥분과 에너지 속에서 명확성과 확신이 밀려왔다고, 바로 그 자리에서 대사에게 제안해야 한다는 것을 직감했다고 설명했다.

어맨다의 설득(과감한 한 수)은 그녀가 "인생에서 가장 크고 의미

---

[1] 어맨다는 태국어 성씨를 가졌다. 핑보디파키야라고 발음되는 긴 성이다. 그녀의 웹사이트는? www.alonglastname.com 바로 이것이다.

있는 프로젝트"라고 부르는 작품으로 이어졌다. 그녀는 "완벽한 제안이 마치 허공에서 떨어지듯 몇 초 만에 생각났어요"라고 말했다.

돌이켜보면 생생하고 기억에 남는 순간이지만, 오히려 직감을 받고 잠시 멈칫했던 그때에는 흔히 그렇듯 그 순간이 평범하게 느껴진다. 지금도 많은 사람들이 직장생활 중에 그 순간을 겪지만 너무도 평범한 나머지 스쳐 지나가기 일쑤다. 훗날 특별한 순간이었음을 인식하게 되더라도 그때 그 순간에는 평범하고 흔한 것처럼 여겨진다. 모차르트는 영감에 싸여 작곡을 해놓고도 "그 곡들이 어디서 어떻게 나오는지 나도 모르고, 억지로 쓸 수도 없다"라고 심드렁하게 묘사했다. 폴 디랙[2]이 유명한 반물질 방정식을 썼던 순간도 마찬가지였다. "내 방정식이 나보다 더 똑똑했다"라고 말했으니까.

우리는 이런 순간을 그냥 흘려보낼 때가 많다. 자극을 알아차리고 행동하고 싶은 충동을 느낄 수 있지만, 그러지 않는다. 하지만 어맨다는 그렇게 했다. 그녀는 신호를 인식하고 주의를 기울이는 능력을 키워왔고, 그 덕분에 집중 추상화 상태에 이를 수 있었다.

어맨다는 태국과 인도네시아 이민자의 딸로 미국에서 태어나고 자랐다. 그녀의 예술성은 그 세계에서 발휘되지 못했다. 그래서 그녀는 예술 쪽을 완전히 포기하고 좀 더 평범한 직업을 가질까를 여러 번 고민하기도 했다. 그러던 중 2020년 3월, 코로나19의 확산 속도를 늦

---

2 Paul Dirac, 양자역학과 양자 전기역학의 탄생에 크게 기여한 영국의 이론 물리학자로 디랙 방정식을 통해 반물질 아이디어를 최초로 제안했다. (옮긴이 주)

추기 위해 뉴욕에 봉쇄령이 내려졌고, 그 무렵 뉴욕 지하철을 타고 가던 어맨다는 자신의 옆에 있던 남자가 그녀를 쳐다보며 "으, 역겨워!"라고 내뱉고 반대편으로 자리를 옮기는 것을 목격했다. 그녀는 충격을 받았고, 그 후로도 몇 달 동안 아시아계에 대한 지독한 차별과 괴롭힘[1]을 계속 경험하고 목격했다. 그녀가 자신의 고향으로 여기고 사랑했던 뉴욕에서 이전에는 한 번도 경험해본 적 없던 일이었다. 그래서 그녀는 〈나는 여전히 우리 도시를 믿는다 I Still Believe in Our City〉라는 제목의 초상화 연작을 그리기로 했다.

예술가로 경력을 쌓기 전, 어맨다는 컬럼비아대학교에서 신경과학을 전공했다. 그때 받은 교육이 그녀를 이끌었다. 그녀는 인간의 뇌가 거부를 처리하는 방식(그리고 그것에 대한 연구)에 항상 관심이 있었고, 그것이 그녀의 이성적 직감 요소를 형성해주었다. 또한 그녀의 몸에서 느껴지는 직감을 이해하는 데도 도움을 주었다. "우리가 외면당하거나 고립감, 외로움을 느낄 때 우리의 몸은 마치 신체적인 해를 입은 것처럼 반응합니다. 보이지 않는 것을 보이게 만드는 제 작업은 그 주제가 미시 세계든, 대체로 눈에 띄지 않는 유색인종 공동체의 투쟁이든 알려지지 않거나 보이지 않는 것을 드러내려는 의지에서 시작됩니다."

동양인에 대한 차별과 괴롭힘 신고가 계속 증가하던 시기에, 그녀는 아시아계 미국인과 태평양 제도 사람들의 초상화를 뉴욕 지하철

---

[1] 실제로 2020년 2월부터 7월까지 접수된 차별 신고 건수는 2019년 같은 기간에 비해 7배나 증가했다.

뉴욕시 공공 광고판

뉴욕시 애틀랜틱 애비뉴-바클레이스 센터 지하철역 포스터와 벽화

역, 버스 정류장, 기타 공공장소에 전시했다. '부드러움과 힘으로With Softness and Power'라는 제목의 초상화는《타임》지의 2021년 3월호 표지를 장식하기도 했다.

이 작품으로 그녀의 이름과 작품은 대중의 대화에 등장하게 되었고, 곧 그녀는 '힘든 예술가'의 삶 대신 미술 행사에 초대받고 벽화와

We Are Tomorrow(우리가 미래다), 2022년 작, 태국, 방콕 주재 미국 대사관
콘크리트 위 아크릴 라텍스, 2.7×12.8 m

설치 미술 작품을 의뢰받는 삶을 살게 되었다. 이 장의 도입부에 언급됐던, 태국 방콕의 미국 대사관 벽화를 그릴 기회도 얻었다. 거리로 향해 있는 이 벽화는 그녀가 해당 공동체 구성원들과 나눈 대화에서 영감을 받아 그린 것으로, 당당한 여성들과 논바이너리[1]들의 모습을 담고 있다. 그 모습은 모두가 축하하고 지지할 수 있는 태국 사회의 비전이었다.

그녀가 로버트 고덱Robert Godec 대사에게 이 이야기를 하자 그는 "연결을 주제로 한 태피스트리를 만들고 싶은" 바람을 이야기했다. 그녀는 그 자리에서 나온 이야기와 고덱 대사가 이전에 했던 이야기들, 그리고 그녀가 항상 마음속으로 느껴왔던 것들이 딱 '맞아떨어지는'

---

1 non-binary, 남성과 여성이라는 이분법적 구별에서 벗어난 성정체성을 가진 사람들. (옮긴이 주)

로버트 고덱 태국 주재 미국 대사와 어맨다 핑보디파키야
어맨다 핑보디파키야 제공

느낌을 받았다. 그녀는 오랫동안 어떻게 하면 사람들을 연결시킬 수 있을지 고민해왔고, 지난 몇 년간은 작품을 통해 사람들을 정말로 연결해주는 방법에 대해 생각해왔기 때문이다.

태피스트리라는 단어가 신호였다. "태피스트리는 평범한 실에 색실을 엮어 만들어요. 날실인 일반실을 직조기에 팽팽히 당겨 격자판 구실을 하게 해놓고 색실인 씨실로 무늬를 넣어 이야기가 담긴 장면을 만들죠."

그녀는 즉시 고덱에게 태국과 미국의 직물을 결합한 일종의 태피스트리 설치 작품을 제안했다. 그녀의 긴 행군 속에서, 이 작품은 태국의 역사적, 문화적, 현대적, 실제적 이야기를 한데 엮어 보여줄 터였다. 태국 현지 공동체가 보존해 온 전통을 보여주고, 해초와 쪽나무로 염료를 만드는 장인들의 이야기를 들려줄 것이었다. 그 아이디어는 그냥 떠올랐다. **언제, 어떻게 왔는지 그녀는 몰랐다. 그녀의 예술이 그녀보다 더 똑똑했다.**

2023년 6월, 어맨다는 '연결' 태피스트리에 대한 연구를 시작하기 위해 태국으로 향했다. 그리고 이것은 그녀가 지금까지 진행한 작업 중 가장 의미가 큰 것이었다.

우리는 이야기 네트워크 안에서 살아간다

타인과의 상호작용과 대화 과정에서 생기는 자극에 주의를 기울일 때, 우리는 행동에 나서는 데 더 능숙해진다.

모든 사람에게는 이야기가 있다. 누군가를 만날 때 그의 이야기에 귀를 기울여라. 무엇이 그들에게 힘을 주고, 무엇이 그들을 계속 나아가게 하는지 알아내려 노력하라. 그들을 알아가라. 어떤 전환점이 그들의 인생 경로를 바꾸고 지금의 그들로 만들었을까? 당신이 허락하면 사람들은 자신을 드러낸다.

브리지워터 어소시에이츠 Bridgewater Associates의 설립자인 억만장자 레이 달리오 Ray Dalio는 어떤 대화에서든 신호나 핵심 가닥을 파악할 수 있다고 말한다. 그것은 간단한 질문 하나로 해결된다. "누군가로부터 상황 설명을 들을 때는 이렇게 자문하라. '그들의 편견과 목표는 무엇인가?'"

그는 조언을 구하든, 가벼운 대화를 나누든, 신문을 읽든, 뉴스를 보든, 이 질문을 하라고 말한다. 아이디어든, 조언이나 정보든, 제품이든 "대부분의 사람들은 자신이 원하는 것을 얻기 위해 당신에게 무언가를 팔려고 한다"고 그는 덧붙인다.

나는 사만다와의 점심 식사 자리에서 달리오의 말을 떠올렸다. 사만다는 인기 있는 의원으로 영향력 있는 법안과 결의안 다수를 입법화했고, 지역구 주민들의 훌륭한 대변인으로 알려져 있었다. 그녀는 상원에서 가장 중요한 몇 개의 위원회에서 활동했고, 동료 의원들로부터 존경받았다. 그녀의 의정 활동과 일상 업무에 대해 잠시 이야기를 나눈 후 우리는 그녀의 자녀들에 대해 이야기하기 시작했고, 나는 그녀의 이야기에 빠져들었다.

그녀의 두 딸이 네 살과 한 살 반이었을 때, 사만다는 셋째 아들을 임신했다. 임신 후반기였지만, 그녀는 의사의 허락을 받고 가족과 함께 호주에 있는 시댁을 방문했다. 하지만 호주에 머물던 중 브라질에 살고 있던 시할아버지가 사고를 당해 생명이 위태롭다는 연락을 받았고, 그녀의 남편과 시아버지는 간호를 위해 브라질로 향했다.[1] 그들이 비행기를 타고 가는 동안 사만다의 진통이 시작됐고, 조산이었지만 아들은 건강하게 태어났다. 사만다는 외국에서 막 만난 산부인과

---

[1] 공무원이자 정부 관료였던 이 가족은 미국뿐 아니라 호주와 브라질을 포함한 전 세계로 파견 근무를 다녔다.

의사에게 출산을 맡겨야 했고, 그녀와 두 딸을 도와줄 사람은 시어머니뿐이었다.

그녀의 남편은 브라질에 도착해서 아들이 태어났다는 소식을 들었다. 그는 이번이 마지막으로 뵙는 것일 수도 있다는 생각에 서둘러 할아버지를 뵙고, 병원에서 최대한 도움을 드리고, 그가 없어도 아버지가 나머지를 처리할 수 있도록 자리 잡게 해드린 후 호주로 돌아갈 계획을 세웠다. 그러나 그가 호주행 비행기를 타고 가는 동안 생후 이틀도 되지 않은 그들의 아들은 진단되지 않은 합병증으로 사망했다.

사만다의 이야기는 매우 비극적이었지만 기쁨, 가족애, 연민, 자비의 요소도 담고 있었다. 그녀가 겪었던 일을 생각하니 가슴이 아파왔다. 감동도 받았다. 이 이야기는 수많은 사람들과 그녀의 지역구 유권자들에게 공감을 불러일으켰고, 그녀가 그토록 인기 있는 정치인이 된 이유 중 하나였다. 나는 그녀에게 개인적인 자원을 제공하고 사람들을 소개해주었으며, 특정 주민 발의에 도움을 주었고, 내 네트워크 안에서 그녀를 칭송했다.

하지만 그로부터 2주 후 정실 인사, 편파주의, 영향력을 위한 특혜 거래 혐의로 그녀는 스캔들에 휩싸였고, 그녀의 정치 경력은 완전히 무너졌다. 그녀는 출세주의자, 사기꾼, 가짜라고 불렸다. 사람들은 그녀가 도덕성을 과시하는 수단으로 가족 이야기를 이용했다고 비난했다.

나는 그녀와의 점심 식사를 떠올렸다. 그러자 그녀가 자기 이야기를 하면서 계속 다른 사람들을 언급했던 게 기억났다. 그녀는 한 유명 정치인을 여러 번 언급하며, 아들이 죽은 후 그가 호화로운 선물 바구니를 보냈다고 말했다. 그녀는 그 정치인을 '오빠'라고 불렀다. 또 다른 정치인은 '어머니'라고 불렀다. 전 백악관 고위 관리도 '어머니'라고 불렀으며, 유명 로비스트는 자신의 '개인 상담가', 한 고위 정치인 역시 '오빠'라며 언급했다. 너무 많은 이름이 언급되는 바람에 그녀가 이야기해주던 가족 이야기에 집중하기 어려울 정도였다.

만약 내가 이러한 신호에 주의를 기울였다면, 그녀가 직함과 지위, 평판을 얼마나 내세우며 강조하는지 알아챘을 것이고, 결국 그녀가 추락하는 모습이 그렇게 곤혹스럽지는 않았을 것이다. 그녀는 사람들과 강한 정서적 유대를 가지고 있음에도 불구하고 자기 이익에 따라 움직인다는 사실을 은연중 내게 드러내고 있었다. 그리고 그 일은 내 삶에 들어오는 사람들에게 주의를 기울이고, 귀를 기울이고, 계속 살펴야 한다는 소중한 교훈을 내게 남겼다.

직관 마스터하기

당신을 행동으로 이끄는 신호에 귀 기울인다.

모든 대화에서 다음을 확인한다.

1. **주제**: 대화 상대의 편견과 목표를 이해하려는 의도를 가지고 경청한다. 그것들을 정확히 짚어낼 수 있는지 확인한다. 그러한 관점으로 봤을 때, 그들이 충동적으로 시작할 가능성이 큰 행동 유형은 무엇이라고 생각하는가?

2. **다른 주제**: 다시 주제에 귀를 기울이되 이번에는 다른 주제(예를 들면 두려움, 사랑, 상실)를 찾아본다. 잭슨 브라운 주니어H. Jackson Brown Jr.는 "당신이 만나는 사람들도 모두 무언가를 두려워하고, 무언가를 사랑하고, 무언가를 잃었다는 것을 기억하라"는 명언을 남겼다. 그들이 무엇을 두려워하고, 무엇을 사랑하고, 어떤 상실을 겪었는지 판단할 수 있을지 살펴본다. 앞에서 얘기했던 상황과 맞닥뜨릴 때 그들이 어떤 종류의 과감한 행동을 할 것 같은가?

3. **또 다른 주제**: 이 주제는 당신이 선택한다. 유머와 엄숙함이 될 수도 있다(어떤 부분을 가볍게 느끼고 어떤 부분을 무겁게 느끼는가?). 친절함과 단호함이 될 수도 있다(무엇에 관대하고 개방적이며, 무엇

에 폐쇄적이고 엄격한가?). 어떤 주제에 초점을 맞추는지는 중요하지 않다. 중요한 것은 대화를 끝낼 때 상대방의 핵심적인 부분을 이해하고 있느냐에 있다. 그리고 그것이 자신과 그들의 세계에 대한 당신의 이해, 그리고 그들이 인생 여정에서 기꺼이 시작하게 될 긴 행군과 어떻게 연결되는지를 이해하고 있느냐에 있다.

4. **반복**: 우리는 대개 공감하는 내용에는 귀를 기울이지만, 반복되는 내용에는 집중을 이어가지 않는다. 사람들은 단어나 표현을 똑같이 사용하지 않더라도 같은 내용을 반복적으로 이야기하곤 한다. 대화의 상대방은 어떤 생각을 은근히 반복하고 있는가? 그가 반복해서 말하는 것은 그에게 가장 중요한 것이며, 그가 가장 행동으로 옮기고 싶어 하는 것이다.

5. **키워드 또는 단서**: 키워드나 단서에 귀 기울일 때 우리는 더 깊이, 심지어 더 생물학적으로 대화하게 된다. 자연은 종종 매우 뚜렷한 신호를 보내고, 그것은 우리를 위험으로부터 보호해준다. 예를 들어 특정 색상[1]은 식물이나 동물에 독성이 있다는 (또는 적어도 맛이 없다는) 경고다. 우리는 쥐가 덤불 속에서 먹이를 찾을 때 내는 바스락거리는 소리[2]가 포식자에게 쥐의 위치와 그

---

1 과학적 명칭은 **경고색**(aposematism)이다.
2 그렇다. 이 단서에서 얻는 정보는 훨씬 간접적이다. 가끔 특정 단서를 감지하기 위해 어느 정도의 처리와 직관을 거쳐야 할 때도 있다. 바스락거리는 소리는 쥐가 먹이 활동을 할 때 나타나는 부산물이며, 그것이 전달하는 정보는 오해를 부르거나 잘못 해석되거나 아예 무시될 수 있다. 반면에 컬러리즘

가 취할 행동에 대한 단서를 제공한다는 것을 이미 알고 있다.

6. **우연의 일치**: 대화 속 말 중 기이하게 느껴지는 게 있는가? 당신이 생각하거나 고민하던 문제와 연관된, 무시하기에는 너무 비슷한 내용이 있는가?

7. **말 끊기**: 상대의 말을 끊으며 경청하라. 그렇다. 우리는 대화 중에 말을 끊지 말라고 배웠다. 하지만 이번에는 말을 끊고 끼어들어라. 당신이 지금 해야만 하는 이야기가 상대의 이야기보다 중요하다는 듯 굴며 자만심 가득한 태도로 성급하게 말을 끊으라는 게 아니다. 더 많은 세부 사항, 관련 가능한 뉘앙스를 알아내기 위해 의도적으로 끼어들어 질문하라는 뜻이다. "그래서 어떻게 됐어요?" 또는 "그래서 당신은 어떻게 했어요?"라고 부드럽게 질문하라. 정중하게 질문하고 공감하는 태도로 더 상세히 알아내라.

모든 대화에서 이런 경청 기술을 연습하라. 매일 다른 방법을 시도하라. 예를 들어, 누구와 대화하든지 간에 오늘은 반복되는 내용을 듣는데 집중했다면 내일은 우연의 일치를 듣는 데 집중한다.

이런 경청 기술을 연마할수록 우리를 행동으로 이끄는 신호들을 더 잘 인식할 수 있게 된다. 우리가 알아차린 신호들이 근본적으로 유익하며,

(피부 톤에 의한 차별로, 같은 흑인이어도 피부색이 더 어두운 사람이 더 차별받는 경향 – 옮긴이) 같은 신호는 더 직접적이며, 특정 목적을 지닌 정보를 전달해서 행동에 영향을 미친다(경고색의 경우에는, 신호를 보내는 생물과 신호를 받는 생물 간의 취식 적합성에 영향을 미치도록 자연선택에 의해 직접 형성되었다).

신뢰할 수 있는 직감을 제공하고, 올바른 반응을 선택하도록 유용한 정보를 제공해줄 것이라고 믿게 된다.

직감은 우리가 이미 알고 있는 것에서 온다.[1] 앤 모로 린드버그[2]는 "좋은 대화는 블랙커피만큼 자극적이며, 잠들기도 어렵게 만든다"고 말한 적이 있다. 우리가 대화하면서 경청하는 이유는, 그것이 과감한 시도와 긴 행군을 통해 우리의 행동을 촉구하는 신호들을 인식할 수 있게 해주기 때문이다.

1 알고 있는 것으로부터의 전환인 졸트도 마찬가지다.
2 Anne Morrow Lindbergh, 작가이자 미국 여성 최초로 비행 면허를 딴 비행사. (옮긴이 주)

반복의 효과

Interactions

무엇이 직감을 흐려지게 하는가

14

가장 배우기 어려운 것은,
우리가 이미 알고 있다고 생각하는 것들이다.

항상 경험을 통해 배워야 한다는 것은 사실이지만, 스스로에게 물어보라. 당신은 20년에 걸쳐 경험을 쌓았는가, 아니면 1년의 경험을 20년째 반복하고 있는가?

론 존슨Ron Johnson은 2011년 11월 제이씨페니JCPenney의 신임 CEO로 임명되었다. 그의 임명 소식에 사람들은 대단히 흥분했고 기대했다. 존슨은 대형 할인점 브랜드인 타겟Target과 애플에서 유통 전략의 수립과 개발에 중추적인 역할을 담당하였고, 성공적으로 임기를 끝낸 덕에 유통업계에서 높이 평가받는 인물이었기 때문이다. 그는 고전하고 있는 이 백화점 체인에도 신선한 아이디어와 혁신, 새로운 방향성을 제시할 인물로 여겨졌다. 브랜드에 다시 활력을 불어넣고 매출과 수익성의 증가를 주도할 수 있는 유통업의 선구자라는 평을 얻은 그였으니까.

존슨은 제이씨페니의 가격 전략, 매장 배치, 상품 구성을 총 점검하겠다는 야심 찬 계획을 품고 취임했다. 그가 제시한 "공정하고 투명한" 가격 모델과 더 현대적이고 매력적인 쇼핑 경험이라는 비전은 그를 고용한 이사회의 공감을 얻었다. 어쨌든 그는 타겟에서 디자이너들 및 브랜드들과 협력하여 타겟만의 세련되면서도 합리적인 가격의 상품 개발을 맡았던 핵심 인물 중 한 명이었다. 그 전략으로 타겟은 경쟁사와 차별을 이루어낼 수 있었고, 디자인에 주목하는 고객층을 끌어들일 수 있었다. 타겟이 비공식적으로 "타제Tar-gét" 또는 "타제이Tar-zhay"로 불리게 된 것은 바로 존슨 덕분이었다.[1]

또한 이와 유사한 방식으로, 애플에서는 오늘날 우리가 알고 있는 애플 스토어를 만들었다. 그는 애플 스토어의 레이아웃, 고객 서비스 방식, 그 안에서의 전반적인 경험을 설계하는 데 핵심적인 역할을 담당했다. 고객에게 개인 맞춤형 도움과 기술 지원을 제공하는 지니어스 바Genius Bar도 구상했다. 제품을 구매할 뿐만 아니라 경험할 수 있는 공간이라는 그의 비전은 미니멀하면서도 미적으로 만족스러운 공간

---

[1] 타제, 또는 타제이 둘 다 저렴하면서도 세련된 상품들을 구비하고 있는 타겟의 이미지를 반영해, 타겟을 프랑스어처럼 부르게 되면서 붙여진 별명이다. (옮긴이 주)

디자인으로 이어졌고, 그곳에서 고객들은 제품을 써보고, 워크숍에 참석하고, 전문가의 조언을 받을 수 있었다. 애플 스토어는 상징적인 장소가 되었고, 단위 면적당 엄청난 매출을 창출했으며, 소비재 기업의 혁신 모델이 되었다.

그랬기에 모두들 존슨이 제이씨페니에서도 비슷한 성공 스토리를 만들어낼 것으로 예상했다. 하지만 실제로 벌어진 상황은 정반대였다. 2013년 4월, 존슨은 부임한 지 채 18개월도 되지 않아 해고되었고, 그의 재임 기간은 "21세기 최대의 비즈니스 실패"로 치부되었다.

무슨 일이 일었던 걸까? 존슨은 상황적 오만함에 사로잡혔던 것이다.

배움을 멈추는 전문가가 되지 마라

볼테르는 "의심은 유쾌하지 않은 일이지만 확신은 어리석은 짓이다"라고 말한 바 있다.

상황적 오만이란, 개인이 특정 상황이나 환경에서 직감(이라고 믿는 것)에 의존하여 잘못된 자신감과 우월감을 갖는 상황 특정적 사고방식을 말한다. 상황적 오만은 자신이 매우 유능하고, 지식이 풍부하며, 유효한 스키마, 심성모형, 원형을 가지고 있다고 인식할 때 자주 나타나며, 이로 인해 다른 직관에 이르게 할 자극들을 무시하게 된다.

사람들이 상황적 오만에 빠지는 가장 흔한 이유는, 특정 분야에서 높은 수준의 전문성이나 성공에 도달했기 때문이다. 일단 우리의 마음이 상황적 오만에 빠지면, 엄청난 기민함이 있어야만 그 상태에서 빠져나올 수 있다. 그래서 때때로 어떤 문제에 대한 상식적인 해결책을 전문가들이 가장 늦게 인식하는 경우가 발생하곤 하는데, 한계주의[1] 경제학자 소스타인 베블런Thorstein Veblen은 이를 전문가의 '훈련된 무능trained incapacity'이라고 불렀다.[2]

이런 일은 자주 일어난다. 일상적인 예를 하나 들어보자. 식사를 마치고 계산서를 받았는데 식사비가 예상보다 너무 많이 나오거나 너무 적게 나와서 깜짝 놀란 적이 얼마나 있었는가? 우리는 미리 이러한 질문("식사비가 얼마나 나올 거라고 예상하지?")에 답해봄으로써 ("나는 처음 와보는 나라에서 혹은 직접 와인을 고를 때는 비용 감각이 엄청나게 떨어져.") 그런 상황에 대비할 수 있다.

마찬가지로 조리법을 조금 조정하면 음식이 더 맛있어질 거라고 예상할 수도 있고, 교통 체증이나 다리 폐쇄를 예상하지 못했기 때문에 목적지까지 가는 데 걸리는 시간을 과소평가할 수도 있다. 또는 친구나 가족이 특정 상황에서 어떻게 반응할지 안다고 생각하지만, 실은 자신의 예상보다 훨씬 더 큰 갈등과 오해, 감정적 상처가 있음

---

1 다이아몬드가 물보다 비싼 것처럼 상품과 서비스의 가치는 총효용이 아니라 한계효용에 의해 결정된다는 경제학 이론. (옮긴이 주)
2 토머스 에디슨이 이 문제를 극복하기 위해 사용한 한 가지 방법은, "적합한" 전문성을 가진 사람들이 문제 해결에 실패했다면 그 다음으로는 "부적합한" 전문성을 가진 사람들에게 문제를 맡기는 것이었다. 이는 이 책의 13장 '직관 마스터하기'에서 논의했던 신경가소성 훈련과 같은 맥락이다.

을 발견하게 되기도 한다.

론 존슨이 '공정하고 투명한' 가격 전략을 도입했을 때, 이미 그에게는 일관된 고정 가격이라는 원형이 있었다. 애플에서는 잘 통하던 전략이었다. 그는 끊임없는 세일과 할인을 없애고 대신 매일 저렴한 가격으로 판매하는 것을 목표로 했다. 그러나 세일과 쿠폰 특가 쇼핑에 익숙해진 제이씨페니의 고객들에게는 그다지 호응을 얻지 못했다. 할인과 특가를 찾던 기존 고객들은 새로운 가격 전략으로 인해 구매에 소원해졌다. 충성도 높은 고객들이 떠나면서 매출이 급감했고, 신규 고객 유치도 어려워졌다.

매장 레이아웃을 변경했을 때, 존슨은 타겟과 애플에서의 엄청난 성공을 근거로 이번에도 '매장 내 매장 개념'을 더욱 개방적인 레이아웃으로 바꾸었다. 그러나 제이씨페니의 이런 조치는 고객들의 익숙한 쇼핑 경험을 방해하여 혼란과 좌절만 초래했다.

이러한 변화들은 모두 제이씨페니 직원들의 사기 저하로 이어졌다. 오랫동안 이어져 온 제이씨페니의 문화가 붕괴되면서 직원들의 참여와 성과에 영향을 미쳤다. 타겟과 애플에서의 성공 경험에 지나치게 의존했던 존슨은 전혀 다른 상황임을 깨닫지 못하고 이전에 잘 통했던 전략을 그대로 적용하는 중대한 실수를 저질렀다. 혁신적인 브랜드에서 고객층과 기대치가 전혀 다른 전통적인 백화점으로 옮겨왔는데도 말이다. 제이씨페니의 시장과 고객들의 독특한 역학 관계를 이해하고 적응하는 데 실패한 그는, 결국 회사에 상당한 재정적 손실을 입히고 퇴진하게 되었다.

직감은 경험의 영향을 받지만, 직관하는 동안 상황적 오만으로 인해 방해받을 수 있다. 존슨의 상황적 오만은 새로운 상황과 그에 수반된 변수들을 보지 못하게 했다.[1]

하지만 우리는 상황적 오만을 억제하면서, 경험을 통해 직관과 직감을 강화할 수 있다.

직관 마스터하기

타인의 삶을 통해 자신의 경험을 이해하라.

경험에서 무언가를 배우는 가장 효과적인 방법 중 하나는, 놀랍게도 그 경험에서 한 발짝 물러나 적절한 맥락에 그것을 놓고 다시 이해해보려고 애쓰는 것이다.

픽션은 진실을 반복해서 알려주는 거짓말이라는 말이 있다. 픽션은 다른 사람들의 마음속에 들어가 그들의 눈으로 세상을 볼 수 있게 해준다. 논픽션 작품도 매우 전문적이고, 교육적이고, 설명적이고, 보고식 서술에 국한되지 않고 의견에 기반한 설득력 있는 내용을 담고 있을 때

---

[1] 한 가지 변수를 바꾸면 모든 것이 변한다. 이것은 영화 〈파이트 클럽〉의 첫 번째 규칙이자 대수학의 법칙이기도 하다.

는 픽션과 같은 효과를 낸다. 회고록과 철학 작품의 경우 특히 그런 효과가 두드러진다. 둘 다 우리가 다른 사람들의 마음속에 들어가 그들의 눈으로 세상을 볼 수 있게 해준다. 클레오파트라에 관한 솔직한 전기나 제2차 세계대전을 다룬 역사서만 봐도 '내가 클레오파트라의 입장이었다면 어떻게 했을까?' 또는 '네빌 체임벌린의 입장이었다면 어떻게 했을까?' 하는 궁금증을 불러일으킨다.

책을 많이 읽고, 작품의 주제와 사상, 등장인물의 프리즘을 통해 자신의 삶을 되돌아보라. 책에 몰입해 있을 때도 당신의 신념, 가치관, 경험은 당신 곁에 있다. 책을 통해 당신은 자신의 내면을 들여다보고, 성찰하고, 연결점을 찾아내고, 세상과의 관계 속에서 자신에 대한 새로운 통찰을 흡수할 수 있다.

한 번도 겪어보지 못한 상황에 자신을 투영하고, 익숙한 상황에 놓인 주인공들을 관찰하는 것은 자신의 경험을 더 잘 이해하고 직감에 귀 기울이는 데 도움을 준다. 동시에 당신의 시야는 더 깊어지고 더 넓어진다. 주인공들이 겪는 어려움은 본질적으로 복잡하거나 혼돈스러운 문제이므로 세상은 복잡하고 불확실하다는 인식을 당신의 스키마, 심성 모형, 원형에 점차 구축하게 되고 그로 인해, 당신은 변화하는 상황에 적응하려는 의지와 함께 불확실성의 가능성에 대해서도 직관적으로 열린 태도를 유지할 수 있다.

일단, 읽을 책을 골라보자. 어디서부터 시작해야 할지 모르겠다면 이 책의 부록 A를 참고해도 좋다. 내가 선정한 추천 도서 목록이지만, 가장 좋아하는 책들만 모은 것은 아니며, 작품마다 우리에게 알려주는 것들이 다 다르다. 핵심은 이것이다. 우리가 모두 같은 책을 읽는다면, 모두 같은 생각과 심성모형을 갖게 될 것이다. 그러니 폭넓게 읽어라. 나 역시, 추천 도서 목록을 선정할 때 깊이보다는 다양성에 중점을 두었다.

책을 읽으면서 마음에 와닿는 부분이나 구절이 있으면 그 페이지에 책갈피를 꽂아두거나 모서리를 접어 둔다.[1] 책을 다 읽고 나면 아주 간단한 감상문을 쓴다. 길게 써도 좋고 짧게 써도 좋으니 원하는 만큼 쓰고, 그것을 숙제로 만들도록 하지 않는다. 나는 대략 옆에 수록된 것과 같은 양식을 이용한다.

모서리를 접어둔 페이지로 돌아가 모든 인용문과 발췌문을 필사하고, 때로는 인용문 뒤에 내 생각이나 성찰(괄호로 표시)을 덧붙이기도 한다. 그런 다음 책에 대한 전반적인 감상을 몇 문장으로 요약한다. 이 방식을 사용하면, 자신이 공감하는 부분에만 집중하면서 책 전체를 빠르게 다시 훑을 수 있기 때문에 그 책이 내 삶과 주변 세상에 어떻게 적용되는지 더 잘 이해할 수 있게 해준다.

예를 들어, 『내일, 또 내일, 또 내일』이라는 책은 나의 상황적 오만을

---

[1] 나는 항상 종이책을 읽는다. 다른 양식은 종이책과 같은 경험을 선사할 수 없기 때문이다. 물론 어떤 형태를 선택하든 괜찮다. 책 모서리를 접는 것을 신성모독처럼 여기는 독자들이 많다는 것도 알고 있다. 사실 나는 (그렇게 하면 한결 낫다는 듯이) 책의 아래쪽 모서리를 접는다. 하지만 원한다면 포스트잇이나 다른 책갈피를 사용해도 좋다. 책 모서리 접기의 역사를 알고 싶다면, 토르스텐 란츠베르크의 "The History of the Dog-Ear Bookmark," DW, 2021년 4월 23일, https://dw.com/en/world-book-day-history-of-the-dog-ear-bookmark/a-57311160을 참조하라.

제목: _____

날짜: _____

저자: _____

평점: _____

전반적인 감상:

주목할 만한 구절:

깨닫게 해주었고, 잘못된 선택임을 알고 있음에도 불구하고 고민하고 있었던 진로 결정을 재고하게 만들었다. 다음은 내가 적어 두었던 구절이다.

> 그는 분명히 수학에 소질이 있었지만 그다지 의욕을 느끼지 못한다는 의심이 들기 시작했다… "자네에게는 엄청난 재능이 있어, 샘"이라고 교수는 말했다. "하지만 무언가를 잘하는 것과 그것을 사랑하는 게 같지 않다는 걸 알아둘 필요가 있어."

나는 이 부분을 읽으면서 내가 투자은행 업무에 매우 능숙하지만, 장기적으로는 그것에서 나를 지탱해줄 만한 가치를 느낄 수 없다는 것을 깨달았다. 나는 그 일을 사랑하지 않았다.

이렇게 감상문을 몇 차례 작성해보았다면 (부록 B의 예시를 참조) 이제 난이도를 높여보자. 과거에 읽었던 책들로 연습해본다. 어슐러 르 귄Ursula Le Guin은 이렇게 말했다. "15살 때 어떤 책이 무언가를 말해줬다면, 50살이 되었을 때도 그 책은 다시 말해줄 것이다. 다만 그 의미를 과거와는 다르게 이해하게 되어서 마치 완전히 새로운 책을 읽는 것처럼 느낄 수 있다."

나는 최근에 이디스 워튼Edith Wharton의 『이선 프롬』을 다시 읽었다. 그리고 이 책이 워튼의 다른 작품들과 다르다는 것을 알아차렸다. 그녀의 다른 책들에 등장하는 인물들은 상류층이었지만, 『이선 프롬』의 등장인물들은 그렇지 않았다. 반면, 워튼의 작품에 나오는 모든 등장인물들은 자신의 의무를 다할 것인지, 마음을 따를 것인지의 동일한 딜레마에 직면한다. 수십 년 만에 다시 읽어보니 등장인물들이 겪은 고통이 과도하고 부당하며 잔인할 지경이라는 감상은 여전했지만, 한편으로는 그 책이 미국의 경제 및 문화 체제가 그러한 고통을 어떻게 양산하고 허용했는지를 보여주는 비판이라는 것도 깨달았다.

청소년 도서나 아동 도서를 기피할 필요는 없다. 심오한 주제를 다룬 아동, 청소년 도서는 아주 많고, 그중 상당수는 예상치 못한 공감을 불러일으킬 것이다.

이런 감상문을 통해 당신은 앞으로 활용할 수 있는 '참고 자료 모음'을 갖게 될 것이다. 앞서 소개한 애덤처럼, 당신의 상황에 맞는 자료를 찾아 그 순간에 맞게 활용하라. 당신이 해결하고자 하는 문제에 가장 적합한 내용을 적용하라.

직감을 믿기 어려울 때는

― 15 ―

과감한 선택을 하라.
어떤 선택은 실수였음이 드러날 수도 있다.
하지만 그 모든 선택이 모여 결국 당신을 만들 것이다.

론 존슨은 제이씨페니에서 실수를 저질렀다. 하지만 그 일은 그의 직관과 직감을 크게 발전시켜주기도 했다. 나는 존슨이 애플과 타겟에서 이룬 성과에 버금가는 성공을 앞으로 더 많이 거둘 거라고 믿어 의심치 않는다. 이는 요리를 배우는 것과 비슷하다. 냄비도 몇 개 태우고 몇 차례 소스를 너무 짜게 만들기도 하겠지만, 시간이 지나면 맛과 타이밍, 기법을 터득하게 된다. 실수와 실패는 우리의 스키마, 심성모형, 원형을 구축하는 데 도움이 된다. 따라서 특정 인물이나 결정에 대해 '잘못' 판단했다고 해도 그것 역시 직감을 발전시켜줄 수 있다.

산업이 변화하고, 비즈니스의 본질이 진화하고, 리더와 관리자의 고려사항이 바뀌어 가므로 이것은 중요한 사실이다. 이전에 통용되던 기준에 따라 '옳다'고 여겼던 결정이 이제 실수가 되는 상황을 이해하려면 직관이 필요하고, 바로잡으려 할 때는 직감이 필요할 것이다. 엔비디아의 공동창업자이자 최고경영자로 게임, 인공지능, 데이터 처리, 자율주행차 기술에 혁신을 일으키며 엔비디아를 기술 산업의 강자로 키운 젠슨 황Jensen Huang은 이렇게 증언했다. "기술 중심 산업에서 일한다면 기술 기반을 이해하는 것이 필수입니다. 그래야 산업이 어떻게 변화할지, 어떤 실수가 발생할지 직관할 수 있습니다. 무엇이 곁가지 기술이고 무엇이 근본적인 기술인지에 대한 직관이 필요합니다."

개인 내적 실수

우리가 저지르는 실수 중에는 내적 오판, 선택, 행동에서 비롯된 '자기 관련' 실수도 있다. 이런 실수들은 개인적 성장을 위한 통찰을 제공하고 자기 인식을 높인다. 예를 들어, 너무 많은 일을 떠맡아서 일에 짓눌리다 한계점에 이르러 자신의 한계를 재평가해야 했던 때도 있었을 것이다. 이러한 실수는 우리에게 거절과 우선순위 설정의 중요성에 대해 가르쳐준다. 우리는 개인적 경계, 시간 관리, 그리고 무엇이 우리에게 진정으로 중요한지에 대한 중요한 교훈을 얻게 된다.

내가 이 책을 쓰기 위해 인터뷰했던 수십 명의 사람들은 사업을 시작하고 스타트업을 창업한 후 그것이 실수였고 그러지 말았어야 했다는 것을 깨달았다고 털어놓았다. 반대로 기회가 왔을 때 사업을 시작했어야 했는데 직장에 남았다고 했던 사람들도 많았다. 그래서 나는 그들에게 사업을 시작하기에 적절한 시점이 언제인지 어떻게 알 수 있느냐고 물었다. 가장 마음에 들었던 대답은 팜걸 플라워스Farmgirl Flowers의 창업자의 말이었다. "이 사업을 시작하지 **않을** 수 없다는 생각이 들었어요. 그냥 해야만 했죠."

사람들이 자신의 역사와 마음속 깊이 정말로 중시하는 것을 외면할 때 실수가 생기므로 그것과 일치하는(혹은 어긋나는) 목표를 추구하는 것의 중대함과 결과를 배우는 것은 매우 중요하다. 내가 학생들에게 이를 가르치기 위해 사용하는 한 가지 방법은 목표, 타이밍, 경계, 대담한 아이디어를 생각하면서 동시에 사전 지식과 자극들을 통합하는 연습을 하게 하는 것이다. 이를 좀 더 자세히 알아보자.

이틀이나 3개월 또는 원하는 만큼의 시간을 정해두고 열심히 브레인스토밍한다. 노트를 펴놓고 가치(수익 가치 또는 사회적 가치)를 창출할 수 있는 사업, 스타트업, 제품, 서비스에 관한 모든 아이디어를 기록한다. 정해진 시간 동안 떠오르는 모든 아이디어를 계속 적어둔다. 경계, 제약, 위험 같은 건 전혀 생각하지 않는다.

브레인스토밍을 끝내면 꽤 긴 아이디어 목록이 생길 것이다. 이제 이 목록은 잠시 제쳐둔다. 목록에 있는 어떤 것도 생각하지 않는다. 다른 노트를 펼쳐놓고 일이나 창업에 관계된 당신과 당신 삶의 특징과 속성을 전부 적기 시작한다. 예를 들어, 다음과 같이 적어볼 수 있다.

- 나는 사람들과 함께 일하는 게 싫다. (또는 나는 사람들과 어울리기를 좋아하고 네트워킹과 교류를 좋아한다.)
- 고객 유치와 마케팅을 소셜 미디어에 의존하는 회사는 원치 않는다.
- 24시간, 연중무휴로 일할 필요가 없는 회사를 원한다. 하루 8시간 열심히 일하면 업무를 끝낼 수 있는 회사를 원한다.
- 나는 가정을 꾸리고 싶고, 아이들과 양질의 시간을 많이 보내는 게 중요하다.

이런 식으로 적으면 된다. 일단 첫 번째 노트에 적은 아이디어들은 전혀 생각하지 마라.

생각나는 모든 기준을 적었다면, 이제는 사업 아이디어 목록을 펼쳐 놓고 **모든 기준**에 부합하지 않는 아이디어는 가차 없이 지운다. 그 아이디어가 얼마나 마음에 드는지는 중요하지 않다. 기준에 맞지 않는 아이디어는 지워라. 이 과정까지 끝내면 보통 3~5개의 사업 아이디어만 남게 된다. 남아 있는 각 아이디어들을 테스트하여 실제로 실현 가능한지 확인한다.

    이 연습의 장점은 실수를 '보게' 만든다는 것이다. 아이디어들, 특히 마음에 들었던 아이디어들을 지워나가는 동안 단순히 유행하는 사업이었다거나 훌륭한 아이디어지만 **나**에게 맞지 않는다는 것을 깨닫게 될 것이다. 나의 진정한 열정 및 가치관과 어떤 목표(또는 사람)가 일치하지 않는지 이해하게 됨으로써 그런 실수를 저지르지 않게 된다. 그리고 이를 알면 진정한 성취감과 행복을 가져다줄 일에 다시 집중할 수 있다.

대인관계에서의 실수

    개인 내적 실수도 있지만, 다른 사람들과의 상호작용 과정에서 저지르는 실수도 있다. 대인관계에서의 실수는 타인에 대한 이해와 관계, 소통에 영향을 미친다. 예를 들어, 우리는 다른 사람이나 그의 의도를 잘못 판단할 수도 있고, 다른 사람으로부터 잘못된 판단을 받을 수도 있다. 우리는 다른 사람을 지나치게 비판할 수도 있고, 다른 사람의 비판을 받을 수도 있다. 대인관계에서의 실수는 신뢰, 공감, 사회적 신호 읽기에 대한 귀중한 교훈을 얻게 해준다. 이러한 실수는 우리의 추정과 편견을 되돌아보게 하고, 향후 더 나은 소통과 이해를 하도록 장려한다.

캠이 들려준 이야기는 아직도 내 기억에 남아 있고, 나는 종종 그 이야기를 떠올린다. 직장생활 초반에 그는, 약 수백만 달러를 기부하는 것으로 유명한 가족 재단의 부장으로 일했다. 그의 업무는 전 세계의 사회 복지와 경제적 번영을 개선하기 위한 프로젝트들을 평가하고 자금을 지원하는 것이었다. 이 업무에서 상상할 수 있는 것처럼, 그는 인맥이 매우 넓었고, 매일 많은 사람들이 그에게 만남을 요청했다. 그는 사람들을 만나고, 그들의 아이디어를 듣고, 후원받는 많은 수혜자들과 돈독한 우정을 쌓는 것을 좋아했다.

몇 년 전 캠은 재단을 떠났다. 그는 자신의 열정을 쏟을 프로젝트를 시작하는 모험을 해보기로 결심했다. 그는 몇몇 지인에게 연락해 자신의 새로운 프로젝트에 관해 이야기하고 그들의 생각을 듣고 싶다고 했다. 그중 한 명은 그가 수년간 수차례 거액의 기금을 지원해주면서 가까운 친구이자 신뢰할 수 있는 친구가 된 여성이었다. 적어도 그는 그렇게 생각했다.

그는 재단을 떠나 자선 활동 외의 독립적인 프로젝트를 진행하고 있다고 그녀에게 이메일을 보냈다. 몇 주가 지나도록 답이 없었다. 평소 그녀는 답장이 빠른 편이었고, 여전히 활발하게 프로젝트를 진행하며 업계 행사에 참석하고 있다는 것을 알고 있었으므로 캠은 다시 이메일을 보냈다. "바빴겠지만, 지난번에 보낸 이메일을 봤는지 궁금하군요… 이야기를 나누고 의견을 듣고 싶습니다…."

또 한 달이 지났다. 여전히 연락이 없었다. 그는 한 번 더 이메일을 보내보기로 했다. "다시는 귀찮게 하지 않도록 하죠. 혹시라도 이야기를 나누고 싶다면…"

그녀는 마침내 캘린들리Calendly 링크[1]와 한 줄짜리 답장을 보내왔다. "일이 덜 바쁜 2월에 30분 정도 만나요." 그때가 7월이었다.

캠은 열정적으로 자신의 프로젝트에 매달렸던 그 3년을 인생에서 가장 암울했던 시기 중 하나로 꼽는다. 그는 많은 '우정' 관계가 거래적 성격을 띠고 있었음을 뼈아프게 깨달았다. 이 고통스러운 경험은 그에게 지각, 귀인, 분별력 같은 매우 귀중한 기술을 가르쳐 주었다. 그는 사람을 더 잘 판단하게 되었다.

지난해 캠은, 영향력 있는 비즈니스 출판물과 가장 영향력 있는 40세 이하의 리더, 혁신가, 기업가 40인을 선정하는 '40대 이하 리더 40인' 명단 발표로 유명한 글로벌 미디어 기업에 입사했고, 최고위 임원 다섯 명 중 한 명이 되었다. 그는 유망한 인재를 찾아내거나 알아보고, 기업과 문화, 기술의 미래를 만들어가는 인물들을 소개하는 명단을 직접 기획했다. 이 직책을 맡은 지 한 달쯤 지났을 때 그는 캘린들리 링크로 이런 이메일을 받았다. "새로운 직책을 맡았다는 소식을 방금 들었어요! 축하해요, 친구… 만나서 밀린 이야기나 해요. 내가

---

1 일정 조율을 자동화해주는 일정 관리 플랫폼. 사용자가 개인화된 링크를 통해 자신이 참석 가능한 시간을 공유할 수 있도록 하여 간편하게 회의 일정을 잡을 수 있게 도와준다. 캘린들리 링크를 클릭하면 발신자의 자유 시간을 확인할 수 있다. 그중 원하는 시간을 선택하여, 이름과 이메일 주소 등 필요한 정보를 입력한 후 회의를 확정하기만 하면 된다. 기존 방식처럼 이메일을 주고받으며 조율할 것 없이 이 과정을 거치면 자동으로 본인과 발신자의 캘린더에 약속이 추가되고, 알림과 리마인더도 전송된다.

진행 중인 일도 이야기해주고 싶어요."

캠은 그녀가 보내온 이메일을 삭제했다. 몇 주 후 그는 또 이메일을 받았다. "바빴겠지만, 지난번 메일을 봤는지 궁금해서요… 수다도 떨고 생각도 듣고 싶어요."

또 한 달이 지났을 때 다시 이메일이 왔다. "다시는 귀찮게 하지 않을게요. 그렇지만 이야기를 나누고 싶다면…" 그는 그 이메일도 그냥 삭제할 생각이었다고 말했다. "새로운 직책을 맡더니 나를 잊었나 보네요"라는 한 줄이 그의 시선을 끌지 않았다면 말이다.

그래서 그는 이렇게 답장을 보냈다. "귀하를 잊은 게 아닙니다. 귀하가 저를 잊었다는 걸 잊지 않았을 뿐입니다."

캠은 25년 동안 글로벌 기업, 정부, 자선 단체에서 일하면서 가장 어려운 문제에 낙관적이고 포용적인 해결책을 적용하는 리더들의 방식에 깊은 관심을 갖게 되었다. 25년간의 경험은 그가 직관을 터득하는 데도 도움을 주었다. 다음은 그가 들려준 이야기다. "직관을 개발하는 것은 스케이트보드 타는 법을 배우는 것과 비슷하다고 생각합니다. 때때로 넘어지기도 해야 더 잘하게 되니까요. 그러니까 우리는 특정 인사 결정을 '잘못했을' 때도 직감을 개발하고 있었던 겁니다. 이 사실을 깨닫고 나니, 그동안 제 삶 속에 특정 요소들을 허용한 자신을 용서하기가 더 쉬워졌습니다. 그 덕분에 직감이 발달했다면 그만한 가치가 있죠."

직관 마스터하기

실수와 오해가 있을 수 있다는 것을 이해하고, 이를 허용하라.

우리는 80/20 법칙(파레토 법칙: 전체 원인의 20퍼센트에 의해 전체 결과의 80퍼센트가 발생한다)과 집중해야 할 영역을 제대로 파악해 우선순위를 두라는 조언을 들어왔다. 나는 이 법칙을 내가 더 좋아하는 법칙으로 이렇게 재구성했다. '내 인생에서 일이 잘못되는 경우가 20퍼센트는 될 것이다.' 이것이 무슨 의미인지 설명해보겠다.

일이 잘못될 때면 우리는 어떻게든 잘 되리라 기대했기 때문에 실망감을 느낀다. 하지만 스스로에게 "인생에서 일이 잘못될 확률은 몇 퍼센트일까?"라고 진지하게 물어보라. 10퍼센트, 20퍼센트? 혹은 그 이상? (나는 20퍼센트로 정했다.) 그러므로 일이 잘못될 때 (필시 그럴 것이다) 그것을 곱씹거나 너무 속상해하지 말고 그 20퍼센트의 경우라고 여기고[1], 직관을 터득할 기회로 받아들여라.

어떻게 하면 될까? 실패하거나 문제가 생겼을 때 문제의 유형과 구체적인 맥락을 검토하면 된다. 이는 촉발 요인, 조치, 결과 등 사건 전후 일련의 과정을 이해하게끔 도와준다. 타임라인을 분석하다 보면 사건의 맥락과 이러한 결과를 초래한 결정적인 순간들이 무엇이었는지 알

---

[1] 물론 죽음이나 질병, 기타 재난과 같은 정말로 심각한 상황에 이 법칙을 적용하거나 그것을 가볍게 여기라는 뜻은 아니다.

아낼 수 있다. 또한 시스템의 문제, 프로세스의 실패, 인적 오류, 기술적 한계와 같은 근본 원인뿐 아니라 의사소통의 단절, 자원의 제약, 외부 의존성 같은 기여 요인들도 밝힐 수 있다. 그동안의 의사결정 과정을 평가하고, 자극과 사전 지식, 어떤 추정이 있었는지 확인할 수 있다.

마지막으로 이러한 검토 과정은 더 많이 실험하고, 실패하고, 압박 테스트를 해야 함을 상기시킨다. 20퍼센트 정도는 (혹은 그 이상) 일이 뜻대로 되지 않을 것이라고 인지하면 실수의 쓰라림은 어느 정도 줄어든다. 실수를 성장의 기회로 보고 '사후 분석' 하는 법을 배우면 회복탄력성을 키울 수 있다.[2] 이것은 도전과 좌절을 학습 과정의 한 부분으로 자연스럽게 받아들이게끔 도와주고, 역경을 극복하게 하며, 정신적으로 더 강해지게 한다. 실패한 실험은 상황적 오만도 누그러뜨릴 것이다. 실수는 자신의 오류 가능성과 전문성의 한계를 일깨워 겸손을 불러오기 때문이다. 실수하지 않았다면 고려하지 않았을 대안적인 해결책과 접근법을 탐색하도록 유도하여 창의성과 혁신도 촉발할 것이다.

또한 당신은 일이 얼마나 잘못되었는지에 따라 얼마나 오랫동안 기분이 나쁜 상태로 있을지 정량화할 수 있다.[3] 예를 들어, '두 시간 동안 기분 나쁠 일', '하루 동안 기분 나쁠 일', '일주일 동안 기분 나쁠 일'로 판단할 수 있다. 나의 경우에는, 그렇게 정량화한 다음 그 시간 동안은 슬

---

2 직장에서 실행되는 프로젝트 사후 분석이란, 프로젝트의 종료 시점 혹은 문제 해결을 한 후에 개인과 팀, 기타 이해관계자들이 그 결과를 놓고 검토하고 평가하는 과정을 말한다.
3 다시 말하지만, 생사가 달린 문제에는 이 법칙을 적용하지 않는다.

퍼하거나 화를 내거나 초콜릿을 마구 먹으며 기분 전환을 꾀한다. 하지만 그 시간이 지나면 앞으로 나아간다. 감정에 빠져서 실수에 갉아먹히는 대신 그 실수가 나의 스키마, 심성모형, 원형에 생산적인 영향을 미치도록 만든다.

이렇게 자신의 실수 몇 가지를 적어보는 연습을 하고 나면, 그것들을 연결해볼 수 있을 것이다. 패턴을 찾아내고 수정하라. 그래야 개선될 수 있다. 실수가 직관 발달에 어떤 역할을 하는지 배우고 인정한 후로 나는 실패를 용서하기가 쉬워졌다. 그것을 통해 직감이 발달하기만 한다면 장기적으로 볼 때 그만한 가치가 있다는 생각이 들었다. 우리는 모두 실수도 하고 실패도 할 것이다. 하지만 우리는 그 과정에서 직관과 직감을 연마하도록, 실패를 잘 활용하는 법을 배울 수 있다.

1. 당시 상황은 어땠는가?
2. 그 상황에 이르기까지의 타임라인을 적어보자.
3. 관련 요인들은 무엇인가?
4. 그 상황에 어떤 자극, 사전 지식, 추정이 관여했는가?

미국의 배우 메리 타일러 무어 Mary Tyler Moore 는 "좋은 일들만 있었던 사람은 용감해질 수 없다"라고 이야기했다. 용감해져라. 그리고 실수를 통해 직감을 익혀라.

잘못된 일 (20%)

1.

2.

3.

4.

잘된 일 (80%)

1.

2.

3.

4.

당신의 초능력을 발휘하라

― 결론 ―

중요한 것을 결정하고 실행하는 게 성공이다.
직관 과정을 익히고 직감이 당신을
올바른 방향으로 인도할 것이라고 믿어라.

나는 무슨 강의든 종강하는 날에는 학생들에게[1] 내가 힘들게 얻은 지혜 하나를 알려주며 마무리한다. 바로 이것이다.

중요한 것들, 중요하다고 하지만 중요하지 않은 것들, 다른 요인에 따라 중요할 수도 있고 중요하지 않을 수도 있는 것들 사이의 한없이 미묘한 차이를 보느냐 못 보느냐가 성공과 실패를 판가름한다.

---

[1] 지난번 계산에 의하면, 내가 지금껏 가르친 학생은 4천 명을 넘었다.

물론 이것이 그들에게 들려줄 수 있는 가장 심오한 말은 아닐 것이다. 한 학기 동안 내가 해준 말들 중 가장 힘이 되는 말도 아닐 것이다. 어쩌면 다소 모호하고 혼란스럽기까지 하다. 하지만 우리 인생도 그렇다.

아인슈타인은 이런 말을 했다. "머리나 마음에 귀 기울이기 전에 자신의 머리가 나은지, 마음이 나은지부터 판단하라." 직관에 관해서는 이런 판단을 내릴 필요가 없다. 머리와 마음, 데이터와 경험, 자극과 사전 지식을 함께 활용하는 게 직감이기 때문이다. 그래서 직감은 중요한 것을 결정하는 데 도움을 준다.

의사결정 과정에서 데이터와 직관은 상반된 힘으로 인식될 때가 많다. 데이터는 객관적이고 정량적인 정보이고, 직관은 감정과 본능에 근거한 주관적 판단이라고들 생각한다. 하지만 앞서 배웠듯이, 데이터는 직관 과정 속에서 직감에 정보를 제공하고 영향을 미치는 중요한 요소다. 우리는 마음(잠재의식)에 저장된 모든 사전 지식이 직감에 어떤 영향을 미치는지 이미 살펴보았다. 여기에는 우리가 미처 인지하지 못했지만 시간이 지나면서 흡수된 데이터와 관찰 내용들까지 포함된다.

우리는 직관하는 과정에서 패턴을 인식하고, 서로 다른 정보들을 무의식적으로 연결한다. 예를 들어 토마토소스와 미슐랭 스타 레스토랑, 포스트잇 메모와 팝업 광고를 연결 짓는다. 데이터는 이러한 패턴 인식 과정에서 원재료 역할을 담당한다. 새로운 상황에 직면하고 새로운 자극을 접할 때, 우리의 직감은 현재 상황이 상기시키는 과거의 경험과 데이터에서 정보를 가져온다. 우리는 데이터를 사용하여 직관을 보완하고 검증하며, 결정을 뒷받침할 추가적인 증거나 맥락을 찾아낸다.

직관 과정의 아름다움은 우리가 살아온 경험 전체를 파고들어, 이미 알고 있는 것과 알고 있는 줄도 몰랐던 것까지 끌어내어 직감을 만든다는 데 있다. 따라서 당신의 직감은 바로 당신이다. 우리만의 초능력, 우리 각자에게 주어진 특별한 재능이다.

우리가 부쉬넬 법칙 또는 놀란 법칙이라 부르는 것은 "배우기는 쉽게 마스터하기는 어렵게" 디자인해야 최고의 비디오 게임이 될 수 있다고 한 아타리의 창업자 놀란 부쉬넬Nolan Bushnell의 주장에서 나왔다. 직관도 마찬가지다. 이 책 전반에 걸쳐 나는 직관을 최대한 잘 묘사하고 설명하려고 노력했다. 하지만 직관은 사랑이나 요리, 체스, 음악과 같다. 어느 수준에서나 이해하고 즐길 수 있지만, 진정으로 마스터하는 것은 일정 수준 이상에 도달해야 가능하다.

내가 이 책을 쓴 이유는 사람들이 직관을 마스터하고 의도적으로 활용할 수 있도록 실천 가능한 모델을 제공하기 위해서였다. 직관 과정 및 직감의 명료한 순간을, 느닷없이 찾아오는 자연발생적 순간이나 우연한 사건처럼 수동적으로 경험하는 대신 이 책에서 배운 내용을 적용해 적극적으로 활용하면, 올바른 결정을 내리고, 행동하고, 가장 큰 문제를 해결하는 데 유용하게 사용할 수 있다. 의도적인 연습을 통해 점점 더 신뢰할 수 있는 신호를 만들어내도록 직감을 발달시킬 수 있고, 이러한 신호에 대한 민감도를 높여서 직관적인 결정에 따라 자신감 있게 행동하며 정말로 중요한 일을 실행할 수 있게 된다.

직감은 당신이며, 당신이 직관을 통해 속삭인다. 자신에게 진실하고, 머리와 마음이 하나로 합쳐지는 그 명료한 순간에 충실하라. 외부 세계가 점점 더 소란스러워질수록 올바른 방향으로 이끌어줄 직감에 귀 기울이는 게 대체로 가장 현명한 선택이 될 것이다. 당신 자신을 믿어라. 당신은 이미 답을 알고 있다.

감사의 글

내 두 번째 책인 이 책을 쓰는 작업은 예상보다 더 힘들었다. 자연스럽게 샘솟는 아이디어, 신선한 시각과 거침없는 낙관주의로 작업했던 첫 책과는 달리 이 책은 더 깊이 있는 내용을 요구했다. 자기 성찰, 결의, 그리고 경험이 쌓이면서 생긴 미묘한 내용 차이와 씨름할 용기가 필요했다. 초창기 직감 연구의 기초를 다시 살펴보면서, 학문적으로 성장해야 한다는 생각으로 복잡해지기 전 내가 지녔던 순수하고 무방비한 열정이 떠올랐다. 이 책은 그 뿌리로의 귀환이자 시간이 필연적으로 가져다주는 지식의 산출이다.

나의 심성모형, 스키마, 원형을 형성하고 확장해준 분들, 이 책을 쓰는 동안 나를 독려해주고 나의 개인적, 신체적, 감정적, 인지적 직감 요소를 연마하도록 도와준 분들에게 깊이 감사드린다.

나와 이 책의 출판에 변함없는 믿음을 보여준 페이스 햄린과 두 책 모두에 대한 상세한 피드백뿐 아니라 내가 던진 부수적 아이디어까지 기꺼이 수용해준 애비게일 프랭크에게 감사드린다.

포트폴리오 팀, 특히 이 책에 한결같은 열정을 보여준 케이시 에브로에게 감사를 전한다. 훌륭한 피드백을 주고 저작권 등록을 도와준 레일라 샌들린, 제목을 정하는 데 영감을 주고 매끄러운 편집을 이끌어준 니키 파파도풀로스, 그리고 이 책이 나올 수 있도록 리더십과 지원을 아끼지 않았던 에이드리언 잭하임에게도 감사드린다.

커스틴 번트, 재키 갈린도, 리츠코 오쿠무라, 앤드루 더들리 및 영업팀 모두와 그들의 모든 노고에 깊이 감사드린다.

또다시 나를 믿어준 메리 선, 이 여정을 시작하게 해주고 항상 냉철한 솔직함을 유지해준 에릭 넬슨에게도 감사를 전한다.

라빈 에이전시 가족들에게도 감사를 전한다. 우정과 관대함, 창의적 명석함을 보여준 찰스, 소개를 맡아준 케이티, 모든 에이전트, 특히 켄, 캐시, 톰, 엘리엇, 그리고 이 모든 아이디어가 들어갈 자리를 마련해준 데이비드에게 감사드린다.

노스이스턴대학교 다모어 맥킴 경영대학원 가족들에게도 감사를 전한다. 동료들, 공동 연구자들, 동료 보직 교수들, 그리고 나를 든든히 지지해준 리더 DDC에게 감사드린다. 그의 지지를 항상 고맙게 여길 것이다.

이 책의 출발점이 된 연구를 지원해준 존, 포트, 크리스틴, 로빈에게도 감사드린다.

직감과 직관의 차이에 관한 결정적인 통찰을 제공해준 조앤 라우에게도 감사한다.

베이즈 통계, 사전 지식, 자극에 관한 나의 든든한 조언자이자 새로운 음모론이 나올 때면 내가 가장 먼저 찾는 사람이기도 한 앤디 우에게도 감사를 전한다.

첫 책부터 두 번째 책의 집필까지 변함없는 우아함과 정중함을 보여준 티나 실리그에게도 감사의 마음을 보내고 싶다.

타이완 테이스트 오프 가족과 (칩과 접이의자만 있으면 되는) 쿼드 인 플레이 멤버들, 특히 캐시 청, 테이트 사이, 캐시 왕, 마일스 후, 로렌 쳉, 마이클 창, 스테파니 양, 마이 바흐에게 초기 아이디어부터 최종 표지 디자인에 이르기까지 내게 온갖 피드백을 주고 내 미각과 베팅 실력까지 다듬어줘서 고맙다고 말하고 싶다.

이 책의 여러 부분에 귀중한 피드백을 주고, 그 과정에서 힘이 되어준 믿음직한 친구들, 특히 에린 얼리, 엘런 우, 마리나 키슈코비치, 리즈 쿠오, 아니 로스 그럽, 브루스 브라운스타인, LT 장, 젠유 랴오, 패트릭 린, 듀크대학 동창들, 아미트 샤, 크리스 에브데몬, 캐리 라이, 미치 조엘, 로라 가스너 오팅, 제리 원, 앤 올리버, 앤드루 차우, 그리고 내가 평온하게 성찰하며 마지막 단계를 마무리할 필요가 있을 때 호숫가 별장을 빌려준 앤드루 트라츠와 조이스 첸에게도 감사드린다.

벤츠와 리제, 라피와 맥, 캐리 크너 오브라이언, 펜쿵, 조지아 라차나, 치청, 탄 판 반을 포함하여 내 학습 여정에 특별한 자리를 차지하고 있는 분들에게도 감사를 전한다.

801, LEAD, Founder's Journey, ORGB, EDEN를 수강한 내 학생들과의 토론은 내게 매우 의미가 깊었고 이 책의 많은 부분에 영감을 주었다.

이 책을 위한 인터뷰에 응해주고 기꺼이 시간을 내준 모든 분들, 특히 가장 먼저 나서서 통찰을 아낌없이 나눠준 어맨다 핑보디파키야, 제이슨 션, 다니엘 지우스티에게도 감사드린다.

크리스와 메리(그리고 J와 R)는 내 마음을 이미 알고 있을 것이다. 직감이 그렇다.

어머니, 어머니가 이 책 집필을 도와주실 순 없었어요. 이미 알고 계셨잖아요.

내가 인정하고 싶은 것보다 나를 훨씬 더 잘 알고 있는 앤트에게도 감사를 전한다.

또한 내게 생명을 준 사람이 바로 **그들**이었음을 이미 알고 있기를 바라며, L과 A에게 마지막으로 감사의 마음을 전한다.

부록 A

추천도서 목록

[픽션]
- 이디스 워튼, 『이선 프롬』
- 가즈오 이시구로, 『나를 보내지 마』
- 케이트 디카밀로, 『윈 딕시』
- 미치 앨봄, 『매직 스트링』
- 에릭 시걸, 『러브 스토리』
- 손턴 와일더, 『우리 읍내』
- 치마만다 응고지 아디치에, 『아메리카나』
- 톰 스토파드, 『로젠크란츠와 길덴스턴은 죽었다』
- 탕하 라이, 『사이공에서 앨라배마까지』

- 할 볼랜드 Hal Borland, 『When the Legends Die(전설이 죽을 때)』
- 사무엘 베케트, 『고도를 기다리며』
- 대니얼 키스, 『앨저넌에게 꽃을』

[논픽션]
- 폴 칼라니티, 『숨결이 바람 될 때』
- 손무, 『손자병법』
- 엘리자베스 길버트, 『빅매직』
- 다니엘라 메스티아네크 영 Daniella Mestyaneck Young, 『Uncultured(교양 없는)』
- 달라이 라마, 데스몬드 엠필로 투투, 더글러스 에이브람스, 『JOY 기쁨의 발견』
- J. R. 모링거 Moehringer, 『Tender Bar(텐더 바)』
- 유발 하라리, 『사피엔스』
- 이디스 해밀턴, 『그리스 로마 신화』
- 데일 카네기, 『데일 카네기 인간관계론』
- 앤서니 샘슨 Anthony Sampson, 『Mandela(만델라)』
- 아이리스 장, 『역사는 힘있는 자가 쓰는가』
- 로라 후앙, 『엣지 EDGE』

부록 B

독서 감상문에 대한 예시

보니 가머스 저작, 『레슨 인 케미스트리』에 대한 감상문.
2023년 4월 말에 읽기 시작해서 2023년 5월 11일에 완독함.

이 책 역시 엄청난 화제를 모았다. 사람들은 올해 읽어본 책 중 최고라며 이 책에 대한 극찬을 아끼지 않았다.
나도 이 책이 좋았다. 정말, 정말 좋았다. 전개 속도도 좋고, 반전 요소도 훌륭하며, 이야기의 흐름도 매끄러웠다. 글 솜씨도 뛰어났다.
몇 가지 아쉬운 점도 있었지만(내가 완벽주의자인 탓에 항상 그럴 것 같지만), 전반적으로는 아주, 아주 좋았다.
10점 만점에 9점을 주고 싶다. 정말, 정말 훌륭한 책이다. 하지만 책을 읽

은 후 그대로 앉아 여운에 잠기거나 후회, 죄책감, 구원 등의 감정에 젖게
되지는 않았다.

마음에 들지 않았던 점:

- 마지막 장면 중 주인공이 "수업 끝"이라고 말하며 끝나는 부분은 마음에 들지 않았다. 〈보이 미트 월드〉의 마지막 대사를 베낀 것이기 때문이다.
- 페미니즘과 평등권, 남성들이 여성들을 불공정하게 대우하는 모습에 지나치게 중점을 둔 점도 마음에 들지 않았다. 하지만 그 주제가 없었더라면 이 책이 어떻게 전개되었을지는 잘 모르겠다.

이 책에서 가장 중요하다고 생각되는 것들:

- "행복의 불공평한 분배"라는 개념. 나는 질투와 시기에 대해 많은 생각을 해왔고 이제는 더 균형 잡히고 평온한 마음으로 다른 사람의 성공을 기뻐하게 되었다. (모든 사람이 어떻게 분투하는지를 다룬 『JOY 기쁨의 발견』을 읽은 후로… "목표로 삼은 것을 이루다니 축하해", "그걸 이루다니 잘했네"라고 축하해 줄 수 있게 되었다.) 사람은 본질적으로 '자기' 중심적이지만, 최근 들어 나는 그보다 더 넓은 시각을 갖게 되어서 기쁘다.
- 둘째, 자기 믿음이라는 개념. 우리는 너무 자주, 안심시키는 말 뒤에 숨는다. 하지만 변화는 필요하고 좋은 것이며, 받아들일 가치가 있다. 변화하려면 용기가 필요하다. 이러한 용기와 변화, 자기 믿음이 있다면

장기적으로는 누구도 당신을 막을 수 없다.

메모해두고 싶었던 책 속 문장들(원서 페이지 기준):
- 그의 가장 큰 문제는 경험 부족이었다. 그는 마치 몇 년 동안 애쓴 끝에 다람쥐를 잡아 놓고도 그것으로 무엇을 해야 할지 전혀 모르는 개와 같았다. (10쪽)
- "그가 말했다. 인생은 전혀 공평하지 않은데 넌 여전히 공평한 것처럼 행동하지. 몇 가지 잘못된 것만 고치면 나머지는 제자리를 찾을 것처럼. 하지만 그렇지 않아. 내 조언을 원해?" 그녀가 거절하기도 전에 그가 덧붙였다. "시스템대로 하지 마. 시스템을 능가해." (26쪽)
  - 그녀는 잠자코 앉아 그의 말을 곱씹었다. 짜증스럽게도 너무나 불공평하지만 맞는 말이었다.
- "내가 알게 된 게 한 가지 있어. 사람들은 복잡한 문제에 대한 간단한 해결책을 항상 갈망해. 실제로 존재하는 걸 믿는 것보다 볼 수도, 만질 수도, 설명할 수도, 바꿀 수도 없는 걸 믿는 게 훨씬 쉽거든." 그녀는 한숨을 쉬었다. "자기 자신 말이야." (39쪽)
- 끊임없이 슬픔을 먹고 자란 사람은 다른 사람들이 그보다 더 많은 슬픔을 겪었을 거라고는 상상하기 힘들다. (39쪽)
- 다른 사람이 부당하게 누리는 행복을 보는 것보다 더 짜증나는 일은 없다. 헤이스팅스연구소의 동료 중 일부는 엘리자베스와 캘빈이 불공평하게 많은 행복을 누린다고 생각했다. 그는 너무 똑똑했고, 그녀는 너

무 아름다웠으니까. 두 사람이 커플이 되자 그들의 과도한 행복은 자동으로 두 배가 되어 정말로 불공평해졌다. (41쪽)

- 이들이 보기에 최악이었던 점은, 두 사람이 스스로 그 행복들을 얻은 게 아니라 그냥 그들이 그렇게 태어났다는 데 있었다. 불공평하리만치 많은 행복이 노력이 아니라 행운(유전)에서 왔다는 점이었다.

- [그렇지만 사람들은 두 사람이 겪은 비극과 고난에 대해서는 알지 못했다… 캘빈은 보육원에서 자랐고 엘리자베스는 가정 형편이 어려웠다는 점 등등]

- [학자들이 사생활을 포기하고, 뼈 빠지게 일하고, 결혼생활을 망치는 모습을 보고 사람들이 좋아하는 이유도 마찬가지다… 희생을 치른 것 같아서다… 노력해서 얻어낸 몫 같아서다… 하버드경영대학원에서 좋아하지 않았던 점은 행운이 내게 너무 자연스럽게 주어진 것처럼 보였다는 점이었다.]

- 육체적 고통은 일상생활로는 불가능한 방식으로 사람들을 결속시킨다는 점을 그는 오래전에 깨달았다. (46쪽)

- 동물들도 그렇게 하지만 훨씬 더 효율적이었다. 인간들은 지나치게 복잡하게 만드는 경향이 있다는 것을 식스써티[1]는 눈치 챘다. (59쪽)

- 그녀는 인정하고 싶지 않았지만, 그의 말은 점점 커져만 가는 자기 의심의 장작더미에 기름을 붓는 것과 같았다. 그녀는 다른 사람들처럼 교육받지도 못했고, 경험도 없었다. 자격증은 물론이고 논문, 동료의 지

---

[1] 주인공이 키우는 개 이름. (옮긴이 주)

지, 재정적 지원, 수상 경력까지 전부 뒤처졌다. 그렇지만 그녀는 알았다. 자신이 대단한 것을 이루리라는 것을 **알고 있었다**. 재능을 타고나는 사람들이 있는데 그녀가 바로 그런 사람이었다. (72쪽)

- 놀랄 것도 없다. 멍청이들은 어느 회사에나 들어간다. 그들은 면접을 잘 보는 경향이 있다. (111쪽)
- 이 시기의 아기에 대해 얼마나 많은 것을 알 수 있는지 놀랄 거라고 메이슨이 말했다. 아기들은 아주 사소한 방식으로 자기의 미래 모습을 끊임없이 드러낸다. (162쪽)
  - 이 아이는 분위기를 읽을 줄 안다.
  - [나는 태어난 지 이틀 된 L에게서 그것을 봤다. 결의, 목표를.]
- 사실 생각해보면 조정은 아이를 키우는 것과 거의 똑같다. 둘 다 인내심, 지구력, 힘, 헌신이 필요하다. 그리고 둘 다 어디로 가고 있는지 보여주지 않는다. 어디를 지나왔는지만 보여준다. (166쪽)
  - (뒤를 향해 앉아 노를 젓기 때문에 어디로 가는지는 볼 수 없지만, 어디를 지나왔는지는 볼 수 있다.)
- 다른 한편으로는 삶이란 바로 그런 것이 아닐까? 끝없이 이어지는 실수들로 인해 끊임없이 적응해 나가는 것? (169쪽)
- … 매드는 모두가 숨기고 싶어 하는 것들을 어떻게 정확히 감지할 수 있었을까? (170쪽)
- 과학도 다른 것들과 마찬가지라고 엘리자베스는 말했다. 어떤 사람들은 다른 사람들보다 더 뛰어나다고. (171쪽)

- 그는 텔레비전의 개념을 좋아했다. 일상에서 벗어나게 해준다는 그 약속을. 그래서 선택했다. 누군들 탈출하고 싶지 않겠는가? 그는 그랬다. (182쪽)
  - 그러나 세월이 흐를수록 그는 마치 탈출 터널을 파는 일에 영구히 배정된 죄수처럼 느껴지기 시작했다. 결국 다른 죄수들이 그를 밀치고 자유를 찾아 달려갈 때 그는 숟가락을 들고 남을 것만 같았다.
- 인간은 안도감이 필요하다. 다른 이도 힘든 시기를 견뎌냈다는 것을 확인해야 한다. 그리고 실수를 통해 더 잘 배우는 다른 종들과 달리 인간은 (선해지기 위해) 끊임없는 위협과 상기가 필요하다. (194쪽)
  - '사람은 배움을 얻지 못한다'라고들 하지 않는가? 전혀 배우려 하지 않기 때문이다. 하지만 경전들은 사람들을 올바른 길로 이끌려고 애를 쓴다.
  - … 사람들에게는 자신보다 더 큰 무언가에 대한 믿음이 필요하다.
  - "왜?" 캘빈이 압박했다. "우리 자신을 믿는 게 뭐가 잘못입니까?"
  - 어쨌든 이야기를 사용해야 한다면 우화나 동화를 활용하는 게 어떨까? 이야기도 짧고, 기억에 남으며, 사랑과 자부심, 어리석음, 용서라는 요소를 모두 담고 있잖은가. 교훈도 간결하다. 못되게 굴지 마라. 다른 사람이나 동물을 해치지 마라. 가진 것을 불우한 이들과 나눠라. 다시 말해 착하게 행동하라고 한다.
- 그는 계속 자신이 프로듀서라고 그녀에게 상기시켰다… 사실이 아닌데도 "KCTV요"라고 그는 자랑스럽게 말했다. (196쪽)

- [우리는 스스로 자랑스럽다고 생각하는 것들 대신, 다른 사람들이 가치 있고 자랑스러워할 만하다고 생각하는 것들을 이야기한다.]
- 요리는 화학이다. 그리고 화학은 인생이다. 자신을 포함한 모든 것을 바꾸는 능력이 여기서 시작된다. (225쪽)
  - 위험을 감수하라. 실험하기를 두려워하지 마라.
- 그녀는 평생 자신과 가족을 이어주는 철통같은 유대감이 있다고 믿었지만, 현실은 그렇지 않았다. 가족은 끊임없는 관리가 필요했다. (234쪽)
- 사람들은 상황이 나쁘고 더 나빠질 뿐이라는 분명한 현실보다 상황이 괜찮다거나 앞으로 괜찮아질 거라는 끊임없는 확신을 필요로 했다. (234쪽)
- 어떤 것들은 비공개다. 그것은 비밀이 아니라, 그저 나를 잘 알지 못하는 사람에게는 말할 수 없는 것들이다. 반면 비밀이란, 누군가가 알게 되면 그것이 우리에게 불리하게 이용되거나 우리를 기분 나쁘게 만들 가능성이 있어서 숨기는 것이다. 비밀은 보통 우리가 부끄러워하는 것들과 관련 있다. (245쪽)
  - "비밀이 있어?" 그는 "응"이라고 인정했다. "당신은 어때?" "나도 있지"라고 그녀가 대답했다.
  - "다들 비밀이 있을 걸"이라고 그가 말했다. "특히 비밀이 없다는 사람들이 비밀이 있지. 인생을 살면서 부끄럽거나 창피한 일이 전혀 없는 사람은 없으니까."
- 둘 다 훌륭한 가문 출신인 듯 혈통을 이야기하지만, 사실은 그렇지 않

다. 친척들이 당신을 중요하게 만들거나 똑똑하게 만들 수는 없다. 그들은 당신을 **당신으로** 만들 수 없다. (245쪽)

- "그럼 무엇이 나를 **나로** 만들지?" "당신이 선택한 것들. 당신이 살아가는 방식."

- 흔히 과거는 과거에만 속해 있기 때문이다. 과거는 오직 과거에서만 의미가 있기 때문이다. (246쪽)

- 대중이 당신의 이야기를 대신하게 두지 말아요, 조트 씨. 그들은 진실을 왜곡하게 되어 있거든요. (328쪽)

- 저널리즘에 진리가 있다면 이것이다. 기자가 질문을 멈출 때 비로소 취재 대상이 이야기를 시작한다. (328쪽)

- 나는 [종교가] 곤경을 모면하게 해준다고 생각한다. 종교는 우리에게 아무것도 우리 잘못이 아니고, 배후에서 조종하는 무언가가 또는 누군가가 있으며, 궁극적으로 상황이 이런 것은 우리 탓이 아니라고, 상황을 개선하려면 기도해야 한다고 가르친다. 하지만 세상의 나쁜 일들에 우리 책임이 크다는 게 진실이다. 그리고 우리에게는 그것을 바로잡을 힘이 있다. (331쪽)

  - 나는 우리, 우리의 실수를 바로잡는 것을 말하고 있다. 자연은 더 높은 지적 차원에서 작용한다.

- "네 엄마는 아주 유명하더라." "《라이프》 때문이야"라고 아이가 고개를 떨구며 대꾸했다. "아니." 프라스크가 단호하게 말했다. "그 잡지에도 불구하고." (347쪽)

- 그녀가 처음으로 질투심 없이 말을 이었다. "그리고 네 엄마는 그와 완전히 사랑에 빠졌던 걸."
- … 어려운 건 학교로 돌아가는 게 아니라 그렇게 할 용기를 내는 것이었다. (360쪽)
- 화학은 변화다. 자신을 의심하기 시작할 때마다, 두려움을 느낄 때마다 이를 기억하라. 용기는 변화의 근원이며, 변화는 화학적으로 설계된 우리의 본능이다. 그러므로 내일 아침 눈을 뜨면 이렇게 다짐하라. 더 이상 자신을 억누르지 마라. 더 이상 자신이 무엇을 할 수 있고, 무엇을 할 수 없다는 남들의 의견에 동의하지 마라. 그리고 더 이상 누구도 자신을 규정하게 하지 마라… 자신의 재능이 잠자고 있게 두지 마라. 자신의 미래를 설계하라. 오늘 집으로 돌아가면 **당신이** 무엇을 바꿀지 스스로에게 물어보라. 그리고 시작하라. (360쪽)
- 자신을 위한 시간… 그 시간을 활용하여 나 자신의 욕구를 다시 찾고, 진정한 방향을 알아내고, 다시 노력하라. (361쪽)
- 웨이클리는 어떤 것들은 과거에만 의미가 있으므로 과거에 남겨둬야 한다고 믿었다고 매들린이 말한 적이 있었다. (384쪽)

출처

서문

13   기업가적 투자 결정: Laura Huang, "A Theory of Investor Gut Feel: A Test of the Impact of Gut Feel on Entrepreneurial Investment Decisions" (PhD diss., University of California, Irvine, 2012), https://www.proquest.com/dissertations-theses/theory-investor-gut-feel-test-impact_on/docview/1277650039/se_2.

18   '나쁜 투자'임이 분명해 보였다: Dan Blystone, "The History of Uber," *Investopedia*, August 8, 2024, https://www.*Investopedia*.com/articles/personal-finance/111015/story-uber.asp.

18   변화와 혁신: Out of every ten start-ups, about three or four fail completely, another three or four hobble slowly to mediocrity, and only one or two produce substantial returns. In this way, investor gut feel was not for looking at investments at a granular, deal_by_deal basis. It helped them evaluate the extremes— which deals might be the extraordinarily profitable investments within a larger set of potential investments.

20   자녀를 위해 직장을 그만둔 여성과 트라우마를 극복한 록스타: Both literal and figurative.

21   역경을 이점으로: Laura Huang, Edge: Turning Adversity into Advantage (Portfolio, 2020).

1장   직관은 과정, 직감은 결과다

31   팀 버너스 리가 만들다: Richard MacManus, "1990: Programming the World Wide Web," Web Development History, November 1, 2021, https://webdevelopmenthistory.com/1990-programming-the-world-wide-web.

31   이선 저커먼의 정보: One of the first successful dot com companies. Ethan Zuckerman, "The Internet's Original Sin," The Atlantic, August 14, 2014, https://www.theatlantic.com/technology/archive/2014/08/advertising_is_the-internets-original-sin/376041.

32   광고주들의 불만: Adrienne LaFrance, "The First Pop_Up Ad," The Atlantic, August 14, 2024, https://www.theatlantic.com/technology/archive/2014/08/the-first-pop_up_ad/376053.

33   이것이 해결책이었다: Ethan Zuckerman, " 'We've Lost 10 Years of Innovation. This Decade Has Been Boring for the Web,' " interview with Noah Kulwin, Intelligencer, April 23, 2018, https://nymag.com/intelligencer/2018/04/ethan-zuckerman-inventor_

33 of_pop_up_ad_interview.html.
33 저커먼이 "콘텐츠" 문제 해결을 설명하다: LaFrance, "The First Pop_Up Ad."
33 배너 광고 클릭률: LaFrance, "The First-Ever Banner Ad on the Web," The Atlantic, April 21, 2017, https://www.theatlantic.com/technology/archive/2017/04/the-first-ever-banner_ad_on_the-web/523728/.
34 비즈니스에 대한 실질적인 결과: Stuart Elliott, "Banner Ads on Internet Attract Users," New York Times, December 3, 1996, https://www.nytimes.com/1996/12/03/business/banner-ads_on_internet-attract-users.html.
34 여러 웹사이트에 걸친 광고 관리: Kathryn Browning, "Evolution of the Pop_Up: From Annoyance to Necessity," Justuno, November 8, 2023, https://www.justuno.com/blog/evolution_of_the-pop_up/.
34 초개인화 방식으로 잠재고객 확보: Paul Williams Short, "Should Marketers Use Pop_Up Forms? A Comprehensive Analysis," Smallbizclub, March 12, 2024, https://smallbizclub.com/sales-and-marketing/should-marketers-use-pop_up_forms_a_comprehensive-analysis/.
34 노출당 비용 기반: Will Kenton, "Cost per Thousand (CPM) Definition and Its Role in Marketing," *Investopedia*, August 26, 2024, https://www.Investopedia.com/terms/c/cpm.asp.
34 가장 싫어하는 광고 기법: Therese Fessenden, "The Most Hated Online Advertising Techniques," NNGroup, June 4, 2017, https://www.nngroup.com/articles/most-hated-advertising-techniques/.
34 인터넷의 원죄: Zuckerman, "The Internet's Original Sin."
34 저커먼은 심지어 사과까지 했다: Zuckerman, "The Internet's Original Sin."
35 글래드웰은 다음과 같이 설명했다: Malcolm Gladwell, *Blink: The Power of Thinking Without Thinking* (Back Bay Books, 2005): 3– 17.
35 「생각에 관한 생각」에서 주장한 것: Daniel Kahneman, *Thinking, Fast and Slow* (Farrar, Straus and Giroux, 2013).
37 통찰력과 판단: Judith Orloff, *The Power of Intuition* (Hay House, 2005).
37 통찰력을 드러내다: Brene Brown, *Daring Greatly* (Avery, 2012).
37 직감은 (이에 대한) 반응이다: Gerd Gigerenzer, *Gut Feelings: The Intelligence of the Unconscious* (Penguin, 2007).
37 정서지능의 기초 학자들: Daniel Goleman, *The Brain and Emotional Intelligence: New Insights* (More Than Sound, 2011), https://impactconnect.com.ng/wp_content/uploads/2023/06/The_Brain_and_Emotional_Intelligence-Daniel_Goleman.pdf.
37 신체 신호와 감각 단서: Peter Salovey and John Mayer, "Emotional Intelligence," *Imagination, Cognition and Personality* 9, no. 3 (1990): 185– 211, https://doi.

org/10.2190/DUGG-P24E-52WK-6CDG.

38 〈머니볼〉 사례: Michael Lewis, *Moneyball: The Art of Winning an Unfair Game* (W. W. Norton, 2003); Bennett Miller, director, Moneyball, Columbia Pictures, 2011.

38 데이터와 경험의 결합: David De Cremer and Garry Kasparov, "AI Should Augment Human Intelligence, Not Replace It," *Harvard Business Review*, March 18, 2021, https://www.daviddecremer.com/wp_content/uploads/HBR2021_AI-Should-Augment-Human-Intelligence-Not-Replace_It.pdf.

39 반격 및 결과: Mike Cassidy, "Centaur Chess Shows Power of Teaming Human and Machine," *HuffPost*, December 30, 2014, https://www.huffpost.com/entry/centaur-chess-shows-power_b_6383606#.

39 기계 + 열등한 프로세스: De Cremer and Kasparov, "AI Should Augment Human Intelligence, Not Replace It."

2장 직감이 주는 신호를 듣지 못하는 이유

46 레이첼이 임신 사실을 알게 되는 에피소드: Kevin Bright, director, *Friends*, season 8, episode 1, "The One After 'I Do,'" directed by Kevin Bright, NBC, September 2001, https://tvshowtranscripts.ourboard.org/viewtopic.php?f=845&t=31537.

3장 직감은 세 가지 형태로 찾아온다

55 유레카 순간을 묘사했다: Jim Colgan and Lisa Chow, "How Twitter Was Nearly Called Twitch: Twitter Co_Founder Jack Dorsey on Coming Up with a Name," *WNYC News*, July 18, 2011, https://www.wnyc.org/story/146115-twitter_co_founder-jack-dorsey-how-his-company-was-nearly-called-twitch/.

4장 문제 상황에 따른 직감 판별법

65 미국의 도매업체: "Rick Cohen & Family," *Forbes*, September 17, 2024, https://www.forbes.com/profile/rick-cohen/.

66 식료품 유통 업계: "About," C& S Wholesale Grocers, https://www.cswg.com/about/.

70 C&S, 더 많은 사례 처리: Thomas J. DeLong, Tejal Mody, and David Ager, "C& S Wholesale Grocers: Self-Managed Teams," Harvard Business School Case 404-025, August 2003, https://www.hbs.edu/faculty/Pages/item.aspx?num=30252.

71 최초 트럭 도착: "Hope: It's What We Bring to the Table," C& S Wholesale Grocers, C& S Community Involvement Report, 2006, https://www.cswg.com/wp_content/uploads/2020/08/CS_2006-CIR.pdf.

72 연방 정부 지원 트럭: "100 Years: Nourishing Communities Since 2018," C& S Wholesale Grocers, C& S Community Involvement Report, 2018, https://www.cswg.com/wp_

72 content/uploads/2020/08/CS_2018-CIR.pdf.

72 1만 5천 명의 직원: "C&S Wholesale Grocers," *Forbes*, September 17, 2024, https://www.forbes.com/companies/cs_wholesale-grocers/.

72 8위의 비상장 기업: "C&S Wholesale Grocers," *Forbes*.

73 127억 달러의 자산: "Rick Cohen & Family," *Forbes*.

74 편견이 존재한다는 연구: Amos Tversky and Daniel Kahneman, "Judgment Under Uncertainty: Heuristics and Biases," *Science* 185, no. 4157 (1974): 1124– 31, https://doi.org/10.1126/science.185.4157.1124.

75 네 가지 유형은 다음을 나타낸다: Dave Snowden, "The Evolution of Cynefin Over a Decade," The Cynefin Company, February 7, 2010, https://thecynefin.co/the-evolution_of_cynefin-over_a_decade/srsltid=AfmBOopW8H3lYo6jy72OZVRj1MSHGm43DqVVzWAEbMR-qwOQiif4fyx6.

75 거주지를 나타내는 단어: "Cynefin and Its Welsh Roots," The Cynefin Company, October 2020, https://thecynefin.co/library/cynefin21-cynefin-and-its-welsh-roots/.

78 우리가 모른다는 것을 안다: Donald Rumsfeld and Richard Myers, Department of Defense News Briefing, February 12, 2002, https://web.archive.org/web/20160406235718/http://archive.defense.gov/Transcripts/Transcript.aspx?TranscriptID= 2636.

83 새로운 스타일의 음악: Taylor Swift, "1989 [Liner Notes]," Genius, October 27, 2014, https://genius.com/Taylor-swift-1989-liner-notes-annotated.

84 '이' 직감을 따르라는 속삭임: Taylor Swift, "1989 [Liner Notes]."

84 원하는 대로 만들고 싶었어요: Brendan Kelly, "Taylor Swift Steps Away From Her Country Roots With 1989," *Montreal Gazette*, October 25, 2014, https://montrealgazette.com/entertainment/music/taylor-swift-steps-away-from-her-country-roots-with-1989.

84 완전히 결별하다: Alan Light, "Billboard Woman of the Year Taylor Swift on Writing Her Own Rules, Not Becoming a Cliche and the Hurdle of Going Pop," *Billboard*, December 5, 2014, https://www.billboard.com/music/awards/billboard-woman_of_the-year-taylor-swift_on_writing-her-6363514/.

86 의사결정권자들을 혼란스럽게 하다: Peter H. Bloch, Frederic F. Brunel, and Todd J. Arnold, "Individual Differences in the Centrality of Visual Product Aesthetics: Concept and Measurement," *Journal of Consumer Research* 29, no. 4 (2003): 551– 65, https://doi.org/10.1086/346250.

86 상황적 정상성: Harmony (White, 1996); Jonas Lowgren, "Pliability as an Experiential Quality: Exploring the Aesthetics of Interaction Design," *Artifact* 1, no. 2 (2007): 85– 95, http://dx.doi.org/10.1080/17493460600976165; musicality (Linstead, 2006);

5장 행동으로 이어지는 직감의 메커니즘

88 세계 백금과 다이아몬드 생산량: Cynthia Carroll, "The CEO of Anglo American on Getting Serious About Safety," *Harvard Business Review*, June 2012, https://hbr.org/2012/06/the-ceo_of_anglo-american_on_getting-serious-about-safety.

88 드비어스의 지분: "Diamonds," Anglo American, accessed September 21, 2024, https://www.angloamerican.com/products/diamonds.

88 정규직 9만 5천 명: "Why Anglo American," Anglo American, accessed September 21, 2024, https://www.angloamerican.com/careers/why-anglo-american.

88 계약직 3만 명: "At a Glance," Anglo American, accessed September 21, 2024, https://www.angloamericanplatinum.com/about_us/at_a_glance.

88 최초의 여성 최고경영자: Timmons, "Tradition-Breaking Choice to Be Chief of Mining Giant."

88 앵글로 아메리칸 임원: Heather Timmons, "Tradition-Breaking Choice to Be Chief of Mining Giant," *New York Times*, October 25, 2006, https://www.nytimes.com/2006/10/25/business/worldbusiness/25mine.html.

89 또 다른 사망 사고: Carroll, "The CEO of Anglo American on Getting Serious About Safety."

89 사람을 죽이는: Gautam Mukunda, "'We Thought She Was Crazy': Why Values Guide You in a Crisis," *Forbes*, June 25, 2020, https://www.Forbes.com/sites/gautammukunda/2020/06/25/we_thought-she-was-crazy-why-values-guide-you_in_a_crisis/.

90 그들이 우려하는 것의 의견을 낼 수 있도록 했다: Gautam Mukunda, Lisa Mazzanti, and Aldo Sesia, "Cynthia Carroll at Anglo American (A)," Harvard Business School Case 414-019, October 2013, https://www.hbs.edu/faculty/Pages/item.aspx?num=45820.

90 광산이 재개되기 몇 주 전: Carroll, "The CEO of Anglo American on Getting Serious about Safety."

91 사고 예방 10대 수칙: "Anglo American Fatal Risk Standards," Anglo American, May 2008, https://www.angloamerican.com.au/~/media/Files/A/Anglo-American-Australia_V2/Attachments/content/AFRS.pdf.

91 노사정 안전대책 회의: "Transforming the Way Anglo American Does Business," Anglo American, August 24, 2009, https://www.angloamerican.com/media/press-releases/archive/2009/2009_08_24.

92 핵심 가치: "Making a Difference: Report to Society 2008," Anglo American, March 2009, https://www.angloamerican.com/~/media/Files/A/Anglo-American-Group_v5/PLC/investors/annual-reporting/2009/rts_08_final.pdf.

92 위험 관리 프로그램: "Anglo American Launches Innovative Safety Risk Management Programme Across the Mining Industry," Anglo American, May 17, 2010, https://www.

	angloamerican.com/media/press-releases/archive/2010/safety_risk_management.
92	2013년 4월 사임: Gautam Mukunda, Lisa Mazzanti, and Aldo Sesia, "Cynthia Carroll at Anglo American (A)."
96	힐이 분석을 수행하다: Napoleon Hill, *Think and Grow Rich* (The Ralston Society, 1937).
99	매직 아이 포스터: Liz Stinson, "The Hidden History of Magic Eye, the Optical Illusion That Briefly Took Over the World," AIGA Eye on Design, July 1, 2022, https://eyeondesign.aiga.org/the-hidden-history_of_magic-eye-the-optical-illusion-that-briefly-took-over-the-world/.
100	모두를 위한 음식: "About Us," Brigaid, accessed September 21, 2024, https://www.chefsbrigaid.com/about.
103	내 논문: Huang, "A Theory of Investor Gut Feel: A Test of the Impact of Gut Feel on Entrepreneurial Investment Decisions."
104	경비 보고서 생성: "About," TravelBank, accessed September 21, 2024, https://travelbank.com/about/.
104	상무이사 라이: "Carey Lai: Founding Managing Director," Conductive, accessed September 21, 2024, https://conductive.vc/.
105	유에스뱅코프에 인수: Mark Reilly, "U.S. Bancorp Buys Travelbank, Fintech Backed by Will Smith," Minneapolis/St. Paul Business Journal, November 16, 2021, https://www.bizjournals.com/twincities/news/2021/11/16/u_s_bancorp-buys-travelbank.html.

6장 수동적인 직감에서 능동적인 직감으로

109	돌의 여정: Lei Mingwei, *The Stone Journey*, 2010, mixed media installation, glacial stone, bronze, and wood, eleven sets, 10.5 x 50 x 15 cm each, https://www.leemingwei.com/.

7장 내게 맞는 직감 유형 이해하기

125	텔레파시로 벽을 뚫다: Eliza Thompson, "Ariana Grande and Mac Miller Are Super-Flirty Neighbors in Their New Video," *Cosmopolitan*, December 13, 2016, https://www.cosmopolitan.com/entertainment/music/a8495174/ariana-grande-mac-miller-video/.
125	누구에게나 명백하다: Dalai Lama (@dalailama), "Whether or not we follow any particular spiritual tradition, the benefits of love and kindness are obvious to anyone," X, October 10, 2011, 5:28 a.m., https://x.com/DalaiLama/status/123329118124253184.
125	포워드 플로: Kurt Gray, Stephen Anderson, Eric Evan Chen, John Michael Kelly, Michael S. Christian, John Patrick, Laura Huang, Yoed N. Kenett, and Kevin Lewis, "'Forward Flow': A New Measure to Quantify Free Thought and Predict Creativity," *American Psychologist* 74, no. 5 (2019): 539–54, https://doi.org/10.1037/amp0000391.

130 MBTI: "Myers-Briggs Overview," Myers & Briggs Foundation, accessed September 21, 2024, https://www.myersbriggs.org/my_mbti-personality-type/myers-briggs-overview/.

130 에니어그램: "How the Enneagram System Works," The Enneagram Institute, accessed September 21, 2024, https://www.enneagram institute.com/how-the-enneagram-system-works/.

130 5요인 모형: Annabelle G. Y. Lim, "Big Five Personality Traits: The 5_Factor Model of Personality," *Simply Psychology*, December 20, 2023, https://www.simplypsychology.org/big-five-personality.html.

133 알투처는 매일 열 가지 아이디어를 적는다: James Altucher, "The Ultimate Guide for Becoming an Idea Machine," James Altucher Blog, accessed September 21, 2024, https://archive.jamesaltucher.com/blog/the-ultimate-guide-for-becoming_an_idea-machine/.

135 홈런 더비: Juan Toribio, "Vlad Jr. Sets Records in Stunning Derby Display," MLB.com, July 9, 2019, https://www.mlb.com/news/vladimir-guerrero_jr_2019-mlb-home-run-derby.

135 다른 강타자들을 이겼다: "Alonso Outslugs Vlad Jr. to Win Home Run Derby," *ESPN*, July 8, 2019, https://www.espn.com/mlb/story/_/id/27150117/alonso-outslugs-vlad_jr_win-home-run-derby.

135 도브 테일 배트를 사용하여: Renee Cordes, "Maine-Made Baseball Bat to Star in Major League Home Run Derby," *Mainebiz*, July 16, 2022, https://www.mainebiz.biz/article/maine-made-baseball-bat_to_star_in_major-league-home-run-derby.

137 호주와 일본: "Dove Tail Bats, LLC," CEI Stories, Coastal Enterprises, Inc., January 9, 2017, https://www.ceimaine.org/about/cei-stories/dove-tail-bats-llc/.

137 3만 개의 야구 배트: "Dove Tail Bats Unveils Big League Technology for Baseball," Dove Tail Bats, May 10, 2023, https://dovetailbat.com/blogs/news/dove-tail-bats-unveils-big-league-technology-for-baseball?srsltid=AfmBOorwc-zUBXjF7GAz7HvyZWvNQJojMsyo9RFSHJqKEN1YXknWKwIY.

137 야구 명예의 전당에 헌정: "Dove Tail Bats Unveils Big League Technology for Baseball," Dove Tail Bats.

8장 몸의 감각을 활용한 직감 연마하기

144 트라우마 때문에: Research about embodied trauma . . . Gabor Mate and Bessel van der Kolk's ideas.

145 제2차 세계대전 이후: Warren Bennis, *Still Surprised: A Memoir of a Life in Leadership* (San Francisco, CA: Jossey-Bass, 2010): 35.

146 네 명의 미국 대통령의 자문위원: "Warren Bennis (1925– 2014)," University of

Southern California, https://ahf.usc.edu/usc-awards/bennis-scholars/about-warren-bennis/.

147 시대를 초월한 르네상스인: Ying Wang, "Positively Pioneering," *Harvard Crimson*, June 7, 2006, https://www.thecrimson.com/article/2006/6/7/positively-pioneering-professor_of_psychology-philip/.

151 상호작용의 맥락: Francisco Varela, Evan Thompson, and Eleanor Rosch, "The Embodied Mind: Cognitive Science and Human Experience."

149 신체적 경험에 기반을 둔: George Lakoff and Mark Johnson, *Metaphors We Live By* (University of Chicago Press, 1980).

149 우리의 신체적 경험에 기반을 둔: John Dewey, "The Theory of Emotion. 2. The Significance of Emotions," *Psychological Review* 2 (1895): 13– 32, https://brocku.ca/MeadProject/Dewey/Dewey_1895.html.

9장 감정의 연결을 통해 직감 연마하기

153 2차원 평면에 표시한 감정 차원: Jonathan Posner, James A. Russell, and Bradley S. Peterson, "The Circumplex Model of Affect: An Integrative Approach to Affective Neuroscience, Cognitive Development, and Psychopathology," *Development and Psychopathology* 17, no. 3 (2005): 715– 34, https://doi.org/10.1017/S0954579405050340.

154 각성, 그리고 정서 값: Albert Mehrabian, *Basic Dimensions for a General Psychological Theory: Implications for Personality, Social, Environmental, and Developmental Studies* (Oelgeschlager, Gunn & Hain, 1980).

154 그리고 부정적 정서 값: David Watson, Lee Anna Clark, and Auke Tellegen, "Development and Validation of Brief Measures of Positive and Negative Affect: The PANAS Scales," *Journal of Personality and Social Psychology* 54, no. 6 (1988): 1063– 70, https://doi.org/10.1037/0022-3514.54.6.1063.

10장 직감을 내 것으로 만들기 위한 세 가지 개념

167 시계를 볼 줄 모른다: "1 in 6 People Can't Tell the Time, According to Research," ITVX, March 16, 2023, https://www.itv.com/thismorning/articles/1_in_6_people-cant-tell-the-time-according_to_research.

168 스키마는 일반화된 개념이다: Frederic C. Bartlett, *Remembering: A Study in Experimental and Social Psychology* (Cambridge University Press, 1932); Roger C. Schank and Robert P. Abelson, "Scripts, Plans and Knowledge," International Joint Conference on Artificial Intelligence (1975); David E. Rumelhart, "Schemata: The Building Blocks of Cognition," in Rand J. Spiro, Bertram C. Bruce, and William F. Brewer, eds., *Theoretical Issues in Reading Comprehension: Perspectives From Cognitive*

Psychology, Linguistics, Artificial Intelligence, and Education (Erlbaum, 1980).

169 심성모형은 더 구체적이다: Philip Nicholas Johnson-Laird, "Mental Models in Cognitive Science," *Cognitive Science* 4, no. 1 (1980): 71– 115, https://doi.org/10.1016/S0364-0213(81)80005_5; Johnson-Laird, *Mental Models: Towards a Cognitive Science of Language, Inference, and Consciousness* (Harvard University Press, 1983); Teun A. van Dijk and Walter Kinsch, *Strategies of Discourse Composition* (Academic Press, 1983); Rolf A. Zwaan and Gabriel A. Radvansky, "Situational Models in Language Comprehension and Memory," *Psychological Bulletin* 123, no. 2 (1998): 162– 85, https://doi.org/10.1037/0033-2909.123.2.162.

174 머스크는 자신의 돈을 투자했다: Shikhar Ghosh and Sarah Mehta, "Elon Musk: Balancing Purpose and Risk," Harvard Business School Case 817-040, October 2016, https://www.hbs.edu/faculty/Pages/item.aspx?num=51769.

174 자신의 차고에서 아마존을 시작했다: Peter Westberg, "Jeff Bezos: Building an Empire from A to Z," *Quartr*, October 24, 2023, https://quartr.com/insights/business-philosophy/jeff-bezos-building_an_empire-from_a_to_z.

174 그녀의 막대한 부에 기여했다: David Olusegun, "How Oprah Winfrey Became the World's First and Richest Black Woman Billionaire," *Creators Blueprint*, June 5, 2023, https://www.creatorsblueprint.co/p/how-oprah-winfrey-became-the-worlds.

176 회사 지분을 기부했다: David Gelles, "Billionaire No More: Patagonia Founder Gives Away the Company," *New York Times*, September 14, 2022, https://www.nytimes.com/2022/09/14/climate/patagonia-climate-philanthropy-chouinard.html.

176 2001년에 파산한: John Schwartz and Richard A. Oppel Jr., "ENRON'S COLLAPSE: THE CHIEF EXECUTIVE; Foundation Gives Way on Chief's Big Dream," *New York Times*, November 29, 2001, https://www.nytimes.com/2001/11/29/business/enron_s_collapse-the-chief-executive-foundation-gives-way_on_chief_s_big-dream.html.

176 회사를 잘못 운영했다: Gabriel Sherman, " 'You Don't Bring Bad News to the Cult Leader': Inside the Fall of WeWork," *Vanity Fair*, November 21, 2019, https://www.vanityfair.com/news/2019/11/inside-the-fall_of_wework.

11장 '유레카', '스파이디 센스', '졸트'의 순간은 어떤 느낌일까

198 파울로 코엘료의 『연금술사』: Paulo Coelho, *The Alchemist* (HarperCollins, English translation, 1993).

200 퀘이커, 그리고 미국 우편국: Gary Hoover, "The Unsung Story of the Greatest Industrial Designer," Archbridge Institute, October 30, 2019, https://www.archbridgeinstitute.org/the-unsung-story_of_the-greatest-industrial-designer/.

200 놀라게 만들어야 한다: Derek Thompson, "The Four-Letter Code to Sell Just About

Anything," *The Atlantic*, January/February 2017, https://www.theatlantic.com/magazine/archive/2017/01/what-makes-things-cool/508772/.

200 울링어는 다음을 연구했다: Guenther Knoblich and Michael Ollinger, "The Eureka Moment," *Scientific American Mind* 17, no. 5 (2006): 38– 43, http://dx.doi.org/10.1038/scientificamericanmind1006_38.

201 스프루뇰리와 동료들은 다음을 발견했다: Giulia Sprugnoli, Simone Rossi, Alexandra Emmendorfer, Alessandro Rossi, Sook-Lei Liew, Elisa Tatti, Giorgio di Lorenzo, Alvaro Pascual-Leone, and Emiliano Santarnecci, "Neural Correlates of *Eureka* Moment," *Intelligence* 62 (2017): 99– 118, https://doi.org/10.1016/j.intell.2017.03.004.

204 일본의 고속철도 노선: Yukako, "TESSEI: The 7 Minute Miracle of the Bullet Train Cleaning Crew," Harvard Business School Digital Initiative, Technology and Operations Management MBA Perspectives, December 9, 2015, https://d3.harvard.edu/platform-rctom/submission/tessei-the_7_minute-miracle_of_the-bullet-train-cleaning-crew/.

205 텟세이 승무원의 임무: Danielle Demetriou, "High-Speed Cleaning Teams Behind Japan's High-Speed Bullet Trains," *Telegraph*, June 23, 2015, https://www.telegraph.co.uk/news/worldnews/asia/japan/11692858/High-speed-cleaning-teams-behind-Japans-high-speed-bullet-trains.html.

12장 정보를 선별하여 빠른 결정에 이르는 법

210 소설, 「태양은 다시 떠오른다」: Ernest Hemingway, *The Sun Also Rises* (Charles Scribner's Sons, 1926).

211 스핀 팝은 막대사탕이었다: Knowledge at Wharton Staff, "Toys and Spinning Brushes: How John Osher Found His Way to Profits," *Knowledge at Wharton*, November 19, 2003, https://knowledge.wharton.upenn.edu/article/toys-and-spinning-brushes-how-john-osher-found-his-way_to_profits/.

212 스핀 팝을 매각하다: Knowledge at Wharton Staff, "Toys and Spinning Brushes."

216 '아!' 하는 깨달음을 얻는다: Henry Rollins, "Interview with Henry Rollins: Punk Rock World Traveler," interview with Jim Benning, *World Hum*, November 2, 2011, http://www.worldhum.com/features/travel-interviews/interview-with-henry-rollins-punk-rock-travel-20111101/.

13장 나를 즉시 행동하게 만드는 신호 포착의 기술

222 매일 경험한다: Miranda Levingston, "UP5 Preview— Amanda Phingbodhipakkiya: The Neuroscientist-Artist Fighting Anti Asian Racism," *UP Magazine*, https://upmag.com/amanda-phingbodhipakkiya/.

222 벽화 의뢰를 받다: *State Magazine*, "Embassy Bangkok Unveils Women's Empowerment

223 억지로 될까?: *Allgemeine musikalische Zeitung*, 17:34 (August 23, 1815), cols. 561– 66; trans. *Harmonicon* 35 (November 1825): 198.

223 나보다 더 똑똑하다: Paul Dirac, quoted in Viktor Dorfler and Fran Ackermann, "Understanding Intuition: The Case for Two Forms of Intuition," *Management Learning* 43, no. 5 (2012): 545– 64.

224 으, 역겨워!: Olivia B. Waxman, "The Story Behind TIME's Cover on Anti-Asian Violence and Hate Crimes," *TIME*, March 18, 2021, https://time.com/5947622/time-cover-anti-asian-american-violence-atlanta-shooting/.

224 우리 도시를 믿는다: Amanda Phingbodhipakkiya, "I Still Believe in Our City," Art installation, https://www.istillbelieve.nyc/.

224 숨겨진 것, 혹은 보이지 않는 것: Waxman, "The Story Behind TIME's Cover on Anti-Asian Violence and Hate Crimes."

225 2021년 3월호: Waxman, "The Story Behind TIME's Cover on Anti-Asian Violence and Hate Crimes."

226 태국으로: "Weaving Our Stories," US Embassy and Consulate in Thailand, accessed September 21, 2024, https://th.usembassy.gov/weaving-our-stories/.

228 편견과 목표?: Ashton Jackson, "Ray Dalio Says This One Question Will Help You Uncover Someone's True Motives: 'This Applies to Everything,' " CNBC, October 19, 2023, https://www.cnbc.com/2023/10/19/ray-dalio-shares-his_no_1_rule_to_identify-your-true-friends-.html.

229 그들이 원하는 것: Ashton Jackson, "Ray Dalio Says This One Question Will Help You Uncover Someone's True Motives."

233 종종 신호를 보낸다: Kenna D. S. Lehmann, Brian W. Goldman, Ian Dworkin, David M. Bryson, and Aaron P. Wagner, "From Cues to Signals: Evolution of Interspecific Communication via Aposematism and Mimicry in a Predator-Prey System," *PLOS ONE* 9, no. 3 (2014): e91783, https://doi.org/10.1371/journal.pone.0091783.

233 단서를 제공한다: Mark E. Laidre and Rufus A. Johnstone, "Animal Signals," *Current Biology* 23, no. 18, (2013): R829– 33, https://doi.org/10.1016/j.cub.2013.07.070.

14장 무엇이 직감을 흐리게 하는가

239 20년이나 반복 중인가?: Andrew Hargadon, quoted in Jeffrey Pfeffer, "Teaching Power in Ways that Influence Students' Career Success: Some Fundamental Ideas," Stanford University, December 2019, https://jeffreypfeffer.com/wp_content/uploads/2019/12/SSRN-id3493406.pdf.

239 제이씨페니의 신임 CEO: Andrew Chang, "J.C. Penney Names Apple's Ron Johnson as Its

New CEO," *Los Angeles Times*, June 15, 2011, https://www.latimes.com/business/la_xpm-2011-jun_15_la_fi_0615-jcpenney-ceo-20110615-story.html.

240 또는 "타제이": Andria Cheng, "Ron Johnson Made Apple Stores the Envy of Retail and Target Hip, But This Startup May Be His Crowning Achievement," *Forbes*, January 17, 2020, https://www.forbes.com/sites/andriacheng/2020/01/17/he_made-apple-stores-envy_of_retail-and-target-hip-but-his-biggest-career-chapter-may-be_just-starting/.

240 애플 스토어 경험을 창조했다: Andria Cheng, "Ron Johnson Made Apple Stores the Envy of Retail and Target Hip, But This Startup May Be His Crowning Achievement."

241 그는 해고되었다: Steve Schaefer, "Ron Johnson Out at J.C. Penney, Replaced by Former Chief Mike Ullman," *Forbes*, April 8, 2013, https://www.forbes.com/sites/steveschaefer/2013/04/08/ron-johnson-out_at_j_c_penney-replaced_by_former-chief-mike-ullman/.

241 무슨 일이 벌어진 걸까?: Voltaire, quoted in William Messer, *The Sayings of Voltaire* (Bibliomundi, 2018).

142 소스타인 베블런은 이렇게 부른다: Thorstein Veblen, quoted in Herman Kahn, "The Expert and Educated Incapacity," Hudson Institute Reports, June 1, 1979, https://www.hudson.org/economics/the-expert-and-educated-incapacity.

243 공정하고 투명한 가격 책정 전략: Elie Ofek and Jill Avery, "J.C. Penney's 'Fair and Square' Pricing Strategy," Harvard Business School Case 513-036, September 2012, https://www.hbs.edu/faculty/Pages/item.aspx?num=43132.

243 상당한 재정적 손실: Schaefer, "Ron Johnson Out at J.C. Penney, Replaced by Former Chief Mike Ullman."

248 무언가를 잘하는 것과 사랑한다는 것은: Gabrielle Zevin, *Tomorrow, and Tomorrow, and Tomorrow* (Knopf, 2022).

15장 직감을 믿기 어려울 때는

251 근본적인 기술이 무엇인가에 대한 직관: Jensen Huang, quoted in Pushkar Ranade, "The Leadership Philosophy of Jensen Huang," *Bits and Bytes*, Substack, October 17, 2023, https://semiconductor.substack.com/p/the-leadership-philosophy_of_jensen.

결론 당신의 초능력을 발휘하라

264 배우기는 쉽게, 마스터하기는 어렵게: Nolan Bushnell, quoted in Ian Bogost, "Persuasive Games: Familiarity, Habituation, and Catchiness," *Game Developer*, April 2, 2009, https://www.gamedeveloper.com/design/persuasive-games-familiarity-habituation-and-catchiness.

찾아보기

[숫자, A-Z]
〈1989〉(스위프트) 83
5요인 모형 132
80/20 법칙 258
911테러 71
C&S 홀세일 그로서스 65
CEO들 174-175
IBM의 딥블루 컴퓨터 39
MBA 과정/학생 45, 50-51
X(구 트위터) 57, 130

[ㄱ]
가구 사업 136
가면 증후군 척도 132
가족 197, 229, 230-231, 242
가족 재단 255
가치 71-72, 94, 113-114, 118-121, 129, 176-179, 244
　가치 개념 113-114,
　가치 창출 243
가치관 119, 179, 247, 256
　CEO의 가치관 178
　당신의 가치 114, 118, 121
감각 40, 45, 48, 54, 60, 67, 103, 142-144
　감각에 익숙해지기 23, 113, 142
　신체 지도 작성 연습 151
　감각과 유레카의 순간 55, 61, 62
　감각의 예 56, 62, 103, 145-146, 149, 155
　신체 감각 37, 113, 149, 151, 165
　직관 과정과 감각 16
　감각과 졸트 56-57, 58, 60
　감각에 대한 이해 증진 221, 224, 244-246
　신호로서의 감각 205
　감각과 스파이디 센스 192-193
　진실 테스트와 감각 142, 144
　감각이 알려주는 것 145, 160
　감각과 감정 149
감정 193-203
　각성과 정서가 193, 200

기본 감정 대 복합적 감정 157
감정과 뇌 201
감정 시나리오 162
감정 신호 154, 157
감정 지형도 155
감정 파악하기 47, 48
　차원 153-154
감정 차원 모델 154-155
감정 차원, 감정: 차원 참조 153-156
감정적 103, 153, 162, 172
　정서적 학대 144
　감정 차원 153-154
　감정 경험 155
　정서지능 37-38, 40
감정적 직감 153
　감정적 직감에 민감해지기 172
　감정적 직감과 유레카 순간 193, 196-197
　감정적 직감을 마스터하기 위한 연습 163-165
　감정적 직감의 설명 157
　감정적 직감과 스파이디 센스 159, 192
　감정적 직감과 신호 159-160, 172
개인적 경험, 경험 참조 22, 82, 84-85, 172, 208-209
개인적 지식 53, 172
개인화된 직감 15, 125, 172-173
　개인화된 직감과 유레카의 순간
　개인화된 직감의 연마
　개인화된 직감과 졸트
　개인화된 직감과 스파이디 센스
　자극과 개인화된 직감 266
　개인의 특성과 개인화된 직감 256
경비 관리 시장 105
경영진, CEO 참조 91-93, 205
경제적 영향 89
경청 217, 232-234
고객 65-67, 69, 71, 83, 133, 135, 164, 243
　고객층 240, 243
　고객 중심 부서 83
　선호도 135
　만족 240-241
　서비스 207, 240
고다르, 장 뤽 134
고넥, 로버트 226
골먼, 대니얼 37
과감한 조치 90, 95
관리자 90, 92, 172-174
관찰 134, 202, 208, 211, 214, 220
교수 185-187
교통 체증 103, 244

군대 48
그란데, 아리아나 125-129
그리피스, 크리스 93
글쓰기 연습 217
급식 56
기거렌처, 게르트 37
기술 10, 17, 47, 72, 94, 204, 236, 242, 253, 258
기술 중심 산업 253
기업가 13, 16, 256
기후 변화 84, 85, 176, 216

[ㄴ]
〈나는 여전히 우리 도시를 믿는다〉(펑보디파키야) 224
낙관주의 266
남아프리카공화국 90-94
내면의 목소리 18-19, 22, 49, 53, 56, 119
내성 113
『내일, 또 내일, 또 내일』(제빈) 248
노마 56, 100, 103
노사정 안전대책 회의 93-94
노이만, 애덤 176
노출 당 비용(CPM) 34
뉴욕시 224
뉴질랜드 110
능동적 직감 115, 118-120, 122

[ㄷ]
다이애나(시청 공무원) 101
달리오, 레이 228
대중교통 18, 101
대화 18, 134, 149, 175, 216-217, 222, 228-229, 232
데이터 36, 38-39, 103, 164
　직감의 강화 13, 263
　집중 추상화와 데이터 211
　자극 형태의 데이터 57
　의사결정에 정보 제공 18, 39
　직감에 정보 제공 41, 49
　데이터와 경험 15, 20-22, 34, 40, 53, 84-86, 263
　문제해결과 데이터 85
　데이터 조사 52, 159
　데이터의 중요한 역할 63, 102-103
　데이터의 신뢰 17, 82, 186-187, 191
도브 테일 배트 135
도시, 잭 55
독창성 129, 141, 179
〈돌의 여정〉(리밍웨이) 111, 114
돌파구 24, 35-36, 41, 59, 69, 94, 100, 160

듀이, 존 149
드 크레머, 데이비드 39
드비어스 88
디랙, 폴 223
따뜻함이라는 개념 151

[ㄹ]
라마, 달라이 125-126
라이, 캐리 104
란치시, 폴 135
러셀, 제임스 153
럼즈펠드, 도널드 78
레이, 케네스 176
레이코프, 조지 149
로위, 레이먼드(산업 디자이너) 200-201
롤린스, 헨리 216
루빅큐브 81
루빈, 그레첸 154
루스텐버그, 남아프리카공화국 89
루이스 앤드 클라크 칼리지 147
르 귄, 어슐러 248
리무진 기사 218-219
리처드(대학 교수) 185
링컨, 에이브러햄 107

[ㅁ]
마르샹, 티에리 178
『마음 가면』(브라운) 37
마이어스 브릭스 성격 유형(MBTI) 130
만델라, 넬슨 209
매직 아이 오토스테레오그램 99
머스크, 일론 174
메라비언, 앨버트 153
메이어, 존 37
메이저리그 홈런 더비 135
모차르트 223
목표 70, 102, 113
　관리자 주도 목표 141, 172
　희망 척도와 목표 132
　삼세번 법칙과 목표 177
〈몬트리올 가제트〉 83
몸 154, 174
무어, 메리 타일러 260
문제 해결 75-77, 102
문제의 네 유형 75
미디어 44, 144, 253
미디어 기업 256
미의식 114

밍웨이, 리 111, 114

[ㅂ]
반 아시아인 차별 226
반복 239-238, 250-254
    적절한 경험 239-238
    실수의 가치 255
방콕, 태국 218, 228
버너스 리, 팀 33
베니스, 워런 147-148
베조스, 제프 176
벤처 투자자 106
보이스(조교수) 193
볼테르 243
〈부드러움과 힘으로〉(펑보디파키야) 224
부쉬넬 법칙 264
부쉬넬, 놀란 264
부자 98, 178-179, 212, 221
분석적 정보 17, 82
불일치, 불일치감 56, 183, 192, 204
브라운, 브레네 37
브라운, 잭슨 주니어 232
브레인스토밍 253
브루넬, 프레더릭 86
브리게이드 56
브리엔스, 로렌 57
브리지워터 어소시에이츠 228
블로흐, 피터 88
비디오 게임 디자인 266
빈, 빌리 40-42

[ㅅ]
사고 38, 50, 54, 84, 102, 114, 128-135
    변화에 적응하는 사고 134
    확산적 사고 128-129, 130-132, 135
    창의적 사고 128-129, 198
    사고의 유연성 134
    사고와 포워드 플로 128-130, 135, 140
    집중 추상화 참조 100, 103-104
사만다(의원) 229-230
사망 사고 예방 10대 수칙 93
사우라브(생명공학 연구원) 158-160
사이버 보안 침해 78
사전 지식 259
사회적 상호작용 141, 151, 186
삼세번 법칙 175-178
상황적 오만 243, 244, 246
샐러비, 피터 37

『생각에 관한 생각』(카너먼) 37
『생각이 직관에 묻다』(기거렌처) 37
샤이(군대 리더) 45-46, 48-49, 59
선 철학 208
성공 21-22, 43, 76, 96, 120, 168, 244
    성공의 정의 22, 264
    성공 대 실패 264
    신속한 결정과 성공 50, 98
    성공을 위한 소중한 자산인 실수 261
    조직 혁신의 성공 72, 96
    상황적 오만과 성공 243-246
    성공과 직감 120, 134, 264
성과 문제 77
세이버메트릭스 접근법 38
소매 체인점 66
소셜 미디어 255
소유권 개념 111
수동적 직감 113-114
슈왑, 찰스 96
슐러, 로버트 75
스노든, 데이브 77
스위프트, 테일러 85
스즈키 다이세츠 데이터로 208
스키마 166-167, 168-172, 254,
    복잡한/혼돈스러운 문제에서의 스키마 169
    스키마의 예 167
    스키마를 파악하는 연습 110, 177
    스키마에 대한 설명 168-172
    집중 추상화와 스키마 213
    스키마와 실수 250, 254-256
    스키마와 독서 246
    상황적 오만과 스키마 241
스타트업 15, 17, 165, 175, 179, 254
스톤, 필립 148-150
스파이디 센스 59, 185, 194
    스파이디 센스의 묘사 64,
    스파이디 센스의 예 58, 61
    스파이디 센스 개발 연습 117, 185
    직감의 유형 55-56
    스파이디 센스의 해부 194
    스파이디 센스의 느낌 60
스페이스X 176
스프루올리, 줄리아 203
스핀 팝 213-214
시장 동향 82
식당 169-171
식료품 유통 66
신경 연결 214-215

신경가소성 215, 242
신경과민성 130
신경과학 45, 148, 224
신경생리학 201
신뢰 19, 37, 41, 43, 54, 71, 146, 237, 257
신시내티대학교 147
신체적 학대 144, 224
신칸센 철도 204, 206
신호 18, 45, 48, 53
    신체 신호 37
    과감한 조치와 신호 88, 93-94
    돌파구와 신호 35-36, 41, 94, 160
    인지 신호 209, 221
    감정적 신호 192, 195, 202, 207
    유레카의 순간과 신호 55, 60-62
    신호를 통해 우위 점하기 22, 55, 225, 267
    직관 과정과 신호 18, 43
    졸트와 신호 65, 75-76
    자연계의 신호 235
    비언어적 신호 219
    신호로서의 자극 10, 59, 60, 116-118, 213
    신호로서의 감각 50, 56, 144, 148
    신호에 대한 민감도 267
    사회적 신호 20
    스파이디 센스와 신호 58, 60
    신호의 신뢰 25, 267
실패 대 성공 262
실패 사례 241
실패에서 배우기 258
실패의 가치 250
심리치료사 114
심성모형 85, 102, 166

[ㅇ]

아놀드, 토드 88
아마존 176
아미르(스타트업 사장) 175-178
아인슈타인, 알베르트 99
아타리 266
안전 기준 90-91
안전 및 위험 관리 프로그램 92
알려진 지식/알려진 무지 78-79
알론소, 피트 137, 139
알투처, 제임스 135
압박 테스트 259
애덤(의사) 199-200
애플 242
앵글로아메리칸 90, 91-93

야베 데루오 206
얼리, 에린 142
에니어그램 130
에디슨, 토머스 242
에머슨, 랄프 왈도 95
엔론 176
엔비디아 251
『엣지』 21, 171, 184, 271
여행/여행 산업 106-107, 201, 217-218
역설, 역설의 이해 95
연결 113, 127, 188, 196, 227, 245
    감정적 연결 153
    신경 연결 201, 214-215
    연결의 신호(유레카) 196
    잠재의식 206, 263
    '연결' 태퍼스트리 221, 228
『연금술사』(코엘료) 200, 202
연대노조 94
연습 112, 114
    인지 처리 연습 177
    직감 체감 연습 150
    포워드 플로 연습 138
    집중 추상화 연습 214
    자극 경청 연습 217, 232
    유레카의 해부 202
    졸트의 해부 208
    스파이디 센스의 해부 214
    수동성 대 능동성의 이해 118
    경험의 이해 244
    실수의 이해 259
    자신의 특성/특징 이해 138
예술가 112, 142, 224-227
오바마, 버락 128
오셔, 존 211
오스카(스타트업 직원) 173-175
오클랜드 애슬레틱스 38
오프라 윈프리 네트워크 174
〈오프라 윈프리 쇼〉 174
온라인 광고 광고주 34-35
올로프, 주디스 37
올링어, 미카엘 200
왓슨, 데이비드 156
〈우리가 미래다〉(펑보디파키야) 228
우버 20
우수 사례 73, 93-94
위튼, 이디스 250-251
원형 84, 171
    복잡한 문제와 혼돈스러운 문제에서의 원형 85

원형 인식 연습 177, 241
원형에 대한 설명 171-172
원형과 실수 250
원형과 독서 200, 245
상황적 오만과 원형 243
웹 검색 36
웹페이지 호스팅 사이트 34
위워크 178
위험 22, 60, 62, 81, 97, 233
   위험 분석 79
   혁신의 위험성 17-18
   투자 위험 18, 22
   위험과 우리의 뇌 233
   사고 예방 수칙 91
윈프리, 오프라 176
유레카의 순간 201
   유레카의 순간에 대한 묘사 196
   유레카 순간의 예 197-198
   유레카의 경험을 위한 연습 220
   직감의 네 가지 유형 61
   신경생리학과 유레카의 순간 201
   유레카 순간의 정확한 이해 203
   유레카의 해부 196
   유레카의 느낌 202
유명인, 구체적 이름도 참고 128-129
유에스뱅코프 107
윤리 37, 164, 176, 194
윤리적 기업 관행 176
의사결정 81, 86, 97, 120, 259
   AI와 의사결정 39
   주변 목소리에 기반한 의사결정 44-45
   의사결정과 혼돈스러운 문제 75, 77
   커네빈 프레임워크와 의사결정 75
   의사결정과 데이터 263
   의사결정과 감정 인식 165
   직감과 의사결정 24, 120, 263
   의사결정과 실수 63, 74, 81-82, 243
   역설의 이해와 의사결정 95-97
   관리자의 의사결정 251
   조용하고 의도적인 의사결정 18
   부자들의 의사결정 96
의사소통 165, 259, 263
   다른 의사소통 유형 217
   감정의 인식과 의사소통 165
   대인관계에서의 실수와 의사소통 254
   소통의 부재 205
   의사소통 기술 173
   대화; 사회적 상호작용도 참조 91

의식 17, 117, 121, 180, 198
   미의식 112
   의식의 수준 90, 99, 103
   의식의 흐름 126, 133
『이선 프롬』(워튼) 248
이야기, 이야기 네트워크 230
인공지능(AI) 41
인지 처리 169, 170
   스키마와 인지 처리 169
   삼세번 법칙과 인지 처리 175
   심성모형; 원형; 스키마도 참조 174, 176, 179, 220
인지과학 168
인지적 직감 166, 207-208
일과 삶의 균형 99
일본 204

[ㅈ]
자극 211
   자극의 예 57, 69
   연습 252-254
   자극에 대한 설명 214
   집중 추상화와 자극 211
   직감의 유형 58-63
   자극의 무시 241
   자극의 경청과 해석 115, 228
   자극과 타인의 의견 74
   자극과 과거의 경험 264
   자극 + 사전 지식은= 직감 59, 252, 259, 263
   자극의 인식 24, 223
   자극과 스파이더 센스 59
   이후의 조치 211
   자극과 실수의 가치 250
자기 신뢰 146
자기 이해 130
   자기 이해의 평가 131
   자기 이해의 범주 130
   자기 이해를 위한 연습 132
   자기 이해는 직감의 활성화를 돕는다 121
   독서를 통한 자기 이해 41
   자기 이해와 자기 신뢰 143-144
   자신의 특징/특성 131
자기 인식 114, 251
자무시, 짐 134
자선 255
잠재의식 265
저커먼, 이선 33-38, 64
전국광산노동자연맹 91

전동 칫솔 212
전문가 178
   전문가와 상담 79
   전문가의 상황적 오만 241-242
   전문가의 특징/특성 178
접객 회사 205
제이씨페니 239
제임스, 윌리엄 149
제조업체 164
제품 출시/개발 82, 86
조직 혁신 94
조직에 관한 지식 72
존슨, 론 239
존슨, 마크 149
졸트 67, 204-209
   졸트의 묘사 57, 63, 204
   졸트의 예 205
   졸트를 위한 연습 209
   직감의 유형 61
   넬슨 만델라 209
   졸트의 해부 204
   자기 성찰과 졸트 176
   졸트 후의 조치 89
   졸트의 느낌 58
   졸트와 사전 지식 57, 63, 73, 204
줌 78
지연 행동 평가 척도 132
지우스티, 다니엘 56
직감 31, 33, 57
   직감의 인지 36
   부정확할 수 있는 직감 38
   직감의 특성 40
   직감은 거짓말을 하지 않는다 72
   직관과의 구분 31
   세 가지 형태 53, 54
   직감이란 무엇인가? 35
   직감은 어떤 느낌인가? 49, 58, 183
   직감이 틀릴 때 144
   직감은 바로 당신이다 264
직감의 유형 61
직감의 체감 148, 172
   직감의 체감에 민감해지기 53, 114, 154, 204
   신체 감각 149
   직감 체감 지도 작성 연습 151
   직감의 체감과 유레카 순간 197, 198, 201
   모든 사람에게 달리 체감되는 직감 148-150
   직감 체감의 설명 148
   졸트 207

스파이디 센스 204
직감 파악을 위한 진실 테스트 144
직감의 체감과 신호 205
직관
   직관 과정에서 데이터의 중요한 역할 33, 263
   직관 과정과 확산적 사고 133
   직관의 연마/훈련 114
   직관은 직감으로 이어진다 16
   직관의 신뢰/의지 39
『직관의 힘』(올로프) 37
직업 66, 205
   채용 55-56, 81
   면접 56, 116, 276
   구직 활동 115-116
직원 173, 205, 219
   직원 사기 진작 71, 163
   직원 사기 저하 69, 205, 243
   직원 감정 시나리오 163-164
   비용 관리와 직원 69
   식료품 유통 회사 직원 69
   직원 인터뷰 91
   광산회사 직원 89
   직원 안전 조치 90-93
   직원들의 자부심 206
   객차 관리 직원 205-207
   직원의 가치 인정/자율권 부여 69-73, 93, 97
직장 84, 93, 99, 117-118, 165, 200, 225, 254
   업무 결정 권한 72, 87
   성공 165, 245, 252
직장 내 소통 91
진실 테스트 144-146
집중 추상화 98
   대화와 집중 추상화 216-217
   집중 추상화의 예 101, 211
   집중 추상화 연습 214
   집중 추상화에 대한 설명 98-100, 213
   포워드 플로와 집중 추상화 126
   집중 추상화의 연마 105, 215
   집중 추상화와 성찰 137, 213
   집중 추상화와 신호 223
집중력 검사 격자 131

[ㅊ]
창의성 39, 140, 259
창의적 사고 126, 196
채광 작업 89
채용 결정 83
책 모서리 접기 248

천재성 영역 221
체스 39-40, 121
체화 연구 148
최종 단계 211
충족감 116
취나드, 이본 176

[ㅋ]
카너먼, 대니얼 35
카네기, 앤드루 96
카다시안, 킴 128
카스파로프, 가리 39
카펫 청소 회사 217
칸, 저스틴 219
칼라(박사과정 학생) 186-187
캐럴, 신시아 88-93
캐시디, 마이크 39
캘린들리 256
캠(재단의 부장) 255-256
커네빈 프레임워크 75
컨덕티브 벤처스 104
코로나19 104-105, 223
코엘료, 파울로 198
코터, 존 94
코헨, 릭 65
크노블리히, 귄터 200

[ㅌ]
타겟 241-242, 245
타인의 의견 74
《타임》 227
탁월성 영역 221
태국, 방콕의 미국 대사관 224, 228-229
『태양은 다시 떠오른다』(헤밍웨이) 212
테슬라 176
텔레겐, 아우케 156
텟세이 206-209
통계학 60
투자은행 248
투자자 13
「투자자의 직감 이론: 기업가의 투자 결정에 직감이
    미치는 영향 분석」(학위 논문) 15
트라이포드닷컴 33-35
트래블뱅크 106
트위터(현재 X) 57, 130
특징/특성 140, 173-174
    자기 이해: 자신의 특징/특성 참조 132, 140

[ㅍ]
파레토 법칙, 80/20 법칙 참조 258-259
파타고니아 176
팜걸 플라워스 252
팝업 광고 263
패턴 인식 263
팰런, 지미 128
편향 76
포드, 헨리 96
포모도로 기법 131
포스트잇 메모 263
포워드 플로 125-129
포트폴리오 전략 103
〈프렌즈〉(시트콤) 46
프로젝트 사후 분석 259
프록터 앤드 갬블 212
핑보디파키야, 어맨다 222-223

[ㅎ]
하버드대학교 146-148, 201, 275
하베스타인, 랄프 89
하포 프로덕션 174
해빗 앤드 컴퍼니 55
해즈브로 212
핵심 가치 92
행동 10, 20-25, 65, 90
    과감한 조치 88, 93, 95, 103, 232
    과감한 조치 대 긴 행군 93-95, 235
허리케인 카트리나 71
헤밍웨이, 어니스트 210-211
혁신 141, 174, 240-241, 251, 259
확산적 사고 126-128, 130, 133
    확산적 사고의 인정 133
    확산적 사고의 양성/유지 관리 133-134
    포워드 플로로 측정한 확산적 사고 127, 131
    확산적 사고의 활용 127
황, 젠슨 251
회복탄력성 척도 132
회피 행동 20, 105
희망 척도 132
힐, 나폴레온 96

KI신서 13974
직감의 힘

1판 1쇄 발행 2025년 12월 17일
1판 2쇄 발행 2025년 12월 31일

지은이 로라 후앙
옮긴이 김미정
펴낸이 김영곤
펴낸곳 (주)북이십일 21세기북스

정보개발팀장 이리현
정보개발팀 이수정 현미나 이지윤 양지원
마케팅 김설아
교정교열 정지영 **디자인 표지** 페릭스 **본문** 이슬기
영업팀 정지은 장철용 강경남 황성진 김도연 이민재 한충희 남정한
해외기획팀 최연순 소은선 홍희정
제작팀 이영민 권경민

출판등록 2000년 5월 6일 제406-2003-061호
주소 (10881) 경기도 파주시 회동길 201(문발동)
대표전화 031-955-2100 **팩스** 031-955-2151 **이메일** book21@book21.co.kr

ⓒ 로라 후앙, 2025
ISBN 979-11-7357-674-4 03320

(주)북이십일 경계를 허무는 콘텐츠 리더

21세기북스 채널에서 도서 정보와 다양한 영상자료, 이벤트를 만나세요!
페이스북 facebook.com/21cbooks   **블로그** blog.naver.com/21c_editors
인스타그램 instagram.com/jiinpill21   **홈페이지** www.book21.com
유튜브 youtube.com/book21pub

책값은 뒤표지에 있습니다.
이 책 내용의 일부 또는 전부를 재사용하려면 반드시 (주)북이십일의 동의를 얻어야 합니다.
잘못 만들어진 책은 구입하신 서점에서 교환해드립니다.